ROBERT DE BORON
Merlin

ROBERT DE BORON

MERLIN
der Künder des Grals

Aus dem Altfranzösischen übersetzt
von Konrad Sandkühler

VERLAG FREIES GEISTESLEBEN

© 1975 Verlag Freies Geistesleben GmbH Stuttgart
Gesamtherstellung Greiser-Druck Rastatt
ISBN 3 7725 0648 8

INHALT

I

MERLINS GEBURT

Hier erzählt die Geschichte, daß der Böse Feind gar zornig wurde, als Unser Herr in der Hölle gewesen war und daraus Adam und Eva geholt hatte und von den anderen, so viele Er nur wollte. Als die anderen Bösen das erfuhren, erfaßte sie großes Entsetzen darüber. Sie versammelten sich und sprachen: «Wer ist dieser Mann, der uns so bezwungen und unsere Burgen gebrochen hat, so daß nichts, das wir versteckt gehalten, vor Ihm verborgen bleiben kann; und daß Er uns alles angetan hat, was Ihm gefiel? Wir aber wähnten, daß kein Mensch von einer Frau geboren werden kann, der nicht der Unsrige würde. Dieser da ist so geboren, daß wir keinen Teil an Ihm haben und daß Er uns vernichtet und quält, soviel Er nur vermag. Wie ist dieser nur so geboren, daß wir keine irdische Lust an Ihm finden und Er uns so zugrunde richtet?» Darauf antwortete einer der Bösen und sprach: «Ihr Herren, eben das hat uns vernichtet, was wir am allerhöchsten schätzten. Denn erinnert euch der Propheten, die einst weissagten, der Sohn Gottes werde auf die Erde kommen, um die sündigen Kinder Adams und Evas zu retten. Und wir gingen hin und fingen alle, die gesagt hatten, daß der Heiland, der da auf die Erde käme, sie aus den Höllenpeinen erlösen würde. Alles verkündeten die Propheten, was nun geschehen ist. Er hat uns weggenommen, was wir jetzt verloren haben und was wir uns angeeignet hatten, so daß wir nichts gegen Ihn unternehmen können. Jetzt aber hat Er uns noch dazu alle weggenommen, die an Seine Geburt glaubten und meinten, Er sei durch eine solche Kraft von einer Frau geboren, daß Er gefeit ist und wir keinen Anteil an Ihm haben. Wir waren auch keineswegs darauf gefaßt, daß Er uns dies zufügen würde.»

«Und weißt du denn nicht», sprach ein anderer, «daß Er die Menschen in Seinem Namen mit Wasser waschen läßt, und bei diesem Namen waschen sie sich: im Namen des Vaters und des Sohnes und des Heiligen Geistes? Und wir werden keinen Vorteil von ihnen haben wie sonst vorher. Nun haben wir sie alle verloren durch die Waschung, die sie verrichten. Und keine Macht haben wir über sie, wofern sie nicht von neuem zu uns zurückkommen durch böse Werke, die sie verrichten.

So sinkt unsere Macht durch Den, der uns alles weggenommen hat; und noch viel mehr: Er hat Diener auf der Erde zurückgelassen, die die Menschen retten werden. Sie mögen noch so viele von unseren Werken getan haben, sie können doch gerettet werden, wenn sie bereuen und unsere Werke aufgeben und tun, was die Gottesdiener ihnen sagen. Dadurch haben wir sie alle verloren. Eine gewaltig große geistige Substanz hat Unser Herr geschaffen, daß Er, um den Menschen zu retten, auf die Erde kam und geruhte, aus einer Frau geboren zu werden. Er erlitt die irdischen Qualen, und eine Frau gebar Ihn, ohne daß wir davon erfuhren und ohne daß eine Menschenlust zwischen Mann und Frau geschehen ist. Und als wir dahintergekommen waren, stellten wir Ihn in jeglicher Weise auf die Probe, so sehr wir nur konnten, und als wir Ihn vergeblich in Versuchung geführt und in Ihm keines von unseren Werken erkannt hatten, da wollte Er sogar sterben, um die Menschen zu erlösen. Gar sehr liebt Er den Menschen, wenn Er so große Pein dulden will, um ihn für sich zu gewinnen und uns zu entreißen. Und gar heftig müßten wir uns Mühe geben und überlegen, wie wir den Menschen fangen könnten und dazu brächten, unsere Werke zu tun in der Art, daß er nicht bereuen noch die Gottesdiener sprechen kann, durch die er jene Verzeihung erlangen könnte, die der Gottessohn durch seinen Tod erkaufte.»

Hierauf sprachen sie alle zusammen: «Wir haben alles verloren, da Er die Sünden bis ans Ende der Zeiten vergeben kann. Denn wenn Er den Menschen zu Seinen Werken herüberzieht, wird er erlöst sein; und selbst wenn er alle Tage unsere Werke verrichtet hat, haben wir ihn verloren, sobald er bereut. So verlieren wir sie alle.»

Hierauf sprachen sie weiter untereinander und sagten: «Die uns am meisten geschadet haben, das sind jene Propheten, die Seine Ankunft auf der Erde prophezeit haben, von ihnen ist uns der große Schaden gekommen. Und je mehr die Propheten das verkündeten und je mehr wir sie quälten, so dünkt mich, desto mehr beeilte Er sich, ihnen zu Hilfe zu kommen und sie zu retten, um sie von den Qualen zu erlösen, denen wir sie aussetzten. Aber wie können wir nur einen Menschen schaffen, der zu allem Volke spräche und ihnen unsere Geisteskraft, unsere Werke und Taten rühmte? Er müßte erzählen, daß wir Macht haben, zu wissen alles Vergangene, alle Dinge, die geschehen sind, die gesagt und getan wurden. Und wenn wir diesen Menschen hätten, der unsere Vollmacht erhielte, so wüßte er die Dinge zu sagen und zu erzählen, und er wäre angesehen bei den Menschen auf der Erde und könnte uns wohl helfen und ebenso lehren wie die Propheten, die bei uns waren – wo wir doch wähnten, daß solches nie geschehen könnte. Genauso würde er als Seher berichten von allem Vergangenen, was nah und fern geschehen ist, was gesagt und getan wurde, und er würde viel Glauben finden bei vielen Menschen.»

Hierauf sprachen sie alle zusammen: «Und der wäre wohl hilfreich und klug, der einen solchen Menschen machen könnte, denn sehr würde er Glauben finden.» Hierauf sprach ein anderer: «Ich habe keine Macht, mich mit einer Frau zu verbinden und zu zeugen; aber hätte ich die Macht, dann würde ich es wohl tun können, denn ich weiß eine Frau, die nach meinem Belieben alles, was ich will, ersinnt und tut und sagt.» Und ein anderer sprach: «Es gibt einen unter uns, der wohl die Gestalt eines Mannes annehmen und mit einer Frau sich vereinigen kann, aber er müßte es ganz heimlich anstellen, so heimlich, wie es nur sein kann.»

So ratschlagten die Bösen Feinde, daß sie einen Mann erzeugen wollten, der die Menschen betrügen sollte. Aber gar töricht sind die Teufel, die da glauben, daß Unser Herr von diesem Anschlag nichts erfährt, den sie untereinander abgemacht hatten. Und dennoch machte sich der Teufel daran, einen Mann zu schaffen, der Teufelsverstand und -sinn und Gedächtnis hatte, um den Menschen und Jesus Christus zu überlisten. Daran könnt ihr recht wohl ersehen, wie dumm der Teufel ist, der wähnt, den zu betrügen, der Herr ist über ihn und über alles. Damit schlossen sie ihren Rat und machten ab, dieses Werk zu verrichten. Derjenige aber, der da sagte, er habe Macht über eine Frau, zögerte nicht länger und kam an den Ort, wo sie lebte. Er lenkte sie ganz und gar nach seinem Willen. Und sie stellte alles, was sie und ihr Gemahl hatten, diesem Bösen Feind anheim.

Die Frau war die Gemahlin eines reichen Mannes, und dieser hatte eine große Fülle von Tieren und anderen Reichtümern. Er hatte auch einen Sohn und drei Töchter von dieser Frau, mit der der Teufel Umgang pflegte. Der Teufel säumte nicht, sondern eilte hinaus auf die Felder, wo die Schafe des Edelmannes weideten, und erwürgte einen Teil davon. An einem anderen Tag kam er zu der Frau und fragte sie, wie er es anstellen könne, um ihren Herrn zu verderben. Sie aber sprach: «Wir können ihn auf keine bessere Weise zu Fall bringen, als wenn du ihm viel von seinem Gut raubst und ihn dadurch in Zorn bringst. Und er wird sicherlich in Zorn geraten und in helle Wut, wenn du ihm seinen Besitz nimmst!»

Da wandte sich der Böse Feind hinaus zu den Tieren des Edelmannes und tötete wiederum ihrer einen großen Teil. Und als die Hirten die Tiere ihres Herrn so mitten auf den Feldern sterben sahen, entsetzten sie sich sehr und sprachen, sie müßten hingehen und es ihrem Herrn anzeigen. Da kamen sie denn zu ihm und erzählten ihm, daß seine Tiere auf solche Weise mitten auf den Feldern stürben. Als der Edelmann das vernahm, entsetzte er sich maßlos und sprach zu den Hirten: «Ist das wahr, was ihr mir da sagt?» Und sie antworteten: «Herr, ja!» Da fiel der Edelmann in bösen Zorn und geriet außer sich, weil seine Tiere sterben mußten. Dann fragte er seine Hirten: «Wißt ihr, weshalb meine Schafe sterben müssen?» Sie antworteten, sie wüßten es überhaupt nicht. Dabei blieb es nun an jenem Tag. Als der Teufel erfuhr, daß der Edelmann über so wenig in Zorn geraten war, da nahm er sich vor, er müsse ihm noch viel größeren Schaden zufügen, damit er sich noch mehr in Zorn stürze, und auf diese Weise würde er ihn ganz nach seinem Willen vernichten können. So kam also der Böse Feind noch einmal zu dem Vieh zurück und zu zwei schönen Pferden und schlug sie zu Tode insgesamt in einer Nacht. Als der Edelmann sah, daß sein Gut so übel zugrunde ging, da entsetzte er sich und fluchte und sagte ein ganz törichtes Wort, das sein großer Zorn ihn sprechen ließ: « So soll der Teufel alles holen, was ich habe und was mir noch übrig ist!»

Als der Böse Feind erfuhr, daß der Herr ihm dieses Geschenk gemacht hatte, freute er sich über die Maßen darüber und begann ihn noch härter anzugreifen, um ihm noch größeren Schaden zuzufügen: Er ließ ihm nicht ein einziges seiner Tiere. Darüber geriet der Edelmann in einen noch größeren Zorn und in so großen Kummer, daß er die Gesellschaft der Menschen floh. Nun erkannte der Teufel, als er ihn dies tun sah, daß er ihn ganz in den Krallen hatte. Daher machte sich der Teufel an den sehr schönen Sohn, den der Edelmann hatte, und erdrosselte ihn in seinem Bett. Am Morgen wurde das Kind tot aufgefunden. Als der Edelmann sah, daß er seinen Sohn verloren hatte, verzweifelte er und wurde ganz irre an seinem Glauben und konnte nicht mehr dazu zurückfinden. Des freute sich der Teufel sehr. Nun ging er hin zu der Frau des Edelmannes, durch die er alles das bewirkt hatte. Er ließ sie in ihrem Keller auf eine Kiste steigen und einen Strick sich um den Hals legen. Dann sprang sie von der Kiste herunter und erdrosselte sich. So wurde sie tot aufgefunden, und als der Edelmann erfuhr, daß er auf solche Weise seine Frau verloren hatte und seinen Sohn, da war er voll schwarzen Grams. Und so großen Schmerz und Kummer hatte er, daß er von einer Krankheit befallen wurde, an der er starb. So macht es der Teufel mit denen, die er nach seinem Willen lenken kann.

Als der Teufel alles das gemacht hatte, war er überaus froh und dachte nun darüber nach, wie er die drei Töchter des Edelmannes, die übriggeblieben waren, ebenfalls überlisten könne. Der Teufel wußte, daß er sie nicht anders gewinnen könne, als wenn er die Lust ihrer Begierden erfüllte und sie verführte zu tun, was sie am liebsten tun würden. Er hatte einen Jüngling in der Stadt, der ganz nach seinem teuflischen Willen lebte. Den führte er dorthin, wo die drei Jungfrauen wohnten, und der Jüngling begann, eine davon mit Bitten zu bedrängen. Und so weit ging er in Taten und Worten, bis er sie überlistete. Als er sie überwältigt hatte, freute er sich darüber sehr. Der Teufel aber legte keinen Wert darauf zu verheimlichen, daß der Jüngling sie überwältigt hatte, sondern er wollte, daß es offen vor das Volk käme, um sie desto mehr in Schande zu bringen. So ließ der Teufel das Volk wissen, was jener Jüngling auf sein Betreiben gemacht hatte, und es verbreitete sich, bis die ganze Welt es wußte. In jener Zeit wurde eine Frau, die gegen die Sittengesetze verstieß, aber keine öffentliche Buhlerin war, vor Gericht gestellt und zum Tode verurteilt. Und der Teufel, der allezeit die Seinigen mit Schande zu bedecken strebt, ließ allem Volk und allen Richtern der Stadt dies Werk kundtun. Der Jüngling entwich, die Frau aber wurde gefangen und vor die Richter geführt. Als die Richter sie vor sich stehen sahen, empfanden sie überaus großes Mitleid mit ihr aus Liebe zu dem Edelmann, dessen Tochter sie war. Sie sprachen: «Ein großes Wunder könnt ihr hier sehen, wie einem solchen Mann, dessen Tochter sie war, in kurzer Zeit alles so mißraten ist, denn noch vor kurzer Zeit war er einer der edelsten Männer dieser Stadt.»

Die Richter berieten, was sie machen könnten und welches Urteil sie darüber fällen sollten. Sie kamen überein, daß sie sie eines Nachts zur Schande ihrer Freunde und ihrer Verwandtschaft lebendig begraben wollten, und das taten sie auch. So überschüttet der Teufel mit Schande und Pein alle, die seine Werke verrichten.

In jenem Lande lebte ein edler Mann, der ein guter Beichtvater war. Er hörte von diesem Wunder und kam zu den zwei Schwestern – der älteren und der jüngeren –, die übriggeblieben waren, und begann sie zu trösten. Er fragte sie, wie dieses Unheil über sie gekommen sei, daß Vater, Mutter, Schwester und Bruder so zugrunde gingen. Sie aber antworteten: «Herr, wir wissen es nicht. Wir glauben nur, Gott haßt uns, da Er uns dieser Pein aussetzt.» Der Edelmann dagegen sprach: «Ihr sprecht nicht gut! Gott haßt niemanden, sondern es geht Ihm nahe, daß der Sünder sich selbst haßt. Und ich weiß wohl, daß es euch durch das Werk des Teufels zugestoßen ist. Wißt ihr denn nicht von eurer Schwester, die ihr so schmählich verloren habt, daß sie ein so schändliches Werk getan hat?» Sie aber antworteten: «Herr, wir wußten nichts davon.» Und der edle Mann sprach ihnen zu: «Hütet euch vor bösen Werken. Die bösen Werke führen den Mann und die Frau zu bösem Ende.» Weiter belehrte sie der edle Mann und unterrichtete sie und fragte sie, ob sie ihn anhören wollten. Die ältere hörte ihn gar gerne an, und es gefiel ihr alles, was er sagte. Der edle Mann festigte sie in ihrem Glauben, und sie legte großen Wert darauf, alles zu erfahren, zu tun und anzuhören, was er ihr erzählte. Darauf sprach der Edelmann: «Wenn ihr tätig glaubt, was ich euch sagen will, dann wird euch noch großes Gut davon zukommen, und ihr werdet meine Freundin und meine Tochter in Gott sein. Ihr möget noch so große Not leiden und noch so schweres Werk auf euch nehmen, wenn ihr euch nur an meinen Rat haltet, so werde ich euch zu Hilfe kommen mit Wort und Werk aus der Kraft Unseres Herrn. Und fürchtet euch nicht», fuhr der edle Mann fort, «denn Unser Herr wird euch stützen, wenn ihr euch zu Ihm haltet. Kommt nur recht häufig zu mir. Ich wohne nicht fern von eurem Wohnsitz.»

Auf diese Weise hatte der edle Mann die beiden Jungfrauen beraten und auf einen guten Weg zu bringen versucht. Die älteste glaubte in allem dem edlen Mann und liebte es, den guten Rat zu hören, den er ihr gab.

Und als der Teufel das erfuhr, da war es ihm schwere Pein und Not und Kummer, und er hatte Angst, daß er sie verliere. Er überlegte sich nun bei sich, wie er sie überlisten könne. Dort in der Nähe lebte eine Frau, die gar häufig seinen Willen getan und seine Werke verrichtet hatte. Und diese Frau suchte der Böse auf und schickte sie dorthin, wo die beiden Jungfrauen lebten. Sie zog die Jüngere beiseite, denn sie wagte nicht, die Ältere an sich zu ziehen, weil sie sah, daß sie sich so demütig hielt. Drum fragte sie die Jüngere nach ihrem Stand und Verlangen, und welches Leben ihre Schwester führe. Diese aber antwortete: «Sie hat mich gar lieb und zeigt mir eine gute Gesinnung.» Die Jungfrau sprach weiter: «Meine Schwester ist in schweren Gedanken über dieses Ungemach, das uns zugestoßen ist. Deswegen betrachtet sie mich nicht mit fröhlichem Gesicht, weder mich noch andere. Und ein Edelmann, der alle Tage zu ihr von Gott spricht, hat sie so bekehrt und auf seine Weise gelenkt, daß sie nur noch das tun will, was er will.» Die Frau sprach hierauf: «Liebe Schwester, wie schade ist es doch um Euren edlen Leib, denn niemals werdet Ihr rechte Freude haben, solange Ihr in der Gesellschaft Eurer Schwester seid. Ach liebe Schwester, wenn Ihr wüßtet, welche Wonne die anderen Frauen haben, Ihr würdet alles, was Ihr jetzt besitzt, für nichts mehr schätzen. Wir haben eine so große Freude, wenn wir in der Gesellschaft der Männer sind, die wir lieben, und hätten wir nur ein Stück trockenes Brot, so wären wir fröhlicher, als Ihr seid, die Ihr alles habt, was es auf dieser Welt zu besitzen gibt. Was ist die Freude einer Frau wert, wenn sie keine Lust am Manne hat? Liebe Freundin,» fuhr sie fort, «ich sage es um Euretwillen. Denn niemals wird Euch so viel Freude zuteil, wenn Ihr bei Eurer Schwester bleibt. Ich will Euch sagen, warum: Eure Schwester ist die ältere von euch und deshalb wird sie eher als Ihr Umgang mit Männern pflegen, wenn sie Verlangen danach hat. Denn sie wird keineswegs dulden, daß Ihr solchen Umgang vor ihr hättet. Und wenn sie ihre Lust gehabt hat, wird ihr an Euch gar nichts mehr liegen. Dann werdet Ihr der Freude an Eurem schönen Leibe ganz und gar verlustig, und das wäre doch schade.» Das Fräulein aber antwortete: «Wie sollte ich es wagen zu tun, was Ihr mir da sagt; denn meine andere Schwester starb darüber in der gräßlichsten Weise und ganz im Verborgenen, weil sie solche Werke verrichtete.» Die Frau aber antwortete: «Eure Schwester stellte es ganz töricht und unbesonnen an und folgte einem schlechten Rat. Aber wenn Ihr mir glaubt, so werdet Ihr nicht in die Gelegenheit kommen, irgend etwas, was Ihr auch tun wolltet, zu entbehren, wenn Ihr die ganze Wonne Eures Leibes genießen wollt.» «Ich weiß nicht», sprach sie darauf, «wie ich es anstellen soll. Ich wage meiner Schwester wegen nicht weiter darüber zu sprechen.»

Als der Teufel das vernahm, freute er sich über die Maßen und wußte nun wohl, daß er sie nach seinem Willen in die Hand bekommen würde. Er führte die Frau wieder hinweg. Als die Frau fortgegangen war, erwog die Jungfrau viele Male in ihrem Herzen die Worte, die sie da vernommen hatte. Als der Teufel sie so erpicht darauf fand, seinen Willen zu tun, da sie mit sich selbst ganz allein darüber so oft zu Rate ging, erhitzte er sie, so sehr er konnte und so lange, bis sie ihren schönen Leib in der Nacht betrachtete und sagte: «Wahr sprach die edle Frau, die mir sagte, daß ich der Freuden dieser Welt entrate.»

Das ging so, bis ein Tag kam, an dem sie die Frau wieder zu sich bestellte und sprach: «Gewiß, liebe Frau, habt Ihr mir die Wahrheit gesagt über das, was Ihr neulich mir vortruget, daß meiner Schwester nichts an mir liegt.» Und diese antwortete: «Liebe Freundin, ich sage es ja genau voraus, es wird ihr noch viel weniger an Euch liegen, wenn sie ihre eigene Freude gehabt hat. Wir sind doch zu keiner anderen Sache geboren, als die Lust des Mannes zu genießen.» Da sprach das Fräulein: «Ich möchte es wohl ganz gerne tun, wenn ich nur nicht dächte, daß man mich zum Tode verurteilt.» Und die Frau antwortete: «Man wird Euch töten, wenn Ihr es so töricht anstellt wie Eure Schwester. Aber ich will Euch wohl gut belehren, wie Ihr es machen müßt.» Die Jungfrau entgegnete: «Edle Frau, so sagt es doch.» Und die Frau sprach zu ihr: «Ihr sollt Euch allen Männern hingeben, und wenn Ihr das Haus Eurer Schwester verlaßt und sagt, daß Ihr es nicht bei ihr aushalten könnt, so werdet Ihr mit Eurem Leib nach Eurem Belieben verfahren können und werdet keinen Richter finden, der darüber zu Gericht säße. So könnt Ihr der Gefahr entrinnen; und wenn Ihr dieses Leben eine Zeitlang geführt habt, solange es Euch gefallen mag, wird sich ein edler Mann finden, der froh genug ist, wenn er Euch Eures großen Erbes wegen zur Frau bekommen kann. Macht Ihr es so, wie ich jetzt gesagt habe, so werdet Ihr alle Freuden dieser Welt genießen können.»

Nun sagte die Jungfrau der Frau zu, sie wolle es so machen, wie sie ihr geraten hatte. Darum floh sie ohne Wissen ihrer älteren Schwester aus dem Hause und gab allen ihren Leib auf den Rat dieser Frau hin preis. Wie freute sich der Teufel, als er nun auf diese Weise die zweite Schwester überlistet hatte.

Als aber die ältere erfuhr, daß ihre Schwester heimlich entlaufen war, eilte sie in großem Entsetzen zu dem heiligen Mann. Als der Edelmann sie in so großem Kummer dastehen sah, erfaßte ihn großes Mitleid mit ihr. Er sprach: «Liebe Freundin, schlage das Kreuz und befiehl dich in Gottes Hand, denn ich sehe dich in großer Not.» Sie aber antwortete: «Herr, ich habe nicht unrecht, so entsetzt zu sein, denn ich habe meine Schwester verloren.» Sie erzählte dem Edelmann alles, was sie erfahren hatte, daß jene entwichen sei und sich wahrhaftig allen Männern anbiete.

Als der Edelmann dies Unglück vernahm, war er selbst voll Entsetzen und sprach zu ihr: «Liebe Schwester, der Teufel ist immer noch um Euch, und er wird niemals Frieden geben, bevor er euch nicht alle ins Verderben gestürzt hat, wofern Gott Euch nicht hütet.» Sie fragte den edlen Mann: «Herr, um Gottes willen, werde ich mich denn davor hüten können? Es gibt nichts auf der Welt, wovor ich so große Angst habe wie davor, daß er mich ebenfalls umgarnt.» Der edle Mann antwortete: «Wenn du glaubst, was ich dir sagen will, wird er dich in keiner Weise verderben können.» – «Herr, ich bitte Euch und will alles tun, was Ihr mir anbefehlt.» Er entgegnete: «Also glaubst du an den Vater, den Sohn und den Heiligen Geist? Und daß diese drei Kräfte ein einziges Wesen in Gott sind? Und daß Unser Herr auf die Erde kam, um die Sünder zu erlösen, die an die Taufe und die anderen Gebote der Heiligen Kirche und ihrer Diener glauben wollen, die auf Erden leben, um die zu retten und auf den guten Weg zu bringen, die an Gottes Namen glauben?» Sie entgegnete: «Ebenso wie Ihr gesagt habt, glaube ich es und bete alle Tage meines Lebens, es halten zu können. Und so wie Er wahrhaft Herr und König der ganzen Welt ist, so glaube ich es. Er hüte mich und beschirme mich, auf daß der Teufel mich nicht in Versuchung führe.» Und der edle Mann sprach zu ihr: «Liebe Tochter, wenn du das glaubst, wird weder der Teufel noch irgendein anderer der bösen Geister dir Schaden zufügen können. Ich bitte dich, hüte dich davor, in zu großen Zorn zu geraten. Ich sage dir, der Zorn ist das größte Übel auf der Welt; denn der Teufel fühlt sich am wohlsten, wenn er einen Mann oder eine Frau voll heißen Zornes sieht. Und um dieser Sache willen mußt du dich vor allen Vergehen und allen Fallstricken bewahren, in die du geraten kannst. In allen Zornesausbrüchen, die dich befallen mögen, meine liebe Freundin, komm zu mir und beichte es mir, sobald es dir zustößt. Und bekenne dich dann schuldig vor Unserem Herrn. Sooft du dich zu Bette legst und aufstehst, schlage das Kreuz zu Ehren des Kreuzes, an das der Leib Gottes geschlagen wurde, um die Sünder und Sünderinnen vor der Höllenpein zu erretten, im Namen des Vaters und des Sohnes und des Heiligen Geistes, damit der Böse dich nicht überliste. Wenn du es so machst, wie ich dir anbefehle und sage, wirst du vor dem Bösen geschützt sein. Und achte darauf, daß da, wo du schläfst, stets Lichtesfülle ist, denn der Teufel haßt vor allen anderen Dingen die Helligkeit, das Licht, und er geht nicht gerne dahin, wo Licht ist.» So belehrte der Edelmann sie, die in so großer Angst lebte, daß der Teufel sie ins Verderben stürzen könne.

Darauf ging die Jungfrau wieder nach Hause zurück in vollem Glauben und in demütiger Haltung gegenüber Gott. Und edle Männer und Frauen kamen zu ihr und sagten ihr häufig: «Fräulein, wie müßt Ihr entsetzt sein über Eure Schwestern, die ein so schlechtes Leben geführt haben und noch führen. Nun nehmt guten Rat an in Euch und seid guten Mutes, denn Ihr seid eine reiche Frau und habt überaus große Erbschaften in Besitz. Gar wohl würde sich ein vornehmer Mann freuen, wenn er erführe, daß Ihr Euch so gut haltet. Und wenn Ihr einverstanden seid, würde er Euch mit großer Freude zur Frau nehmen.» Sie aber antwortete: «Unser Herr möge mich erhalten, da Er weiß, was mir nottut.»

So lebte dieses Fräulein lange Zeit in Frieden und führte ein sehr gutes Leben. Niemals konnte sie einer in Versuchung führen, und der Böse Feind wußte kein böses Werk, das sie getan hätte. Das ging ihm sehr nahe. Und er wußte wohl, daß er sie nicht ins Verderben stürzen konnte. Er konnte auch nicht sehen, wie er sie zu seinen Werken verführen möchte. Lange überlegte er hin und her und dachte sich, daß er sie nicht anders in Versuchung führen könne, als wenn er sie dazu brächte zu vergessen, was der edle Mann ihr anempfohlen hatte: wenn sie in Zorn geriete. Denn an seinen Werken lag ihr gar nichts, noch konnte sie irgendwie Gefallen daran finden, sie zu tun.

Deshalb machte sich der Teufel an die jüngere Schwester und führte sie eines Samstagabends in das Haus der älteren, um diese in Zorn zu versetzen und zu versuchen, ob er sie nicht zu Fall bringen könne. Als die Schwester des guten Fräuleins in das Haus ihres Vaters kam, war schon ein gutes Stück der Nacht vergangen, und sie brachte eine Schar junger Burschen mit. Sie drangen alle in das Haus ein. Als die ältere Schwester sie sah, war sie darüber gar betrübt und sprach: «Liebe Schwester, du dürftest gar nicht hier hereinkommen, solange du ein solches Leben führst, denn ihr würdet böses Gerede über mich bringen, und das kann ich nicht brauchen.» Als die jüngere Schwester sie das sagen hörte, geriet sie in Zorn über die Worte, daß sie übles Gerede über ihre Schwester brächte. Darum warf sie ihr vor, sie führe ja ein viel schlimmeres Leben als sie selbst, die jüngere. Denn sie liebe doch den guten Kirchenmann in böser Lust, und wenn die Leute das erführen, würde sie verbrannt werden. Als die Schwester vernahm, daß ihr die jüngere Schwester einen so schändlichen Vorwurf machte, da geriet auch sie in großen Zorn und rief, sie solle ihr Haus verlassen. Diese aber antwortete: «Das Haus meines Vaters gehört mir ebenso wie dir.» Als die Ältere merkte, daß ihre Schwester nicht hinaus wollte, packte sie sie an den Schultern, um sie hinauszustoßen. Diese wehrte sich, und die jungen Burschen, die mitgekommen waren, nahmen die Schwester und prügelten sie aufs grausamste so lange, bis sie ihnen entweichen konnte. In ihrem Schmerz lief sie in ihr Zimmer und verschloß die Türe mit dem Schlüssel. Es war aber im Hause niemand, der den Burschen Einhalt gebieten konnte, außer ihrem Diener und ihrer Magd. So war sie ganz allein in ihrem Zimmer, legte sich in allen Kleidern zu Bett und begann aus der Not ihres Herzens zu weinen. Sie hatte immer noch ihren großen Zorn nicht verwunden, daß ihre Schwester sie so zugerichtet hatte. Und in diesem Elend schlief sie ein.

Als der Teufel inne ward, daß sie sich um des großen Zornes willen, in den sie verfallen war, so vergessen hatte, obwohl doch der Edelmann ihr anbefohlen hatte, nie in Zorn zu geraten, da lachte er in seine Faust und sprach bei sich: «Nun kann ich mit ihr machen, was ich will. Sie ist der Gnade ihres Herrn und der Hilfe ihres Meisters entfallen, und man würde es wohl erreichen, in ihr unseren Mann zu erzeugen.» Jener Teufel, der die Fähigkeit hatte, mit einer Frau sich zu verbinden, war dazu bereit. Er kam dorthin, wo sie schlief, und lag mit ihr. Als sie empfangen hatte, erwachte sie. Und noch im Erwachen erinnerte sie sich des edlen Mannes, der ihr den Rat gegeben hatte, und sie wurde hellwach. Sie schlug das Kreuz. Als sie sich mit dem Kreuz gesegnet hatte, betete sie: «Edle Frau, heilige Maria, Mutter Gottes, was ist mit mir geschehen? Ich bin in einer schlimmeren Verfassung, als ich gewesen, ehe ich mich hier in dieses Bett legte. Liebe, glorreiche Mutter Jesu Christi, behüte meine Seele vor Gefahr und schütze meinen Leib und verteidige mich vor der Wut des Bösen Feindes.» Hierauf erhob sie sich von ihrem Lager und begann den zu suchen, der ihr dies angetan, denn sie glaubte, ihn im Zimmer zu finden.

Sie eilte an die Tür des Gemachs und fand es verschlossen. Als sie es so gut verschlossen fand, suchte sie von neuem das Zimmer ab, aber sie fand nichts. Und als sie das sah, erkannte sie, daß sie vom Bösen Feinde überwältigt worden war. Hierauf begann sie ganz irre zu werden und Unseren Herrn anzurufen und sprach: «Lieber Herr und Gott, gewähre mir Deine Barmherzigkeit, o Herr, wenn es Dir gefällt! Laß mich nicht in dieser Welt in Schande geraten noch eine Sünde begehen, durch die ich meine Seele verliere.»

Die Nacht verging, und es ward Tag. Da führte der Teufel seine Helferin, die jüngere Schwester, fort, nachdem sie ihm so gut bewirkt hatte, wofür er sie gebraucht. Als sie und die jungen Burschen entwichen waren, verließ auch die ältere Schwester ihr Zimmer weinend und in großer Trauer, rief ihren Diener herbei und bat ihn, er möge ihr zwei Frauen bringen. Und das tat er alsbald.

Hier erzählt die Geschichte weiter: Als die Frauen gekommen waren, machte sich das Fräulein auf den Weg zu ihrem Beichtvater. Sie ging so lange des Weges, bis sie dort ankam. Und als der edle Mann sie sah, sprach er zu ihr: «Liebe Tochter, mich dünkt, du bist in Not, denn ich sehe dich in großer Verzweiflung und Angst.» Sie aber antwortete: «Herr, es ist mir etwas geschehen, was niemals einer Frau zugestoßen ist. Ich komme zu Euch, damit Ihr mir um Gottes Barmherzigkeit willen ratet. Habt Ihr mir doch gesagt, daß ein Mensch noch so große Sünden begehen möge, er wird Verzeihung finden, wenn er aufrichtig zur Beichte geht und bereut und tut, was der Beichtvater ihm aufgibt. Herr, ich habe gesündigt. Und wisset wohl, daß ich vom Bösen Feind überlistet worden bin.» Hierauf begann sie zu erzählen, wie ihre Schwester in das Haus kam und wie sie in bitteren Zorn geraten war, und wie die Schwester und die jungen Burschen sie schlugen, wie sie dann voller Zorn in ihr Zimmer lief und die Tür wohl verschloß. «Und bei dem großen Zorn, in dem ich war, vergaß ich, mich mit dem Kreuz zu segnen. Herr, ebenso vergaß ich alle Ratschläge, die Ihr mir gegeben, und legte mich zu Bett mit allen Kleidern. Und in dem herben Zorn, in dem ich lag, schlief ich ein. Und als ich erwachte, fand ich mich geschändet und des Magdtums beraubt. Ich suchte auf der Stelle das ganze Zimmer ab, ging zur Türe und fand sie verschlossen und fand auch kein lebendes Wesen im Raum und niemand, der mir dies hätte antun können. Herr, so wie Ihr es mich sagen hörtet, stieß es mir zu, und so wurde ich überwunden. Ich bitte Euch um Gottes Barmherzigkeit willen, wenn der Leib auch gefoltert wird, helft, daß ich die Seele nicht verliere.»

Der edle Mann hatte ihr Wort wohl vernommen und entsetzte sich staunend, denn noch nie hatte er solch Wunder gehört. Er sprach zu ihr: «Liebe Freundin, du bist ganz voll des Teufels, und der Teufel spricht noch aus dir. Wie soll ich dir die Beichte abnehmen und dir dafür eine Buße aufgeben? Dünkt mich doch wahrlich, du lügst. Denn niemals wurde eine Frau in solcher Weise der Tugend beraubt, ohne daß sie wußte, von wem, oder wenigstens, ohne daß sie den gesehen hätte, der sie so beraubte. Und du willst mir weismachen, daß dieses Wunder dir während deines Schlafes zugestoßen sei?» Jene antwortete: «So wahr mich Gott errette und mich vor allen Qualen schütze, ich sage die Wahrheit, und Ihr werdet es wohl herausfinden.» Er aber antwortete: «Du hast eine zu große Sünde begangen, denn du hast den Gehorsam vergessen, den ich dir befohlen. Und weil du so gesündigt hast, werde ich dir eine Buße auferlegen; die mußt du alle Tage, die du noch zu leben haben wirst, verrichten, wenn du das tun willst, was ich dir aufgebe.»

Darauf antwortete das Fräulein: «Herr, Ihr könnt mir aufgeben, was Ihr wollt, und ich werde es verrichten.» Er antwortete: «Möge es dir Gott so fügen. Sage mir, fügst du dich dem Rate Gottes und gehst zu den Gottesdienern und zur Heiligen Kirche? Das ist die wahre Beichte und Buße, die du tun sollst, und du sollst aus deiner Kraft nach Gottes Geboten leben.» Sie antwortete: «Ebenso, wie Ihr es mir gesagt habt, werde ich es nach meinem Können ausführen, so es Gott gefällt.» Er entgegnete: «Bei Gott, wenn das wahr ist, was du mir da gesagt hast, so glaube ich, daß du nichts zu fürchten brauchst.» – «Herr», sprach sie, «so schütze mich Gott vor Falschheit! Ich sprach die Wahrheit!» Und der edle Mann antwortete: «Du hast mir versichert, die Buße einzuhalten, die ich dir aufgebe, und die Sünde zu meiden.» Sie entgegnete: «Herr, in Wahrheit!» Er sprach weiter: «Dann laß von jeder Sinnenlust ab, und wenn ich dir dies verbiete, sollst du es halten alle Tage, die du zu leben hast. Vor dem aber, was dir während des Schlafes zustößt, kannst du dich nicht hüten. Willst du es tun? Und wirst du dich so hüten können?» Sie antwortete: «Herr, ja, wohl! Wenn Ihr Euch vor Gott verbürgt, daß ich nicht wegen dieser Sünde verdammt werde, so wie Er Euch durch sein Gebot auf Erden beauftragt hat.» Sie übernahm ihre Buße mit bereitem Herzen, so wie der Edelmann sie ihr auftrug, und sie weinte aus der Tiefe der Seele und bereute ihr Werk des Zornes.

Der edle Mann segnete sie mit dem Kreuz und sprach sie los und setzte sie wieder zurück in den Glauben an Jesus Christus, so weit er nur konnte. Dann aber überlegte er, wie das wahr sein könnte, was sie ihm gesagt. Als er das überlegt hatte, wußte er wohl, daß sie von dem Bösen Feind überlistet worden war. Er rief sie zu sich und ließ sie von dem geweihten Wasser trinken im Namen des Vaters und des Sohnes und des Heiligen Geistes und besprengte sie damit und sprach: «Hüte dich, daß du jemals die Gebote vergißt und die Buße, die ich dir auferlege. Und sooft du meiner bedarfst, komm zu mir und dann schlage das Kreuz und empfiehl dich allsogleich in Gottes Hand, und ich rechne dir als Buße an alle guten Taten, die du verrichten wirst.»

Hierauf begab sich das Fräulein in ihr Haus zurück und führte ein vollkommen gutes Leben. Als der Teufel sah, daß er sie verloren hatte und sie ihr fromm-demütiges Leben weiter übte, als ob sie nie anders gewesen wäre, war er voll Verdruß, daß sie ihm entgangen war. So blieb das Fräulein in ihrem Hause und führte ihr gutes Leben weiter, bis die Saat, die sie in ihrem Leibe hatte, aufging und sich nicht länger verhehlen ließ. Sie nahm an Umfang zu und wurde stärker, bis die anderen Frauen es merkten. Und sie schauten sie am Leibe an und sprachen zu ihr: «Liebe Schwester, Ihr seid wahrlich schwanger!» Sie aber antwortete: «Liebe Schwestern, ihr sagt die Wahrheit!» – «Gott!» antworteten diese, «wer hat Euch das angetan?» Und sie sprach zu ihnen:

«So Gott mir eine glückliche Geburt gewähre, ich weiß es nicht.» Sie aber antworteten: «Haben Euch so viele Männer besucht, daß Ihr nicht den angeben könnt, der es war?» Sie aber antwortete: «Möge es Gott nicht gefallen, daß ich mein Kind gebäre, wenn jemals nach meinem Wissen und vor meinen Augen ein Mann beteiligt war, mich in diese Lage zu bringen.» Als sie das hörten, schlugen sie das Kreuz und sprachen: «Das kann nicht sein, das ist noch niemals Euch oder irgendeiner anderen zugestoßen. Aber vielleicht liebt Ihr in aller Heimlichkeit den, der das gemacht hat, und wollt ihn nicht verraten. Wahrlich, großer Schaden wird Euch daraus entstehen, denn sobald die Richter das erfahren, werdet Ihr sterben müssen.» Als sie hörte, daß sie sterben müsse, war **sie** voll Angst und sprach: «So wahr Gott meine Seele retten möge, ich sah niemals den oder kannte einen, der mir das angetan hat.»

Darauf gingen die Frauen hinweg und hielten sie für irre und meinten, es sei schade um ihr gutes Erbteil und ihr gutes Vaterhaus, da sie auf diese Weise alles verlieren würde. Als das Fräulein diese Worte vernahm, geriet sie noch mehr in Angst und kam zu ihrem Beichtvater zurück und erzählte ihm, was die Frauen ihr sagten. Und der fromme Mann sah, daß sie wirklich mit einem lebendigen Kinde schwanger war, und staunte zutiefst und fragte sie, ob sie gut ihre Buße verrichtet habe, die er ihr aufgegeben. Sie antwortete: «Ja.» – «Und stieß Euch diese Sünde nur ein einziges Mal zu?» Sie antwortete: «Wahrlich, Herr, niemals, niemals stieß sie mir wieder zu, weder vorher noch nachher.» Als der Edelmann das vernahm, staunte er noch mehr. Dann schrieb er die Nacht und die Stunde auf, die sie ihm angegeben, und sprach: «Sei nur ganz sicher, wenn dieser Erbe, der in dir entsteht, geboren ist, dann werde ich wohl wissen, ob du die Wahrheit gesprochen oder gelogen hast. Und ich habe das gute Vertrauen in Gott, wenn das wahr ist, wie du mir gesagt hast, brauchst du dich vor dem Tode nicht zu ängstigen. Große Angst magst du ja wohl vorher haben. Wenn die Richter es erfahren, werden sie dich fangen, um deine schönen Häuser zu bekommen, und werden sagen, daß sie dich zum Tode verurteilen werden. Wenn sie dich gefangen haben, so lasse es mich wissen, und Gott wird dir helfen, wenn es so ist, wie du sagst. Er wird dich nicht vergessen.»

Darauf sprach der fromme Mann weiter: «Geh nun zurück in dein Haus und sei ganz ruhig und führe ein gutes Leben, denn ein gutes Leben hilft dem Menschen zu einem guten Ende.»

Nun ging in dieser Nacht das Fräulein zurück zu ihrem Hause und hielt sich einfach, bis es geschah, daß die Richter in diese Gegend kamen und die Nachricht von der Frau erfuhren, die so empfangen hatte. Sie ließen sie in ihrem Hause abholen und vor die Richter bringen. Als sie gefaßt worden war, schickte sie zu dem Edelmann, der sie beraten hatte. Wie er es erfuhr, kam er, sobald er nur konnte. Als er gekommen war, bestellten ihn die Richter. Sie hielten dem Fräulein und dem Edelmann die Aussagen des Fräuleins vor, daß sie nicht wisse, von wem sie schwanger sei. «Herr, glaubt Ihr, daß eine Frau ohne einen Mann ein Kind empfangen kann?» Der Edelmann erwiderte: «Ich kann euch nichts sagen, als was ich weiß. Aber so viel kann ich euch wohl sagen: wenn ihr meinem Rat folgen wollt, so sollt ihr sie nicht zum Tode verurteilen, solange sie schwanger ist, denn es ist nicht recht und billig. daß das Kind den Tod verdient. Es beging doch niemals eine Sünde und hat auch keinen Anteil an der Sünde der Mutter. Es hat doch nichts verbrochen. Wenn ihr sie jetzt zum Tode verurteilt, dann müßt ihr wissen und sagen, daß ihr ein Wesen ermordet habt, das keine Sünde begangen hat.» Und die Richter antworteten ihm: «Herr, wir wollen nach Eurem Rate handeln.»

Darauf sprach der Edelmann: «Wenn ihr weiter nach meinem Rate handelt, so sollt ihr sie in einem Turm wohl behüten lassen, so daß sie keine törichte Tat verrichten kann; und setzt zwei Frauen zu ihr, die ihr bei der Geburt helfen sollen, wenn sie es nötig hat. Richtet es so ein, daß sie nicht herauskommen können. Ihr sollt sie gut bewachen lassen, bis sie ihr Kind bekommen hat. So lange aber sollt ihr es nach meinem Rat ernähren lassen, bis es selbst essen und alle seine Bedürfnisse verlangen kann. Dann, wenn ihr nichts anderes seht, so sollt ihr nach eurem Willen und nach eurem Belieben handeln. Gebt ihnen alles, was ihnen nottut. Und das sollt ihr auf meinen Rat hin tun und wenn ihr es anders machen wollt, so möge die Schuld nicht auf mich kommen.»

Die Richter aber antworteten: «Uns dünkt, Ihr habt Recht gesprochen.» So wie der fromme Mann geraten, führten sie es aus und legten das Fräulein in ein steinernes Haus. Sie ließen alle Türen nach allen Seiten hin fest verschließen und legten zwei der besten Frauen, die sie finden konnten, zu ihr in das Haus. Und oben ließen sie ein Fenster offen, um ihnen das zuzureichen, was sie brauchte. Als der Edelmann das angeordnet hatte, sprach er zu ihr durch das Fenster und sagte: «Wenn du dein Kind bekommen hast, so lasse es, sobald du kannst, taufen, und wenn du herausgelassen wirst und man dich verbrennen will, so lasse mich holen.»

So blieb sie lange Zeit in dem Turm, und die Richter hatten alles angeordnet, was sie brauchte, und übergaben sie den Frauen, die bei ihr waren. Auf diese Weise, wie ihr mich habt erzählen hören, blieben sie dort im Turm, und sie bekam ihr Kind, als es Gott dem Herrn gefiel. Und als es geboren ward, da besaß es – und so war es recht – den Verstand und die Kraft des Bösen, da es von einem solchen gezeugt worden war. Aber der Böse hatte es töricht angefangen, denn Unser Herr hat durch Seinen Tod den Menschen losgekauft und hatte der Mutter wegen ihrer echten Reue die Sünde verziehen. Der Böse Feind aber hatte sie überwältigt durch Betrug. Aber sobald sie sich überlistet fühlte, rief sie Gott den Herrn um Gnade an, da, wo sie eben weilte. Als sie das getan, stellte sie sich unter den Schutz der Heiligen Kirche Gottes und hielt die Gebote, die der Beichtvater ihr aufgetragen hatte. Und deshalb wollte Gott nicht, daß des Teufels Gabe zunichte werde, die das Kind von ihm bekommen sollte und wozu er die Tat ausgeführt hatte. Er wollte doch, daß es seine Schwarzkunst bekomme und seine Kraft, zu wissen alle Dinge der Vergangenheit, die gesagt und getan und ausgeführt worden waren – und alles das wußte es auch. Unser Herr aber, der alles weiß, verzieh der guten Frau ihre Sünde wegen ihrer mütterlichen Reue und der echten Buße nach der Beichte. Er wußte, daß sie Reue in ihrem Herzen trug. Denn sie hatte nicht frei zugestimmt und nicht aus freiem Willen getan, was ihr zugestoßen war. Durch die Kraft der Taufe, die sie reingewaschen, wollte Unser Herr, daß die Sünde ihr keinen Schaden zufüge, und darum gab Er dem Kinde die Kraft, auch die Dinge der Zukunft zu wissen. Aus diesem Grunde also wußte der Knabe die Dinge, die gesagt und getan und vergangen waren, durch den Bösen Feind, und das Übrige, daß er die Dinge der Zukunft wußte, wollte Unser Herr setzen gegen das, was er durch den Bösen Feind wußte, um ihn so auf Seine Seite zu bringen. Nun möge er sich wenden nach der Seite, die er wählen will; und wenn er dem Teufel sein Recht zukommen lassen will, so kann er es tun, ebenso Unserem Herrn das Seinige. Denn mehr als den Leib bildete der Teufel dabei nicht. Und Unser Herr legt den Geist in den Leib, um zu sehen, zu hören und zu verstehen, jedem nach dem Anteil, den Er ihm an Sinn und Verstand und Gedächtnis zu übertragen beliebt. Diesem Kind aber gab Er viel mehr als anderen, weil es so starkes Bedürfnis danach hatte. Späterhin wird man sehen, zu wem es sich halten muß, zu Gott oder Teufel.

Als die Frauen das Kind sahen und von der Erde aufhoben, da war keine unter ihnen, die nicht große Angst vor ihm gehabt hätte, weil sie ihn ganz behaart sahen. Viel mehr Haar sahen sie an ihm, als sie jemals an anderen Kindern gesehen hatten. So zeigten sie ihn der Mutter. Und als die Mutter ihn sah, schlug sie das Kreuz und sprach: «Dieses Kind macht mir große Angst.» Und die anderen Frauen sagten: «Uns selbst desgleichen, denn wir können es kaum halten.» Die Mutter sprach: «Bringt es hinab und ordnet an, daß es getauft werde.» Und sie fragten: «Wie wollt Ihr, daß es genannt werde?» Sie aber antwortete: «So wie mein Vater hieß. Er aber hieß Merlin.»

Nachdem Merlin getauft war, wurde er zur Mutter zurückgebracht, damit sie ihn ernähre. Und sie nährte ihn so lange und stillte ihn, bis er neun Monate alt war. Als er aber die neun Monate erreicht hatte, schien es, er sei schon ein Jahr alt. Einige Zeit danach wiederum schien es, daß das Kind bereits achtzehn Monate alt sei. Da sprachen die Frauen zu der edlen Mutter: «Liebe Frau, wir möchten hier herauskommen und wieder zu unseren Freunden zurückkehren, denn uns dünkt, daß wir nicht länger hier drinnen bleiben sollten; wir können ja auch nicht alle Zeit hier sein.» Sie aber antwortete: «Wahrlich, ich kann nichts dazu tun.» Hierauf begann sie zu weinen und um Gottes Barmherzigkeit willen zu bitten, daß sie noch eine kurze Weile bei ihr bleiben sollten. Mit diesen Worten trat sie an ein Fenster und hielt ihr

Kind in den Armen und begann bitterlich zu weinen. Sie sprach: «Lieber Sohn, um deinetwillen werde ich den Tod erleiden und hab' ihn doch nicht verdient. Denn es ist keiner, der die Wahrheit darüber weiß, durch wen du gezeugt worden bist; bei allem, was ich sage, finde ich keinen Glauben; und so werde ich sterben müssen.»

Als sie so um ihren Tod und um die Folterung, die sie erwartete, jammerte und klagte, blickte das Kind seine Mutter an und sprach: «Liebe Mutter, fürchte dich nicht, du wirst nicht an etwas sterben, das dir durch mich zugestoßen ist.» Als seine Mutter ihn so sprechen hörte, da versagte ihr das Herz, und sie erschrak gar sehr; sie ließ ihre Arme von dem Kind los, und es fiel zu Boden. Die Frauen, die am Fenster standen, hörten das, sprangen hinzu und wähnten, sie wolle es erdrosseln, und sprachen: «Was wollt Ihr mit Eurem Kinde tun? Wollt Ihr es umbringen?» Sie aber antwortete ganz verstört: «Wahrlich nicht, aber ich bin entsetzt wegen des großen Wunders, daß es zu mir gesprochen hat, und da versagten mir die Arme und das Herz.» Und sie antworteten: «Was hat es denn zu Euch gesprochen?» – «Es hat gesagt», entgegnete sie, «daß ich den Tod nicht um seinetwillen erleiden werde.» Und sie sprachen: «Vielleicht wird es noch etwas weiteres sagen.» Hierauf nahmen sie es auf und begannen zu lauschen, um zu hören, ob es noch mehr sagen würde. Das Kind aber tat nicht dergleichen und sprach kein Wort weiter zu ihnen. Nachdem auf diese Weise längere Zeit verstrichen war, sprach die Mutter zu den beiden Frauen: «Bedroht mich doch, dann werdet ihr sehen, ob es sprechen will.» Da nahm es die Mutter in die Arme und begann zu weinen. Die Frauen aber sprachen auf der Stelle: «Edle Frau, wie schade ist es um Euren schönen Leib, da Ihr um einer solchen Kreatur willen verbrannt werdet. Viel besser wäre es, daß es nicht geboren wäre.» Und das Kind antwortete: «Da lügt ihr, das hat euch meine Mutter eingegeben.» Als sie ihn so sprechen hörten, waren sie ganz entsetzt und sprachen: «Das ist kein Kind, das ist ein Teufel, der weiß, was wir gesagt und getan haben.» Sie sprachen ihn an und richteten manches Wort an ihn. Er aber sagte ihnen nur noch: «Laßt mich in Frieden, denn ihr seid töricht und viel größere Sünderinnen als meine Mutter.» Als diese das hörten, staunten sie noch mehr und sprachen:

«Diese Sache darf nicht verheimlicht werden. Wir werden es unten dem Volk ansagen.»

Hierauf traten die beiden Frauen an das Fenster und sprachen zu den Leuten unten und erzählten, was das Kind ihnen gesagt hatte. Als diese das Wunder vernahmen, sagten sie, es sei wohl höchste Zeit, daß die Mutter vor Gericht gestellt werde. Deshalb ließen sie einen Brief schreiben und kündigten der Mutter an, daß sie in vierzig Tagen vor Gericht erscheinen solle. Als der Brief der Mutter gebracht wurde und der Tag ihres Martyriums genannt war, befiel sie darob große Furcht, und sie ließ es den frommen Mann wissen, der sie beraten hatte. So blieb es lange Zeit, bis nur noch sieben Tage bis zu der Frist waren, zu der sie verbrannt werden sollte. Wenn sie aber dieses Tages gedachte, wußte sie nicht, was sie dazu tun solle. Sie war in großer Not und begann zu weinen. Das Kind aber ging im Turm umher, blickte seine Mutter an, die da weinte, und begann zu lachen und sich zu stellen, als hätte es große Freude. Die Frauen aber sprachen: «Du denkst ja wohl wenig an das, was deine Mutter aussteht, die diese Woche verbrannt werden soll um deinetwillen. Verflucht sei die Stunde, da du geboren wurdest, und wenn es Gott nicht ändert, muß sie um dich das Martyrium erleiden.» Das Kind aber erwiderte: «Liebe Mutter, nun lügen sie. Es wird keinen Menschen geben – solange ich lebe –, der Euch zu töten oder anzurühren oder zum Tode zu verurteilen wagte, außer Gott.»

Als die Mutter und die beiden Frauen das Kind so sprechen hörten, waren sie herzlich froh darüber und sprachen: «Dies Kind wird noch ein sehr kluger und weiser Mann werden, so es Gott gefällt, da es solche Worte zu sprechen vermag.»

Dabei blieb es bis zu dem Tag, der ihr angegeben war. Und als es zu diesem Tage kam, da wurden die Frauen herausgelassen, und die Mutter nahm ihr Kind auf den Armen mit vor die Richter. Die Richter waren versammelt und nahmen die Frauen auf die Seite, die bei der Mutter gewesen waren. Sie fragten sie, ob es wahr sei, daß das Kind so gesprochen habe. Und sie erzählten ihnen alles, was das Kind ihnen gesagt hatte. Als die Richter das hörten, da staunten sie über die Maßen und sprachen: «Es wird ja wohl noch viele Worte zu sprechen haben, wenn es seine Mutter vor dem Tode retten will.» Damit kamen sie an den Richtertisch zurück. Auch der heilige Mann, der das Fräulein beriet, war gekommen. Hierauf sprach einer der Richter: «Fräulein, habt Ihr nun noch etwas zu verrichten? Rüstet Euch nun, denn Ihr werdet dieses Martyrium erleiden müssen.» Sie aber antwortete: «Ihr Herren, so es euch gefiele, möchte ich noch gerne mit diesem heiligen Mann sprechen.» Dazu gaben ihr die Richter Erlaubnis. Sie trat in ein anderes Zimmer mit dem edlen Mann, und das Kind blieb draußen. Manche Leute richteten das Wort an Merlin, aber er achtete nicht darauf. Dort sprach nun die Frau mit ihrem Beichtvater und begann kläglich zu weinen. Als sie von allem gesprochen hatte, was sie wollte, fragte der edle Mann sie: «Ist es denn wahr, daß dein Kind so spricht, wie man sagt?» Sie antwortete: «Herr, ja, so ist es.» Hierauf erzählte sie dem frommen Mann, was sie das Kind hatte sprechen hören. Und als der edle Mann das vernahm, sprach er: «Ein großes Wunder wird noch aus diesem Werk entstehen.» Darauf verließen sie das Zimmer wiederum, das Fräulein und der edle Mann. Sie fand das Kind draußen, nahm es auf die Arme und trat alsbald vor die Richter hin. Als die Richter sie sahen, sprachen sie: «Liebe Frau, wollt Ihr uns sagen, wer der Vater dieses Kindes ist? Hütet Euch und verheimlicht es nicht.» Sie aber antwortete: «Ihr Herren, ich sehe wohl, daß ich der Todesstrafe ausgesetzt bin. So möge Gott mit mir keine Gnade und kein Erbarmen haben, wenn ich den Vater des Kindes jemals sah oder kannte, oder wenn irgendein anderer Mann wäre, dem ich mich hingegeben hätte, der dieses Kind in mir hätte erzeugen können.» Und die Richter antworteten: «Wir glauben nicht, daß das wahr sein kann. Wir wollen aber die anderen Frauen fragen, ob das geschehen kann, was Ihr uns da weisgemacht habt. Niemals ist einem Menschen ein solches Wunder zu Ohren gekommen.»

Hierauf zogen sich die Richter auf eine Seite zurück und sprachen mit vielen Frauen über das, was das Fräulein ihnen zu verstehen gegeben hatte. Einer der Richter sprach: «Ihr Frauen, die ihr hier versammelt seid, geschah es jemals einer von euch oder einer anderen Frau, von der ihr sprechen hörtet, daß sie empfangen oder ein Kind bekommen konnte, ohne sich fleischlich mit einem Mann zu verbinden?» Und diese antworteten, das könne keinesfalls geschehen. Als die Richter dies vernommen hatten, kehrten sie zurück zu der Mutter Merlins und hielten ihr vor, was alle anderen Frauen ausgesagt hatten. «Und so ist es also nunmehr recht und billig, daß das Urteil gegen Euch gesprochen werde.» Da sprang Merlin vor, voll Zorn über diese Worte und die Behandlung, die man seiner Mutter angedeihen ließ. Und er sprach: «Ihr Herren, es wird nicht so bald ein Todesurteil hier gesprochen werden, denn wenn man über alle Männer und Frauen, die schon mit anderen als mit ihren Gattinnen und ihren Gatten Gemeinschaft gehabt haben, ins Gericht gehen wollte, dann würde wohl die Hälfte der Männer, die hier drin sind, brennen müssen; desgleichen die Frauen, denn ich kenne genau ihre Verhältnisse, ebensogut wie sie selber. Wenn ich darüber sprechen wollte, würde ich sie schon alle zu Fall bringen. Wisset, es gibt ihrer genug, die Schlimmeres getan haben als meine Mutter. Denn sie hat keine Schuld an dem, was man ihr vorwirft, und wenn sie eine Schuld hat, so hat dieser heilige Mann hier schon die Schuld von ihr genommen. Und wenn ihr mir nicht glaubet, so fragt ihn.»

Die Richter riefen den Edelmann herbei und fragten ihn, ob das wahr sei, was Merlin ihnen eben erzählt hatte. Der Edelmann berichtete Wort für Wort alles, was die Mutter Merlins ihm bekannt hatte. Sie aber fragten ihn abermals, ob es wahr sei, daß solche Sache ihr zugestoßen sei. Der edle Mann antwortete: «Ich sagte ihr, sie habe sich nicht so gehütet vor Gott und vor der Welt, daß man sie zu Recht freisprechen kann. Sie selbst aber hat euch erzählt, wie sie betrogen wurde, und es ist wirklich ein Wunder um dieses Kind, daß sie es empfing ohne die Wonne eines Mannes und sie nicht weiß, wer es in ihr gezeugt hat. Sie hat darüber gebeichtet und bereut und hat die Buße auf sich genommen, die ich ihr gab.»

Das Kind aber sprach zu dem heiligen Mann: «Ihr habt doch genau die Stunde und die Nacht aufgeschrieben, in der ich gezeugt wurde, und Ihr könnt wohl wissen, wann ich geboren wurde, genau bis auf die Stunde der Geburt. Und daraus könnt Ihr einen guten Teil des Werkes meiner Mutter erfahren.» Der Edelmann antwortete: «Du sprichst die Wahrheit, aber ich kann doch nicht wissen, woher dieser Sinn und Ver-

stand dir kommt. Denn du weißt mehr als alle Menschen zusammen.»
Hierauf wurden die Frauen aufgerufen, die mit der Mutter Merlins im
Turm gewesen waren. Diese erzählten vor den Richtern und sprachen
von der Werdezeit des Kindes, von seiner Zeugung, von der Zeit des
Tragens und von der Stunde der Geburt gemäß der Schrift des Edelmannes, und sie fanden es genauso, wie er es sagte. Einer der Richter
antwortete: «Deshalb wird sie noch nicht freikommen, wenn sie nicht
sagt, wer dich zeugte und wer dein Vater ist.» Das Kind zürnte von
neuem und sprach: «Ich kenne besser meinen Vater als du den deinigen
kennst. Und deine Mutter weiß besser, wer dich zeugte, als meine weiß,
wer mich zeugte.» Der Richter wurde zornig und sprach zu Merlin:
«Wenn du etwas über meine Mutter auszusagen hast, so werde ich es
nach Recht und Billigkeit aufnehmen.» Merlin antwortete: «Ich wüßte
sehr viel über sie auszusagen, wenn du ihr Gerechtigkeit widerfahren
ließest, daß sie nämlich eher den Tod verdiente als meine eigene Mutter. Wenn ich es dich in ihrem Beisein selbst wissen lasse, so sprich
meine Mutter frei, denn sie hat keine Schuld an dem, was man ihr vorwirft. Sie sprach in allem die Wahrheit, als sie sagte, wie ich gezeugt
worden bin.» Als der Richter Merlin so sprechen hörte, ward er ganz
traurig darüber und sprach: «Merlin, deine Mutter sollst du frei haben
vor dem Verbrennen, aber so viel wisse du genau, wenn du über meine
Mutter vor mir nicht so aussagen kannst, daß ich es glauben muß, wisse,
dann sollst du mit ihr brennen.»

Hierauf vertagten die Richter das Verfahren gegen Merlin auf eine
Zeit in vierzehn Tagen, und der Richter schickte nach seiner Mutter und
ließ sie holen. Das Kind aber und seine Mutter hielt er in strengem
Gewahrsam, und er selbst war alle Zeit bei den Wächtern. Gar manches Mal wurde das Kind angesprochen, von seiner Mutter und von
anderen, aber in all den vierzehn Tagen konnte man kein Wort mehr
aus ihm herausbringen.

Nachdem die vierzehn Tage verstrichen waren, kam die Mutter des
Richters an. Als sie erschienen war, holte man Merlin und seine Mutter
aus dem Gefängnis und führte sie vor das Volk. Da sprach der Richter:
«Merlin, sieh hier meine Mutter, über die du aussagen sollst. Nun

sprich, was du ihr zu sagen hast.» Das Kind aber entgegnete: «Ihr seid keineswegs so klug, wie Ihr wähnt zu sein. Führt Eure Mutter in ein Haus insgeheim und nehmt Euren geheimen Rat mit Euch. Und ich will den Rat meiner Mutter mit herbeirufen, das ist Gott der Allmächtige und ihr Beichtvater.» Darüber waren sie so erstaunt und entsetzt, als sie diese Worte hörten, daß sie kaum eine Antwort geben konnten. Aber der Richter erkannte wohl, daß Merlin weise gesprochen hatte. Nun fragte das Kind alle anderen Richter: «Ihr Herren, wenn ich meine Mutter nach dem Urteil dieses Mannes befreien kann, soll sie dann von euch allen auch frei sein?» Sie antworteten: «Wenn sie diesem entrinnt, wird sich niemand mehr finden, der ihr etwas anhaben will.» Nach diesen Worten, die ihr nun erfahren habt, traten sie in ein Zimmer, Merlin und der Richter. Ebenso führte der Richter seine Mutter und zwei andere Männer, die edelsten seiner Freunde, die er finden konnte, mit in das Zimmer hinein. Das Kind aber nahm den Beichtvater seiner Mutter mit. Als sie versammelt waren, sprach der Richter: «Nun kannst du meiner Mutter alles sagen, was du willst, wodurch deine Mutter freikommen soll.» Da antwortete Merlin: «Ich will nicht meine Mutter gegen ein anderes Unrecht verteidigen, sondern ich will ihr nur das Recht Gottes wahren, der sie retten soll, und das Recht Gottes soll gewahrt bleiben, desgleichen das ihrige. Und wisset, daß meine Mutter die Folter nicht verdient hat, die Ihr ihr antun wollt. Und wenn Ihr mir glaubt, so werdet Ihr jetzt meine Mutter freilassen, Ihr selbst aber seht ab von der Untersuchung gegen Eure Mutter.» Der Richter aber erwiderte: «So wirst du mir nicht entwischen, du mußt vielmehr alles aussagen.» Merlin sprach: «Ihr habt mir und meiner Mutter zugesichert, wenn ich sie verteidigen kann, daß Ihr sie freilasset?» Der Richter antwortete: «So ist's in Wahrheit!» Und Merlin antwortete: «Ihr wollt meine Mutter verbrennen, dafür, daß ich von ihr geboren wurde und weil sie nicht weiß, wer mich in ihr gezeugt hat. Aber wenn ich wollte, könnte sie besser aussagen, wessen Sohn ich bin, als du aussagen könntest, wer dein Vater war. Deine Mutter weiß besser, wessen Sohn du bist, als die meinige bis jetzt weiß, wessen Sohn ich bin.» Der Richter sprach: «Liebe Mutter, bin ich nicht Euer Sohn von Eurem angetrauten Gemahl?»

Darauf antwortete die Mutter des Richters: «Lieber Sohn, doch, ja.»
Und Merlin sprach und sagte: «Frau, Ihr müßt doch der Wahrheit nach
aussagen, wenn Euer Sohn meine Mutter und mich nicht freiläßt; wenn
er es tun wollte, ohne daß ich über Euch weiteres sage, so wollte ich
darüber schweigen.» Der Richter antwortete: «Das werde ich keineswegs
tun.» – «Ihr werdet dabei so viel gewinnen», antwortete Merlin, «daß
Ihr durch das Zeugnis Eurer Mutter Euren Vater finden werdet.» Und
als die Männer, die in dem Rat saßen, diese Worte hörten, schlugen sie
das Kreuz und waren erstaunt und entsetzt, daß Merlin dies aussagte.
Merlin aber sprach zu der Mutter des Richters: «Liebe Frau, Ihr müßt
Eurem Sohn der Wahrheit nach sagen, wessen Sohn er ist.» Die Frau
antwortete: «Teufel, Satanas! Habe ich es denn nicht schon gesagt?»
Und Merlin antwortete: «Ihr wißt genau, daß er nicht der Sohn des-
jenigen ist, der er zu sein wähnt.» Die Frau war empört und sprach:
«Wessen Sohn dann?» Und er sprach: «Ihr wißt genau, daß er der Sohn
Eures Priesters ist. Zum Beweis dies Zeichen: Das erste Mal, als Ihr mit
ihm zusammen wart, sagtet Ihr ihm, Ihr hättet Angst, ein Kind zu bekommen. Und er sagte Euch, daß Ihr nicht von ihm empfangen werdet,
und daß er schriftlich jedesmal aufzeichnen werde, wann er mit Euch
zusammenlag. Denn er selbst hatte Angst, daß Ihr noch mit einem anderen Manne zusammenläget, da Euer Herr und Gemahl zu jener Zeit
in Unfrieden getrennt von Euch lebte. Und als Euer Sohn gezeugt war,
dauerte es nicht lange, und Ihr sagtet dem Priester, Ihr wäret übel
daran, weil Ihr von ihm schwanger wäret. Wenn das so wahr ist, wie
ich es gesagt habe, so bekennt es. Wollt Ihr es nicht anerkennen, dann
werde ich Euch noch mehr aussagen.»

Nun war der Richter sehr traurig und fragte seine Mutter: «Ist das
wahr, was er sagt?» Die Mutter aber antwortete sehr entrüstet und
sprach: «Lieber Sohn, glaubt Ihr denn diesem Teufel, was er sagt?»
Merlin antwortete: «Wenn Ihr es nicht zugebt, so werde ich Euch noch
andere Dinge sagen, die Ihr genau wißt und die wahr sind.» Und die
Frau schwieg. Merlin sprach weiter: «Ich weiß alles, was der Priester
gemacht und gesagt hat. Folgendes trug sich in Wahrheit zu: Als Ihr
Euch schwanger fühltet, da verlangtet Ihr, mit Eurem Herrn und Ge-

mahl durch Euren Priester wieder ausgesöhnt zu werden, weil Ihr verhehlen wolltet, daß Ihr von ihm schwanger wäret. Und er betrieb es so lange, bis er es zustande brachte, und Ihr wieder mit Eurem Gemahl zusammenlagt. Das tatet Ihr, damit der Edelmann meine, das Kind sei sein Sohn. So meinen es ja auch viele andere Leute, und dieser Richter hier meint selbst in Wahrheit, er sei der Sohn des Edelmannes, Eures Gemahls. Von da an habt Ihr dieses schlechte Leben geführt und führt es noch. Und in der Nacht, da Ihr aufbrachet, hierherzukommen, laget Ihr noch zusammen mit dem Priester. Und am Morgen geleitete er Euch ein weites Stück Weges. Als er von Euch Abschied nahm, gab er Euch lachend den Rat mit: ‹Liebe Schwester, nun gedenket wohl zu tun und zu sagen alles, was mein Sohn will.› Denn er wußte nach seinen Aufzeichnungen gut, daß dieser Richter hier sein Sohn ist.»

Als die Mutter des Richters Merlin so sprechen hörte, wußte sie genau, daß er die Wahrheit sprach. Darauf setzte sie sich und war völlig gebrochen. Denn sie sah wohl, daß sie alles der Wahrheit gemäß aussagen müßte. Ihr Sohn blickte sie an und sprach: «Liebe Mutter, wer auch mein Vater sei, ich bin Euer Sohn, und als Sohn werde ich Euch behandeln. Aber sprecht die Wahrheit, ob dieses Kind die Wahrheit ausgesagt hat.» Die Mutter antwortete: «Lieber Sohn, um Gottes Barmherzigkeit willen, ich will dir nichts verheimlichen, aber ebenso, wie es ausgesagt hat, ist es gewesen.» Und als der Richter dies vernahm, sprach er: «Wahr sagte dieses Kind, daß es besser wisse, wer sein Vater sei, als ich wußte, wer der meinige ist. Und es ist nicht billig, daß ich seine Mutter zum Tode verurteile, da ich es meiner Mutter auch nicht antue.» Und weiter sprach der Richter zu Merlin: «Merlin, ich bitte dich um Gottes willen, damit ich deine Mutter vor dem Volk und vor dir selbst von Schuld freisprechen kann, sage mir, wer ist dein Vater?» Und Merlin antwortete: «Ich werde es dir sagen, mehr aus Liebe zu dir, als von dir gezwungen. Du sollst wissen, daß ich der Sohn eines bösen Dämons bin, der meine Mutter überlistet hat. Und wisse, daß diese Art von Dämonen den Namen ‹Ecupedes›, das ist ‹Incubus›, hat und in der Luft wohnt, und dieser hat mir die Gabe verliehen, alle Dinge der Vergangenheit zu wissen, Worte, Taten und Geschehnisse. Und deshalb weiß ich, welches Leben deine Mutter immer geführt hat. Und Unser Herr will, daß ich ein solches Gedächtnis und solche Macht besitze, kraft der Güte und echten Reue meiner Mutter. Und um des Gebotes der Heiligen Kirche willen, an die ich glaube, hat Er mir so viel Geisteskraft gegeben, daß ich auch zum Teil die Dinge weiß, die in der Zukunft geschehen sollen. All dies kannst du erkennen aus dem, was ich dir nun noch enthüllen will.» Damit nahm Merlin den Richter auf die Seite und sprach zu ihm: «Deine Mutter wird fortgehen und dem, der dich gezeugt hat, alles, was ich gesagt habe, berichten. Und wenn dieser Mann vernimmt, daß du die Wahrheit kennst, wird er eine so große Furcht vor dir haben, daß er fliehen wird. Und der Teufel, dessen Werke er immer getan, wird ihn zu einem Fluß führen, und dort wird er sich ertränken. Und daraus wird dir bewiesen, daß ich die Dinge kenne, die in der Zukunft liegen.» Der Richter antwortete: «Merlin, wenn das wahr ist, was du mir gesagt hast, so werde ich dir niemals mehr Unglauben schenken.» Somit beendeten sie ihr Gespräch und traten vor das Volk. Und es sprach der Richter zu dem Volk: «Dieses Kind hat seine Mutter von dem Verbrennen freigesprochen, und es mögen alle wissen, die dieses Kind je sehen, daß sie niemals ein weiseres Wesen sehen werden und nie vorher ein solches sahen.» Und das Volk antwortete insgesamt und rief: «Gott sei darob gepriesen, wenn sie vor dem Tode gerettet ist.»

Hier erzählt die Geschichte, daß Merlin bei den Richtern blieb. Und der Richter schickte seine Mutter mit zwei Männern hinweg, um zu erfahren, ob es wahr sei, was Merlin von dem Priester und der Mutter des Richters ausgesagt hatte. Sobald sie in ihr Haus gekommen war, sprach sie mit dem Priester insgeheim und erzählte ihm von dem Wunder, das sie vernommen. Als er dies gehört hatte, erschrak er so heftig darüber, daß er kein Wort antworten konnte. Hierauf überlegte er sich, daß der Richter ihn wohl töten würde, sobald er ihn sähe. In solchen Gedanken verließ er die Stadt und gelangte an einen Fluß. Er sagte bei sich, es dünke ihm viel besser, daß er sich selbst ertränke, als daß man ihn töte und eines schmählichen Todes sterben lasse. So führte ihn der Teufel, dessen Werke er bis dahin getan, daß er in das Wasser sprang und ertrank. Das sahen aber die zwei Männer, die mit der Mutter des Richters gekommen waren. Deshalb sagt die Geschichte, daß keiner die Menschen fliehen soll, denn der Teufel weilt viel lieber bei einem einzelnen Menschen als bei vielen zusammen.

Nun zogen die Männer, die dies mit angesehen, zurück. Als sie dorthin gekommen waren, wo der Richter war, berichteten sie das Werk, so wie sie es mit angesehen hatten. Es waren aber drei Tage, nachdem sie zurückgekehrt waren, vergangen, seit der Priester ertrunken war. Als der Richter dies vernahm, erstaunte er gar sehr und kam zu Merlin und berichtete es ihm. Merlin lachte darüber und sprach zu dem Richter: «Nun kannst du wohl sehen, ob ich die Wahrheit gesprochen habe. Und ich bitte dich, daß du es genauso, wie ich es dir sagte, dem Blasius mitteilst. Dieser Blasius ist der Beichtvater meiner Mutter.» Und der Richter erzählte Blasius das Wunder, so wie es ihm über den Priester berichtet worden. Daraufhin begab sich Merlin mit seiner Mutter und Blasius hinweg, und die Richter verließen ebenfalls das Land und zogen nach einer anderen Gegend.

Dieser Blasius war ein guter Gottesmann und sehr klug. Als er Merlin so fein und verständig sprechen hörte, da dieser doch von so geringem Alter und zu dieser Stunde nicht mehr als zweieinhalb Jahre alt war, wunderte er sich gar sehr, woher ihm wohl so großer Verstand kommen könne. Er gab sich deshalb große Mühe, Merlin auf mancherlei Weise auf die Probe zu stellen, bis endlich Merlin zu Blasius sprach: «Prüfe mich nicht weiter, denn je mehr du mich prüfen wirst, desto mehr wirst du staunen. Tue aber, was ich dich bitte, und glaube im Ganzen an das, was ich dir sage, und ich werde dich lehren, die Liebe Jesu Christi zu gewinnen.» Blasius sagte zu Merlin: «Ich habe dich erzählen hören und glaube es wohl, daß du vom Teufel erzeugt worden bist, deshalb fürchte ich gar sehr, daß du mich betrügest.» Und Merlin antwortete: «Es ist die Gewohnheit aller bösen Herzen, daß sie in all ihren Dingen das Böse viel mehr sehen als das Gute und es festhalten. So wie du mich hast erzählen hören, daß ich der Sohn des Teufels sei, hast du mich doch auch sagen hören, daß Gott mir Sinn und Verstand und Wissen über die Dinge gegeben hat, die in der Zukunft geschehen.

Und deshalb, wenn du weise wärest, müßtest du erkennen und empfinden, zu welchem ich mich halten werde. Wisse wohl, Gott will, daß ich diese Dinge weiß, damit die Teufel an mir zuschanden werden. Ihre Geisteskraft und ihre Kunst aber habe ich nicht verloren, sondern ich behalte von ihnen, was ich behalten muß. Jedoch behalte ich es keineswegs zu ihrem Nutz und Frommen, und sie handelten durchaus nicht weise, als sie mich in meiner Mutter zeugten. Denn sie legten mich in ein solches Gefäß, das niemals ihnen angehören durfte. Die fromme Güte meiner Mutter schadete ihnen sehr. Hätten sie mich aber in meiner Großmutter erzeugt und in sie gelegt, dann hätte ich keine Gewalt zu erfahren, wer Gott ist, und wäre des Teufels geworden. Wohl aber kam durch den Teufel all das Leid, das meine Mutter um ihren Vater erduldete. Der Teufel wirkte alle anderen Schäden, die sie dir berichtet hat. Glaube aber, was ich dir sage über den Glauben an Jesus Christus und das Vertrauen zu Ihm, und ich werde dir Dinge erzählen, die keiner außer Gott dir zu künden vermöchte. Mache ein Buch daraus. Und viele Leute, die von diesem Buch hören, das du machen sollst, werden dadurch besser werden und werden sich dadurch vor der Sünde hüten. Du aber wirst, wenn du es schreibst, große Wohltaten wirken.»

Blasius antwortete Merlin: «Ich will gerne das Buch machen, aber ich beschwöre dich im Namen des Vaters und des Sohnes und des Heiligen Geistes und der frommen Frau, die den Leib Gottes trug, im Namen all seiner Engel und Erzengel und Apostel und im Namen all dessen, was Gottes ist, du mögest mich nicht täuschen noch betrügen noch irgend etwas tun, was Unserem Herrn nicht gefällt.» Merlin antwortete: «Alle Geistgeschöpfe, die du vor mir angerufen hast, mögen mir vor Gott schaden, wenn ich etwas tue, was gegen Seinen Willen ist.» – «Nun kannst du mir also erzählen», sprach Blasius, «alles, was du nur Gutes berichten willst; ich will es von nun an zu allen Zeiten ausführen.» Und Merlin sprach: «Verschaffe dir also hinreichend Tinte und Pergament, und ich werde dir viele Dinge sagen, die du in dein Buch setzen sollst.»

Als Blasius alles dies geholt hatte, erzählte ihm Merlin von der Liebe zwischen Jesus Christus und Josef, genauso wie sie gewesen, und von Alain und seiner Gemeinde, wie sie gewandert waren und wie Josef das Gefäß aus den Händen gab und dann aus dem Leben schied, und wie die Teufel, nachdem alle diese Dinge sich ereignet hatten, unter sich zu Rate gingen, weil sie ihre ganze Macht verloren, die sie über die Menschen zu haben pflegten. Er erzählte ihm auch, wie die Propheten den Teufeln geschadet und deshalb die Teufel beraten hatten, wie sie einen Menschen erschaffen könnten. «Du hast wohl durch meine Mutter und durch andere gehört und erfahren, was für Mühe und Tücke sie daran gewandt haben. Und durch die Torheit, deren sie voll sind, bin ich ihrer List entgangen.» So sprach Merlin von diesem Werk und ließ Blasius alles aufzeichnen. Blasius aber staunte sehr über die Wunder, die Merlin ihm berichtete; sie schienen ihm durchaus gut zu sein, und er hörte sie von Herzen gerne.

Nachdem Blasius sich bereit erklärt hatte, dies Werk zu machen, fuhr Merlin fort: «Durch diese Sache, die du machst, werde ich großes Leid zu erdulden haben.» Blasius fragte ihn, wieso. Merlin antwortete: «Ich werde vom Westen her geholt werden, und die mich holen sollen, haben ihrem Herrn geschworen, daß sie mich töten und ihm mein Blut bringen wollen. Sobald sie mich aber sehen werden und mich sprechen hören, wird ihnen die Lust dazu vergehen. Und wenn ich mit ihnen weggehe, so sollst du in jene Gegenden dich begeben, wo die Menschen wohnen, die den Heiligen Gral hüten. Und es wird von nun an alle Zeit deine Aufgabe sein, daß du dein Buch schreibst und daß es gern gehört wird von allen Menschen. Aber es wird nicht aus geistlicher Vollmacht wirken, weil du nicht zu den Aposteln gehörst und auch nicht zu ihnen gehören kannst. Denn die Apostel schrieben nie etwas anderes auf von Unserem Herrn, als was sie selbst von Ihm gehört oder gesehen hatten, du aber setze nichts anderes in dein Buch, als was du von mir und sonst von keinem anderen gesehen und gehört hast.

So wie ich unbekannt bin und bleiben werde bei allen, vor denen ich mich nicht im Lichte enthüllen will*, so wird auch das ganze Buch ge-

---

* Diese Stelle weist zurück auf den ersten Teil von Robert de Borons Werk: «Die Geschichte des Heiligen Gral». Sie beweist auch, daß nach Roberts Meinung die Gralströmung von der Kirche nicht beachtet, aber auch nicht verfolgt wurde. Trotz ketzerischer Züge wurde sie als geheime Laienbewegung geduldet.

heimgehalten werden, und es wird selten geschehen, daß einer es benützen darf. Du aber sollst es mitnehmen, wenn ich mit denen, die mich
holen sollen, wegziehe. Dann wird das Buch Josefs und das Buch der
Geschlechter, von denen ich dir berichtet habe, mit dem deinigen und
meinigen vereint werden. Dann wird deine Arbeit beendet sein, und
du wirst so, wie du sein mußt, in der Gesellschaft jener Menschen bleiben. Dann wird dein Buch zu dem Buch Josefs hinzugefügt werden, und
es wird Zeugnis ablegen von meinen Mühen und den deinigen. So mögen sie es in Gnaden aufnehmen, wenn es ihnen gefällt. Sie werden
aber bei Unserem Herrn für uns Fürbitte leisten. Und wenn die zwei
Bücher vereinigt sind, wird es ein schönes Buch sein, denn die beiden
werden ein und dasselbe sein; es werden jedoch nicht darin stehen
– denn es ist nicht Recht und darf nicht sein – die geheimen Worte, die
zwischen Josef und Jesus Christus gesprochen wurden.»

II

VORTIGERN DER THRONRÄUBER

Und England hatte damals noch keinen christlichen König. Aber von
den Königen, die damals gelebt haben, brauche ich nicht viel zu erzählen, außer dem, was sich auf diese Geschichte bezieht.

Nun erzählt die Geschichte, daß ein König in England lebte, der den
Namen Konstans trug. Dieser Konstans regierte lange Zeit und hatte
drei Söhne. Der eine hieß Moine, der zweite hieß Pendragon, der dritte
Uter. Auch hatte er einen Heerführer, der den Namen Vortigern trug.
Dieser Vortigern war ein kluger und listenreicher Mann und ein guter
Ritter zu der Zeit, die damals war. Konstans aber schied aus dem Leben.
Als er gestorben war, fragten die Leute, wen sie zum König machen
sollten. Die meisten kamen überein, Moine zum König zu wählen. Als
Moine König war, gab es Krieg, und Vortigern war sein Heerführer.
Die Sachsen aber führten Krieg gegen König Moine, und die, die unter
dem Gesetze Roms* lebten, kamen mehrere Male und bekämpften die
Christen. Vortigern, der Heerführer des Landes, handelte in allem nach
seinem eigenen Gutdünken. Der Knabe aber, der König war, war keineswegs so weise und so tapfer, wie es nötig gewesen wäre. Vortigern
hatte viel Landbesitz an sich gerissen, und ebenso hatte er auch die
Herzen der Menschen gewonnen. Er wußte wohl, daß sie ihn für sehr
tüchtig hielten. Da erhob sich in ihm Hochmut, da er wohl sah, daß
keiner war, der tun konnte, was er verrichtete. Deshalb erwog er und
beschloß, er würde sich nicht mehr mit dem Krieg des Königs beschäf-
tigen, sondern sich zurückziehen. Als die Sachsen vernahmen, daß Vortigern den Krieg im Stich gelassen hatte, versammelten sie sich und

---

* Die Sachsen kamen aus Germanien, das damals noch (5. Jh.) unter dem Gesetz
Roms war, Britannien aber hatten die römischen Legionen i. J. 410 verlassen.

zogen mit großer Heeresmacht gegen die Christen an. König Moine kam zu Vortigern und sprach: «Lieber Freund, helft uns das Land verteidigen, denn ich und alle, die darin sind, unterstehen Eurem Willen.» Vortigern aber antwortete: «Herr, nun mögen die anderen hinziehen, denn ich kann Euch nicht weiter helfen. Es gibt Leute in Eurem Lande, die mich hassen, weil ich Euch diene. Nun sollen sie diesen Kampf führen, denn ich will mich nicht mehr damit abgeben.» Als König Moine und alle, die bei ihm waren, sahen, daß sie bei Vortigern nichts anderes ausrichten konnten, wandten sie sich ab und zogen aus, die Sachsen zu bekämpfen. Die Sachsen kämpften gegen sie und besiegten sie, und als sie gesiegt hatten, zog Moine mit den Seinigen davon; und wahrlich, sie meinten, sie hätten alles verloren. Sie meinten aber, sie hätten diesen Verlust nicht erlitten, wenn Vortigern dabeigewesen wäre. So blieb es lange Zeit, und der Knabe wußte das Land nicht so gut zu halten und besaß auch das Herz der Menschen nicht mehr so, wie es nötig gewesen wäre. Immer mehr und mehr Menschen faßten Haß gegen ihn. Wiederum blieb es dabei lange Zeit. Endlich hielt man König Moine für so schlecht, daß sie sagten, sie wollten nicht länger seine Unfähigkeit dulden. Sie kamen zu Vortigern und sprachen zu ihm: «Herr, wir sind ohne König und ohne Herrn. Denn dieser König, den wir haben, ist nichts wert. Wir bitten Euch um Gottes willen, daß Ihr König werdet und uns regiert. Denn es ist kein Mensch in diesem Lande, der es so gut verwalten könnte wie Ihr.» Vortigern aber antwortete: «Wenn er tot wäre, und ihr und die anderen wolltet, daß ich König sei, dann wollte ich es gerne sein. Aber solange er lebt, kann ich es nicht sein.» Diese hörten das Wort Vortigerns und behielten in ihrem Herzen, was sie dazu meinten. Sie wandten sich von dort ab und nahmen von ihm Abschied.

Als sie in ihr eigenes Land gekommen waren, bestellten sie ihre Sippenfreunde zu sich. Als ihre Freunde alle gekommen waren, sprachen sie untereinander, und diejenigen, die bei Vortigern gewesen waren, berichteten den anderen, wie sie mit ihm gesprochen hatten. Und als ihre Freunde das vernahmen, sagten sie: «Das Beste, was wir tun können, ist, daß wir Moine töten. Wenn wir ihn getötet haben, so wird

Vortigern König werden. Und dann wird er wissen, daß er es durch uns geworden ist, da wir König Moine um seinetwillen ermordet haben. Dann wird er alles tun, was wir wollen. Auf diese Weise werden wir allezeit Herr über ihn sein.»

Nun machten sie untereinander aus, wer von ihnen den König töten sollte. Sie wählten zwölf unter sich aus. Diese zwölf machten sich auf dorthin, wo König Moine weilte, und die anderen blieben in der Stadt, um ihnen zu helfen, wenn irgend jemand ihnen etwas zufügen sollte. Diese zwölf kamen dahin, wo sie König Moine trafen. Sie griffen ihn an mit Messern und Schwertern und nahmen ihm das Leben. Sobald das geschehen war – und es war bald geschehen, denn er war noch ein kleiner Knabe –, fand sich niemand, der sich weiter darüber aufhielt. Sie aber kamen zu Vortigern und sprachen: «Vortigern, nun sollst du König sein, denn wir haben König Moine getötet.»

Sowie Vortigern vernahm, daß sie ihren Herrn getötet hatten, tat er sehr empört darüber und sagte zu ihnen: «Ihr Herren, ihr habt schlecht gegen euren Herrn gehandelt, daß ihr ihn gemordet habt, und ich rate euch, daß ihr die Flucht ergreifet vor den edlen Herrn dieses Landes; denn sie werden euch töten, wenn sie euch zu fassen bekommen können. Mich verdrießt es sehr, daß ihr hierhergekommen seid.» So zogen sie wieder davon. Und so war König Moine tot.

Hierauf geschah es, daß die Edlen des Königreichs sich versammelten. Als sie versammelt waren, erwogen sie untereinander, wen sie zum König machen sollten. Und Vortigern, so wie ich euch gesagt habe, hatte die Herzen der Leute und besaß einen großen Teil des Landes. Darob einigten sie sich einmütig, daß Vortigern König sei. Und dahin einigten sie sich auch mit Vortigern. An dieser Ratsversammlung nahmen zwei Edelleute teil, die die beiden anderen Königskinder Pendragon und Uter in ihrer Hut hatten. Diese zwei Kinder waren die Söhne des Königs Konstans und die Brüder König Moines, der tot war. Als diese Edelleute hörten, daß Vortigern König sein sollte, argwöhnten sie, daß er König Moine hatte ermorden lassen. Darum sprachen sie untereinander und sagten: «Sobald er König ist, wird er diese beiden Kinder, die wir hüten, ebenfalls umbringen lassen, wir aber liebten doch sehr ihren

Vater, tat er uns doch viel Gutes, und durch ihn haben wir noch das, was wir besitzen. Wir wären nun schlecht beraten, wenn wir so diese beiden Kinder zugrundegehen ließen. Wir wissen wohl, sobald Vortigern König sein wird, wird er sie vernichten, weil er genau weiß, daß das Königreich ihnen gehören muß. Er würde sie aber ermorden, bevor sie noch in das Alter kämen, um ihr Reich zu verlangen.» Hierauf sprachen die beiden Edelleute weiter und kamen überein, daß sie entfliehen und die Kinder in ein fremdes Land nach dem Osten zu bringen wollten, woher ihre Vorfahren gekommen waren. Auf diese Art würden sie die Kinder schützen, damit Vortigern sie nicht umbringen könne. Und sie brachten es dahin, daß sie die Kinder fortführten. Von ihnen aber brauche ich jetzt nicht weiter zu erzählen, bis der Lauf der Geschichte mich wieder darauf zurückführt. Soviel nur kann man hier durch diese Geschichte bemerken, daß man niemals verliert, wenn man einem edlen Mann eine Wohltat erweist.

Hier berichtet die Erzählung, daß Vortigern zum König gewählt wurde, wie ich euch kundgetan habe. Und als er gesalbt und gekrönt war und Herr des Landes, kamen zu ihm die Männer, die König Moine getötet hatten. Als Vortigern sie sah, stellte er sich, als ob er sie noch nie gesehen hätte. Sie aber traten vor ihn und begannen, ihm Vorwürfe zu machen, da er durch sie König geworden sei, nachdem sie König Moine erschlagen hätten. Als Vortigern sie aber so sprechen hörte, daß sie ihren Herrn umgebracht hätten, befahl er, sie alle gefangenzunehmen und sprach: «Ihr habt euch selbst gerichtet, denn ihr hattet kein Recht, ihn zu töten. Und ebenso würdet ihr es mit mir machen, wenn ihr könntet. Aber ich werde mich wohl davor zu hüten verstehen.» Als sie diese Worte vernahmen, erschraken sie gewaltig und sprachen zu Vortigern: «Herr, wir glaubten, es zu Eurem Nutzen getan zu haben, und wir dachten, Ihr würdet uns deswegen um so mehr lieben.» Als Vortigern das vernahm, rief er: «Ihr Herren, ich werde euch schon zeigen, wie man solche Leute, wie ihr seid, lieben muß.» Hierauf ließ er sie alle zwölf ergreifen und sie an zwölf Pferde binden und alle zerreißen, so daß wenig davon übrigblieb. Als sie tot waren, kam aber ihre große Sippschaft zu Vortigern und sprach: «Vortigern, du hast uns große

Schande angetan, da du unsere Verwandten und Freunde einem so gemeinen Tode überantwortet und sie von Pferden hast zerreißen lassen. Wir werden niemals freiwillig weiter in deinem Dienst bleiben.» Als Vortigern vernahm, daß sie ihn so bedrohten, war er sehr empört. Er antwortete und rief, wenn sie so davon weiter sprächen, werde er mit ihnen ebenso verfahren wie mit den Königsmördern. Als sie vernahmen, daß er sie so bedrohte, befiel sie ebenfalls großer Zorn. Sie antworteten ihm voll Wut – denn Furcht hatten sie nicht vor ihm – und sprachen: «König, du kannst uns bedrohen, soviel du willst, aber das sagen wir dir, daß wir keinen Sippenfreund haben, der dir nicht Krieg ansagen wird. Und hiermit fordern wir dich zum Kampfe, denn du bist keineswegs unser Herr, und das Land hältst du keineswegs von Gesetzes wegen. Und wisse, mit dem gleichen Tod, wie du unsere Verwandten hast sterben lassen, sollst du sterben.» Mehr sagten sie nicht, sondern liefen hinweg. Als Vortigern vernahm, daß er so sterben sollte, ergriffen ihn Angst und Zorn. Also erhob sich heftige Zwietracht zwischen Vortigern und den Edlen, deren Verwandten er hatte umbringen lassen. Denn diese sammelten Truppen und fielen in sein Land ein.

Vortigern aber beherrschte das Land noch lange Zeit danach und hatte viele Male mit ihnen zu kämpfen. So lange bekriegten sie einander, bis er sie aus seinen Landen vertrieben hatte. Und als sie draußen waren, wurde Vortigern so unerträglich böse gegen sein Volk, daß sie ihn nicht mehr leiden konnten und sich alle gegen ihn empörten. Als Vortigern das sah, befiel ihn grause Furcht, daß sie ihn aus dem Lande vertreiben könnten. Da schickte Vortigern seine Boten aus und ließ die Sachsen ins Land holen. Er sagte ihnen, er wolle Frieden mit ihnen schließen. Als die Sachsen vernahmen, daß Vortigern Frieden von ihnen erbat, waren sie voll Freude.

Unter diesen Sachsen war einer, der den Namen Hengist trug, und der war stolzer und stärker als die anderen. Dieser Hengist hatte früher schon lange Zeit Vortigern gedient, so lange, bis dieser den Krieg gewonnen hatte. Als dieser Krieg beendet war, sprach Hengist mit ihm und sagte ihm, daß sein Volk ihn sehr hasse. So lange redete Hengist und betrieb es bei Vortigern, bis Vortigern eine seiner Töchter zur Frau nahm. Und es mögen alle, die diese Geschichte hören, wissen, daß sie es war, die als erste in England «Garsoil»* sagte. Ich brauche euch nicht mehr viel von Hengist und seinem Treiben zu erzählen, aber die Christen waren sehr betrübt, als Vortigern diese Frau genommen hatte, und alle, die es wußten, sagten immer wieder, Vortigern habe nun seiner Frau wegen einen großen Teil seines Glaubens aufgegeben, denn sie war nicht unter dem Gesetz Jesu Christi. Späterhin erfuhr Vortigern, daß er von allen seinen Untertanen keineswegs geliebt wurde. Er erfuhr auch, daß die Söhne Konstans' in ein fremdes Land gezogen waren und zurückkehren würden, sobald sie nur könnten. Er wußte selbst genau, daß sie in das Land zurückkehren würden, um ihm Schaden zuzufügen. Da ging er mit sich zu Rate und beschloß, einen Turm zu machen, so hoch und so stark, daß er keinen Menschen mehr zu fürchten brauchte. Als sie aber drei oder vier Klafter hoch den Turm über der Erde aufgerichtet hatten, da fiel alles wieder zusammen. Sie bauten dreimal – wie die Geschichte berichtet –, und zu dreien Malen stürzte er zusammen.

Als Vortigern sah, daß dieser Steinturm nicht halten konnte, war er sehr betrübt und sagte, er könne wohl niemals mehr Freude haben, wenn er nicht erführe, warum sein Turm zusammenstürze. Da ließ er nun aus seinem ganzen Lande alle weisen Männer zusammenkommen. Als sie alle versammelt waren, berichtete ihnen Vortigern das ganze Wunder von seinem Turm, der so zusammenstürzte und in keiner Weise halten könne, was man auch damit täte. Nun fragte sie Vortigern um ihren Rat. Als die weisen Männer ein solches Wunder hörten und sahen, daß das Werk zusammengestürzt war, staunten sie gewaltig und sagten: «Herr, nur ein Gelehrter kann wissen, so dünkt uns, was das ist. Die Gelehrten aber wissen kraft der Gelehrtheit, was andere Leute nicht wissen können. Und wenn du etwas darüber erfahren willst, so kannst du es nur durch sie erfahren.» Hierauf sprach Vortigern: «Mir scheint, ihr sprecht die Wahrheit.» Daraufhin ließ er alle weisen Kleriker aus

* Garsoil ist eine Verstümmelung des altenglischen Wortes «waes hael» = zum Wohl (als Trinkspruch).

seinem ganzen Lande zusammenrufen. Und als sie alle erschienen waren, wies ihnen Vortigern dies Wunder, und sie sagten untereinander: «Das ist wahrlich ein großes Wunder, das der König uns da berichtet.» Hierauf zog der König die weisesten von ihnen beiseite zur Beratung und sprach zu ihnen: «Ihr Herren, wüßtet ihr mir Rat zu geben, warum mein Turm zusammenbricht? Denn was ich auch tun mag, er hält in keiner Weise. So möchte ich euch alle bitten, daß ihr eure Mühe daran setzet und mir berichtet, damit ich es erfahre; denn man hat mir gesagt, daß ich es nicht erfahren kann außer durch euch.» Als die Gelehrten hörten, was der König von ihnen verlangte, sprachen sie: «Herr, wir wissen nichts darüber, aber es gibt hier wohl Gelehrte, die das wissen könnten, wenn sie sich daran setzen wollten: das vermag die Kunst, die Astronomie heißt.» Der König antwortete: «Ihr selbst, die ihr hier seid und es besser wißt als ich, sollt unter euch ausmachen, wer es machen kann. Die das wissen können, sollen sich nicht zurückhalten, sondern sie sollen vortreten und kühn sprechen. Und sie können von mir verlangen, was sie wollen; sie sollen es erhalten, wenn sie mir sagen, weshalb mein Turm einstürzt.»

Hierauf zogen sich die Gelehrten zur Beratung zurück. Sie fragten einander, ob einer diese Kunst verstehe. Da waren aber zwei unter ihnen, die traten vor und sagten: «Wir wissen genug darüber, dünkt uns, um das auszuführen, und es gibt auch andere Weise, die davon wissen.» Die edlen Herren sprachen: «So geht denn und sucht eure Genossen zusammen, die etwas davon wissen können.» Sie suchten so lange, bis sieben von ihnen beisammen waren. Und unter diesen sieben war keiner, der nicht wähnte, er sei Meister über alle anderen. So wurden denn diese sieben vor den König geführt. Der König fragte sie, ob sie glaubten, daß sie ihm sagen könnten, warum sein Turm zusammenfalle. Sie antworteten: «Ja, wenn es überhaupt nur ein Mensch wissen kann.» Und der König bat, sie möchten es ihm sagen, und er werde ihnen alles geben, was sie verlangten. Hierauf verließ der König die Ratsversammlung der Sieben.

Die Sieben aber blieben beisammen und machten sich daran zu erforschen, warum dieser Turm falle und wie er wohl halten könne. Diese sieben Gelehrten waren gar weise Leute in der Kunst und setzten ihr ganzes Können ein. Je mehr sie aber sich darum bemühten, desto weniger brachten sie es heraus. Denn sie konnten nichts finden außer einer einzigen Sache. Und was sie fanden, hatte nichts mit diesem Turm zu tun; das war ihre Meinung. Sie waren darüber aber ganz entsetzt. Das dauerte so lange, daß der König sie endlich drängte und vor sich kommen ließ und zu ihnen sprach: «Ihr Herren, warum sagt ihr mir nicht, was ihr sagen müßt?» Hierauf sprachen die Gelehrten: «Herr, es ist eine überaus gewichtige Sache, die Ihr von uns verlangt; es ziemt sich, daß Ihr uns noch bis zu elf Tagen Zeit und Frist gönnet.» Der König aber sprach zu ihnen: «Ich will euch diese Zeit zubilligen, seht aber zu, sofern ihr euren Leib lieb habt, daß ihr mir nach Verlauf von elf Tagen etwas Richtiges sagen könnt.» Sie aber antworteten: «Das werden wir ohne Zweifel ausführen.» Hierauf gingen sie wieder zur Beratung und fragten einander: «Ihr Herren, was können wir über diese Sache aussagen?» Sie bekannten: «Wir wissen nichts davon.» So fragten sie einander, keiner jedoch brachte es über sich, dem anderen zu sagen, was er wußte. Das dauerte so lange, bis einer vortrat, der weiser war als die anderen; der sprach zu ihnen: «Ihr Herren, nun macht es gut. Sagt mir alle, jeder für sich insgeheim, was ihr davon erforscht habt, und ich werde es keinem verraten ohne die Einwilligung der anderen.» Da antworteten alle, darauf wollten sie gut und gern eingehen.

Nun zog der eine, der weiser war als alle anderen, jeden einzelnen auf die Seite zur Besprechung. Und er fragte einen nach dem anderen nach seiner Meinung. Und jeder von ihnen sagte etwas anderes als die anderen, jedoch keiner von ihnen wußte etwas von dem Turm auszusagen. Aber alle sahen ein anderes Wunder: denn sie sahen ein Kind von sieben Jahren, das ohne einen irdischen Vater geboren und in einer Frau gezeugt wurde. Dieses Wort sagten alle sieben Kleriker, jeder einzelne. Und als der Weise sie alle angehört hatte, sprach er zu ihnen: «So tretet denn alle in einen Kreis vor mir zusammen.» Das taten sie. Und als sie so beisammenstanden, sprach er zu ihnen: «Ihr Herren, ihr habt alle ein Wort gesagt und eines verheimlicht.» Sie sprachen: «Nun, nennt uns, was wir gesagt und was wir verheimlicht haben.» Und er fuhr fort: «Ihr sagtet, daß ihr nicht wißt, wie dieser Turm halten kann, aber ihr alle habt ein Kind von sieben Jahren gesehen, das ohne irdischen Vater geboren und in einer Frau gezeugt wurde. Keiner hat mir etwas anderes gesagt; ich will euch aber weiteres sagen, das sollt ihr mir glauben: Es gibt keinen von euch, der nicht gesehen hat, daß er durch dieses Kind sterben soll. Und ich selbst habe es ebenso gewiß gesehen wie jeder von euch. Das ist das Wort, das ihr mir verheimlicht habt! Darüber müssen wir nun beraten, da wir ja alle vor unserem Tode stehen.»

Weiter sprach der Weiseste: «Ihr Herren, wenn ihr mir glauben wollt, werden wir unser Leben wohl davontragen, ihr wißt genau, daß ich euch die Wahrheit gesagt habe.» Diese antworteten: «So ist es, Ihr habt wahr gesprochen. Nun bitten wir Euch um Gottes Gnade willen, schafft Rat und Hilfe für unser Leben.» Er antwortete: «Der wäre wohl treulos, der hier nicht Rat schaffte. Wißt ihr, was wir tun werden? Wir werden uns auf ein Wort einigen und werden sagen, daß dieser Turm niemals halten wird, wenn in das Mörtelwerk der Grundmauer nicht das Blut jenes Kindes gemischt wird, das ohne Vater geboren wurde. Wenn man aber dieses Blut bekommen und in den Mörtel mischen könnte, so würde dieser Turm halten und würde alle Zeit danach fest stehen. Das möge jeder von uns für sich getrennt sagen, damit der König nicht merke, daß wir dies abgekartet haben. Und auf diese Weise werden wir uns vor dem Tod bewahren und vor dem Kind, durch das wir sterben müssen, wie wir gesehen haben. Den König wollen wir veranlassen, streng zu verbieten, daß das Kind ihn jemals erblicke, sondern diejenigen, die es holen, sollen es an dem Orte töten, wo sie es finden, und sollen sein Blut dem Könige bringen.» So also haben die Gelehrten ihre Sache abgekartet.

Nun traten sie vor den König und sprachen: «Herr, wir wollen Euch unsere Meinung nicht alle gemeinsam vortragen, sondern jeder für sich, dann werdet Ihr wissen, welcher von uns Euch am besten beraten hat.» Auf diese Weise stellten sich die Gelehrten, als ob der eine nichts vom anderen wisse. Hierauf berichtete jeder von ihnen sein Wort dem König und den fünf Männern seines Rates, die bei ihm saßen. Als der

König und die Räte dies Wunder vernommen hatten, staunten sie sehr und sagten, es könne wohl sein, daß diese Sache wahr sei, wofern es überhaupt möglich wäre, daß ein Mensch ohne Vater geboren würde. Der König hielt seine Gelehrten für sehr weise und sprach zu ihnen: «Ihr Herren, ihr habt mir alle das gleiche Wort gesagt, und jeder für sich. Nun sollt ihr es auch gemeinsam ganz offen bestätigen.» Der König wiederholte ihnen alles Wort für Wort, wie sie es ihm gesagt hatten. Hierauf sprachen sie alle: «Herr, wenn das nicht wahr ist, was wir gesagt haben, so verfahrt mit uns nach Eurem Gutdünken.» Der König fragte sie nun, ob es sein könne, daß ein Mensch ohne Vater geboren werde. Sie aber antworteten: «Wir hörten niemals von so einem Menschen sprechen. Aber so viel können wir dir wohl sagen, daß dieser gesuchte Knabe ohne Vater geboren ist.» Der König sagte ihnen, er werde sie in Gewahrsam nehmen und das Blut des Kindes suchen lassen. Darauf sprachen sie: «Herr, das ist uns ganz recht, aber wir wollen, daß du das Kind weder hörest noch sehest. Befiehl denn, daß es getötet werde an der Stelle, wo man es findet und daß sein Blut dir gebracht werde. Auf diese Weise, wie wir gesagt haben, wird dein Turm halten, wenn er überhaupt jemals halten kann.»

Der König ließ alle Gelehrten in ein starkes Haus bringen und ihnen alles zuteilen, dessen sie bedurften. Er ließ seine Boten kommen und schickte sie nach allen Richtungen aus, zwei und zwei. Und dieser Boten waren es zwölf. Der König ließ sie auf die Reliquien der Heiligen schwören, daß derjenige, der dieses Kind finde, es sofort töte und sein Blut bringe. Sie sollten jedoch nicht zurückkommen, ohne das Kind gefunden zu haben. So also, wie ihr gehört habt, ließ der König den Merlin suchen. Die Boten brachen zwei und zwei auf und suchten in manchem Land und in mancher Gegend, bis zwei der Boten zwei andere trafen. Als sie sich begegnet waren, machten sie ab, daß sie ein gutes Stück Weges zusammen zurücklegen wollten. So ritten denn die Boten zu viert, bis es sich traf, daß sie eines Tages am Eingang zu einer Stadt über ein großes Feld kamen. Auf diesem Feld befand sich eine Schar von Kindern, die Ball spielten. Auch Merlin, der alle Dinge wußte, war dort und sah die Boten des Königs Vortigern, die ihn suchten. Da lief

Merlin an die Seite eines der reichsten Kinder, weil er wußte, daß dieses Kind ihn verachtete. Er hob sein Schlagholz hoch und schlug das Kind an das Bein. Das Kind begann zu weinen und Merlin zu schmähen und ihn «Sohn ohne Vater» zu nennen. Als die Boten, die ihn suchten, das Kind so sprechen hörten, gingen sie alle vier zu dem hin, das da weinte, und fragten es: «Wer ist der, der dich geschlagen hat?» Es antwortete: «Er ist der Sohn einer Frau, die nie wußte, wer ihn gezeugt hat, und er hatte niemals einen Vater.» Als Merlin das hörte, kam er laut lachend zu den Boten heran und sprach zu ihnen: «Ihr Herren, ich bin der, den ihr sucht und den ihr geschworen habt zu töten und dessen Blut ihr dem König Vortigern bringen sollt.»

Als die Boten Merlin so sprechen hörten, staunten sie sehr darob und waren ganz entsetzt und antworteten ihm: «Wer hat dir das gesagt?» Er entgegnete: «Ich wußte es von dem Augenblick an, da ihr geschworen habt.» Und die Boten sprachen: «Willst du mit uns gehen oder sollen wir dich mitnehmen?» Merlin antwortete: «Ihr Herren, ich fürchte, daß ihr mich umbringen wollt.» Er wußte genau, daß sie keine Lust dazu hatten, aber er sagte es, um sie noch stutziger zu machen. Und Merlin sprach weiter: «Ihr Herren, wenn ihr mir euer Wort gebt, daß ihr mir nichts Böses zufügen wollt, werde ich mit euch gehen und werde dem König sagen, warum sein Turm nicht halten kann, um den ihr gekommen seid, mein Blut zu holen.» Als sie hörten, was Merlin sagte, waren sie noch viel mehr entsetzt. Da sprach einer zum anderen: «Dieses Kind sagt Wunderdinge zu uns, und wir würden wohl eine große Sünde begehen, wenn wir es umbrächten.» Und jeder sagte: «Ich will lieber meineidig werden.» Darauf sprach Merlin zu den Boten: «Ihr Herren, ihr sollt jetzt mit mir gehen und dort Herberge nehmen, wo meine Mutter sich befindet. Denn ich möchte nicht mit euch gehen, ohne Urlaub von meiner Mutter und ohne Abschied zu nehmen von dem frommen Mann, der bei ihr wohnt.» Die Boten sagten: «Wir wollen gern gehen, wohin du willst.» So führte Merlin sie in ein Nonnenkloster, wo er seine Mutter untergebracht hatte. Er hieß die Leute im Kloster den Boten des Königs Vortigern gute Aufnahme bereiten. Hierauf stiegen die Boten ab, und Merlin führte sie vor Blasius und sagte zu ihm: «Seht hier die Männer, von denen ich sagte, daß sie mich holen sollten, um mich zu töten.» Und Merlin sprach zu den Boten: «Ihr Herren, ich bitte euch, sagt diesem Edelmann die Wahrheit über alles, was ich euch fragen werde, und ihr sollt nicht lügen; denn wisset, wenn ihr lügt, werde ich es sofort erfahren.» Die Boten antworteten: «Wir werden mit keinem Wort lügen, aber du selbst erzähle es ihm! Du kannst besser sprechen als wir alle, und wir wollen hören, ob du ihm eine Lüge sagst.» Merlin sagte zu Blasius: «Nun vernimm, was wir dir sagen wollen.» Hierauf sprach Merlin weiter: «Ihr Herren, ihr seid Boten des Königs, der den Namen Vortigern trägt. Dieser König läßt sich einen Turm bauen, der nicht halten kann, sondern immer wieder einfällt. Der König ließ Gelehrte holen, um zu erkunden, ob sie etwa sagen könnten, warum der Turm einfällt. Sie sagten ihm, sie würden ihm wohl erklären, wie er halten könne. Sie warfen ihr Los, aber nichts erlosten sie, warum der Turm einfiel, wohl aber brachten sie heraus, daß ich geboren worden war. Und es war ihre Meinung, daß ich ihnen wohl schaden könnte. So versammelten sie sich, taten sich zusammen und sagten, sie wollten mich umbringen, indem sie dem König sagten, daß der Turm halten würde, wenn mein Blut, da ich ohne Vater geboren sei, hineingemischt würde. Als Vortigern diese Sache hörte, dünkte es ihn ein großes Wunder, und er glaubte, daß sie die Wahrheit sprächen. Sie befahlen dem König, daß er mich suchen ließe, bis ich gefunden sei. Sie sprachen weiter zum König, er solle den Boten verbieten, mich zu ihm zu bringen, sondern, wenn sie mich gefunden hätten, sollten sie mich töten und mein Blut mitbringen, um es in den Mörtel des Turmes zu mischen. Auf diese Weise, sagten sie, würde der Turm halten. Vortigern stellte zwölf Boten an und ließ sie alle zwölf schwören, mich sofort zu töten, sobald sie mich gefunden hätten. Sie sollten ihm nur mein Blut bringen. So zogen die Boten zwei und zwei aus. Diese vier trafen sich unterwegs und taten sich zusammen und gelangten dorthin, wo ich war. Und weil ich genau wußte, daß sie mich suchten, lenkte ich sofort ihre Aufmerksamkeit auf mich, indem ich ein Kind schlug, damit es mich ‹Sohn ohne Vater› nenne. So haben sie mich gefunden, wie Ihr gehört habt. Nun fragt sie, ob ich die Wahrheit sage.» Blasius fragte sie, und sie antworteten, so sei es gewesen. Die Boten erzählten Blasius, genauso, wie Merlin vom König und den Gelehrten berichtet habe, sei es die Wahrheit. Und Blasius schlug das Kreuz und sprach: «Wenn dieses Kind zum Mannesalter gelangt, wird es überaus weise sein. Und es wäre ein großer Schaden, wenn ihr es getötet hättet.» Die Boten antworteten: «Herr, wir möchten lieber meineidig werden und wollten, daß der König unser Hab und Gut nähme, ehe wir dieses Kind töten. Und er selbst, der alle anderen Dinge weiß, weiß genau, ob wir Lust dazu haben.» Und Blasius antwortete: «Ihr sprecht die Wahrheit, und ich werde ihn in eurem Beisein noch einmal fragen.» Darauf rief Blasius Merlin herbei, der sich entfernt hatte, weil er wollte, daß sie sich allein besprächen, und er wiederholte ihm alles genauso, wie die Boten es ihm erzählt hatten. Merlin antwortete: «Sie haben die Wahrheit gesprochen.» Blasius fragte ihn, ob sie wohl noch Lust hätten, ihn zu töten. Merlin antwortete und sprach: «Keineswegs.» Die Boten sagten: «Ihr sprecht die Wahrheit.» Sie fuhren fort: «Merlin, Bruder, wirst du mit uns kommen?» Er antwortete: «O ja, wenn ihr mir versichert, daß ihr mich vor den König führt und nicht dulden werdet, daß mir ein Unheil geschieht, ehe ich mit dem König gesprochen habe. Ich weiß wohl, wenn ich mit ihm gesprochen habe, brauche ich nichts mehr zu fürchten.»

Nun versprachen die Boten Merlin, was er von ihnen verlangt hatte, und Blasius sprach: «Merlin, nun sehe ich wohl, daß du mich verlassen mußt. Sage mir, was ich tun soll mit dem Werk, das du mich geheißen hast zu beginnen.» Merlin antwortete: «Ich will es dir wohl sagen. Du siehst, daß Gott mir so viel Sinn und Verstand und Gedächtnis gegeben hat, daß der, der mich zu seinem Eigennutz schuf, mich verloren hat. Und daß Unser Herr mich auserwählt hat, Seinen Dienst zu tun, und daß kein Mensch außer mir diesen Dienst tun kann, den ich zu tun habe. Du siehst wohl, daß es mir geziemt, mit diesen Boten zum König zu gehen. Und wenn ich dort bin, wird man mir mehr glauben als anderen Menschen auf der Welt, außer Gott. Du aber sollst dorthin gehen, um das zu vollenden, was du begonnen hast. Aber du sollst nicht mit mir ausziehen, sondern du wirst allein weggehen. Du mußt dich nach einem Land erkundigen, das man Northumberland nennt; dieses Land ist voll großer Wälder, und es ist ein ganz fremdes Land, denn dort gibt es Gegenden, wo noch kein Mensch gewesen ist. Dorthin wirst du dich begeben, und ich werde häufig zu dir kommen und dir alle Dinge berichten, die du brauchst, um dieses Werk zu tun, das du ausführst. Du wirst dir wohl große Mühe geben müssen, aber du wirst auch einen guten Lohn dafür erhalten; und weißt du welchen? In deinem Leben wirst du die Erfüllung deines Herzens bekommen und nach deinem Tode ewig dauernde Freude. Von deinem Werk wird man sprechen, solange diese Welt dauert, und man wird es gerne anhören. Und weißt du, woher diese Gnade dir zukommen wird? Sie wird von der Gnade kommen, die Unser Herr seinem Diener Josef erwies, dem sie gegeben wurde am Kreuz. Wenn du gut gearbeitet hast für Josef und seine Vorfahren und für die Erben, die aus seinem Geschlechte hervorgegangen sind, und wenn du dein Werk so gut verrichtet hast, daß du in ihrer Gesellschaft bleiben darfst, werde ich dir den Ort weisen, wo sie sind, und du wirst die glorreichen Belohnungen sehen, die Josef um des Leibes Jesu Christi willen bekommen hat, der ihm übergeben wurde. Du sollst wissen – um dich ganz sicher zu machen –, daß Gott mir so viel Sinn und Verstand gegeben hat, daß ich in dem ganzen Reich, dort wo ich hingehen werde, die Edelleute für einen König arbeiten lassen werde, der dort aus dem Geschlecht, das Gott so sehr liebt, hervorgehen wird. Aber du sollst auch wissen, daß diese großen Geschehnisse nicht eintreten werden vor der Regierungszeit des vierten Königs. Und dieser König, zu dessen Zeit soviel große Geschehnisse sein werden, wird Artus heißen. Du aber sollst in das Land gehen, das ich dir genannt habe. Ich werde häufig zu dir kommen und dir alle Dinge mitteilen, die du in dein Buch bringen mußt, und wisse, dein Buch wird von vielen Leuten, die es bisher noch nicht gesehen haben, mehr und mehr geliebt und gepriesen werden. Und wenn du es vollendet hast, sollst du es in die Gesellschaft jener guten Menschen bringen, die jene glorreichen Belohnungen haben, von denen ich dir gesprochen habe. Und es wird niemand in diesen Gegenden sein, wo ich hingehe, aus dessen Leben ich nicht einen großen Teil seiner guten Werke in dein Buch bringen werde. Und wisse, es wird kein Leben geben, von dem die Menschen lieber hören werden, als das jenes Königs, der den Namen Artus tragen soll, und der Menschen, die zu seiner Zeit herrschen werden. Und wenn du alles das vermeldet und ihr Leben dargestellt hast, dann wirst du alles das verdient haben, was die Menschen besitzen, die in der Gesellschaft des Gefäßes sind, das man den Gral nennt. Und weil du soviel für mich und jene Menschen getan hast und noch tun wirst, wird dein Buch, wenn du selbst dahingegangen und gestorben bist, für alle Zeiten ‹Das Buch des Grals› heißen, und es wird gern gehört werden; denn es werden darin sehr wenig Dinge sein, die geschehen sind und gesagt werden, die nicht nützlich und heilsam wären.»

So sprach Merlin zu seinem Meister Blasius und lehrte ihn, was er tun müsse. Und Merlin nannte ihn «Meister», weil er der Meister seiner Mutter gewesen war. Und als der edle Mann Merlin so sprechen hörte, war er ganz froh darob und sprach: «Merlin, was immer du mir befehlen wirst, werde ich gern für dich tun.» So ordnete denn Merlin die Reise für seinen Meister an.

Und er sprach die Boten an, die gekommen waren, ihn zu holen, und sagte: «Ihr Herren, kommt mit mir und höret die Bestellung meines Auftrags und den Abschied von meiner Mutter mit an.» Das taten sie. Hierauf sprach Merlin zu seiner Mutter: «Man hat mich aus fernen Landen geholt, und ich will mit Eurem Urlaub dorthin gehen. Denn es ziemt sich, daß ich Jesus Christus den Dienst erweise, den er mir aufgetragen, um Ihm zu dienen, und ich kann ihn nicht getreu ausführen, wenn ich nicht in jenes Land gehe, wohin diese edlen Herren mich führen werden. Blasius, unser Meister, wird ebenfalls von hier fortgehen, und es ziemt sich, daß du von uns beiden dich trennst.» Und die Mutter sprach: «Lieber Sohn, mögest du Gott befohlen sein, denn ich bin nicht so weise, daß ich dich zurückhalten könnte. Aber wenn es dir gefiele, so möchte ich wohl, daß Blasius zurückbliebe.» Doch Merlin antwortete: «Das kann nicht sein.»

So nahm Merlin Abschied von seiner Mutter und zog hinaus mit den Boten. Blasius seinerseits nahm Abschied und zog nach einer anderen Richtung, nach Northumberland, wohin Merlin ihn gewiesen hatte.

Merlin und die Boten ritten zusammen. Und sie ritten so lange, bis sie eines Tages durch eine Stadt kamen. In dieser Stadt war Markt. Als sie die Stadt durchritten hatten, sahen sie einen Bauern, der ein großes Paar Stiefel gekauft hatte und das Leder dazu mitnahm, um seine Stiefel zu flicken, denn er wollte auf eine Pilgerfahrt gehen.

Als Merlin den Bauern sah, lachte er, und die Boten, die ihn führten, fragten, warum er gelacht habe. Merlin antwortete: «Wegen dieses Bauern, den ihr da seht. Fragt ihn doch, was er mit dem Leder, das er trägt, tun will. Er wird euch sagen, daß er seine Stiefel damit flicken will. Geht dann hinter ihm drein, und ich sage euch, er wird tot sein, ehe er noch in sein Haus gelangt.» Als die Boten das hörten, hielten sie es für ein großes Wunder und sprachen: «Wir hätten gern gesehen, ob das wahr sein kann.» Drum gingen die Boten zu dem Bauern und fragten ihn, was er mit diesen Stiefeln und dem Leder, das er trug, tun wolle. Er sagte ihnen, er wolle auf eine Pilgerfahrt gehen, und mit dem Leder wollte er seine Schuhe flicken. Und als sie ihn sagen hörten, was Merlin vorausgesagt hatte, wunderten sie sich um so mehr darob. Sie sprachen: «Dieser Mann scheint uns ganz gesund und wohlbehalten zu sein. Zwei von uns sollen ihm folgen und die anderen beiden ihren Weg fortsetzen und uns dort erwarten, wo sie zur Nacht schlafen werden. Denn es wäre doch gut, wenn wir wüßten, wie dieses Wunder ausgeht.» So gingen zwei Boten dem Bauern nach und beobachteten ihn.

Doch kaum waren die beiden Männer dem Bauern eine halbe Meile nachgeritten, als sie ihn mitten auf der Straße mit seinen Stiefeln am Arm tot zu Boden fallen sahen. Nachdem sie ihn gut betrachtet und angesehen hatten, entfernten sie sich und kamen wieder zu ihren Genossen. Sie erzählten ihnen das Wunder, das dem Bauern geschehen war. Als die Genossen das vernahmen, sagten sie: «Die Gelehrten sind doch sehr töricht gewesen, die glaubten, daß wir ein so edles und weises Kind wie dieses töten sollten.» Und die anderen sprachen, sie hätten lieber, es geschehe ihnen großes Unheil an Leib und Leben, als daß dieses Kind zu Tode käme. Dieses Wort hatten sie insgeheim gesagt, denn sie glaubten nicht, daß Merlin es wüßte. Als sie vor Merlin kamen, dankte er ihnen freundlich für das Wort, das sie gesagt hatten. Sie fragten ihn aber: «Was haben wir denn gesagt?» Nun erzählte Merlin ihnen

Wort für Wort, wie sie es gesprochen hatten, und als sie das vernahmen, sprachen sie: «Wir können nichts sagen, das er nicht weiß.»

So ritten sie ihre Tagereisen weiter, bis sie in das Machtgebiet Vortigerns gelangten. Eines Tages traf es sich, daß sie durch eine Stadt ritten, als man gerade ein Kind zur Bestattung trug. Man hörte im Zug hinter dem Leichnam des Kindes ein lautes Klagen von Männern und Frauen. Merlin sah diese Trauer und sah auch die Priester und die Geistlichen, die sangen und den Leichnam in aller Eile zur Beerdigung trugen. Da begann er zu lachen und blieb stehen. Die Boten fragten ihn, warum er lache. Und Merlin sagte: «Seht ihr diesen Edelmann, der dort in solche Klagen ausbricht, und seht ihr auch diesen Priester, der da vor den anderen singt? Er müßte die Klage anstimmen, die der Edelmann erhebt.» Und die Boten fragten: «Warum denn?» Und Merlin antwortete: «Wollt ihr das wissen?» Sie erwiderten: «Ja!» – «So will ich wohl», sprach Merlin, «daß ihr es erfahret. Denn das Kind ist der Sohn dessen, der für es singt, und der Edelmann, dem es nicht angehört, klagt darum, aber der geistliche Sänger ist der Vater. Mich dünkt, das ist ein großes Wunder.» Die Boten fragten Merlin: «Wie können wir das beweisen?» Merlin antwortete: «Geht zu der Frau und fragt sie, weshalb ihr Herr weint und so große Klage erhebt. Und sie wird euch sagen: ‹Um seines Sohnes willen, der gestorben ist.› So sagt ihr dann: ‹Edle Frau, wir wissen ganz genau, wessen Sohn er ist, ebensogut wie Ihr. Er ist nicht der Sohn Eures Gatten, sondern des Priesters, der dort singt. und der Priester weiß das selbst ebenso genau. Denn er selbst rechnete Euch den Zeitpunkt nach, an dem der Sohn gezeugt wurde.›»

Als die Boten vernommen hatten, was Merlin ihnen riet, gingen sie hin zu der Frau und erzählten ihr alles, was Merlin ihnen aufgetragen. Als die Frau das vernahm, erschrak sie ganz entsetzlich und sprach zu ihnen: «Liebe Herren, um Gottes Barmherzigkeit willen, ich weiß wohl, daß ich es euch nicht verheimlichen kann. Ich will euch die ganze Wahrheit bekennen. Es ist wahr, genauso, wie ihr gesagt habt. Aber um Gottes willen, sagt es nicht meinem Herrn, denn er würde mich töten, wenn er es erführe.» Als sie das vernommen hatten, kamen sie zurück und erzählten es ihren Genossen. Da sprachen sie unter sich, es gäbe auf der ganzen Welt wohl keinen besseren Wahrsager. Auf solche Weise ritten Merlin und die Boten ihres Weges, bis sie auf eine Wegstunde in die Nähe des Ortes kamen, wo Vortigern lebte. Darauf sprachen die Boten: «Merlin, du müßtest uns nun gut raten, was wir sagen sollen, wie wir dich gefunden haben, aber wir fürchten, daß uns Vortigerns Groll trifft, weil wir dich nicht getötet haben.» Als Merlin das vernahm, wußte er genau, daß sie ihm wahrhaft wohl wollten. Er sprach zu ihnen: «Ihr Herren, macht es so, wie ich euch rate, und ihr werdet keinen Schaden davon haben. Geht also zu Vortigern und sagt ihm, daß ihr mich gefunden habt. Und berichtet ihm der Wahrheit nach alles, was ihr mich habt sagen hören. Versichert ihm, daß ich ihm deutlich zeigen werde, weshalb sein Turm nicht halten kann. Ich stelle aber die Bedingung, daß er mit den Gelehrten, die mich töten lassen wollten, so verfahre, wie sie mit mir verfahren wollten. Und wenn ihr ihm das gesagt habt, so führt aus, was er euch sicherlich auftragen wird.»

Die Boten wandten sich ab und begaben sich zu Vortigern. Als er sie sah, war er überaus froh darüber. Er fragte sie: «Ihr Herren, wie habt ihr es ausgerichtet?» Die Boten antworteten: «Herr, so gut wir nur konnten.» Darauf baten sie Vortigern um eine geheime Beratung und erzählten ihm das ganze Werk so, wie sie es gefunden hatten. Wie sie Merlin fanden und wie sie ihn, wenn er gewollt hätte, niemals gefunden hätten. «Aber er kam sehr gerne mit zu Euch.» Der König fragte: «Von welchem Merlin sprecht ihr denn? Solltet ihr nicht das Kind ohne Vater suchen und sein Blut mitbringen?» Sie antworteten: «Herr, das ist eben dieser Merlin, von dem wir sprechen, der ohne Vater geboren ist. Und wisset wohl, er ist der weiseste und beste Wahrsager, der jemals in dieser Zeit gelebt hat, außer Gott. Herr, genau das, was Ihr uns schwören ließet – daß wir ihn töten sollten –, sagte er uns, bevor wir noch ein Wort zu ihm geäußert hatten. Auch sagte er genau, daß die Gelehrten überhaupt kein Wissen davon haben, warum Euer Turm einstürzte. Er aber wird es Euch zeigen und so, daß Ihr mit Euren eigenen Augen in aller Offenheit sehen werdet, warum dieser Turm zusammenbrach. Auch sehr viele andere Wunder hat er uns noch mitgeteilt. Nun hat er uns geschickt, um zu erfahren, ob Ihr mit ihm sprechen wollt. Wenn Ihr aber wollt, werden wir ihn da töten, wo er ist. Zwei unserer Genossen sind bei ihm, die ihn bewachen.»

Als Vortigern die Boten so sprechen hörte, sagte er: «Ihr Herren, wenn ihr mit eurem Leben als Bürgen für Merlin auftreten wollt, daß er euch und mir zeigen kann, warum mein Turm einfiel, dann will ich von nun an nicht, daß er getötet werde.» Die Boten antworteten: «Wir bürgen gern für ihn.» Nun sprach der König: «So geht also und holt ihn, denn ich will gern mit ihm sprechen.»

Darauf begaben sich die Boten mit dem König wieder in den Saal zurück. Dann aber gingen die Boten hinaus zu Merlin. Als Merlin sie kommen sah, lachte er und sprach zu ihnen: «Ihr Herren, ihr seid mit eurem Leben als Bürgen für mich aufgetreten.» Sie antworteten: «Ihr sprecht die Wahrheit. Wir wollen lieber in Todesnot sein, als daß wir euch töten. Und eines von beiden muß geschehen.» Merlin antwortete: «Ihr Herren, ich werde euch wohl, so es Gott gefällt, vor beidem hüten.» Nun ritten sie – Merlin und die Boten – zum König, bis sie ihm begegneten. Als Merlin ihn sah, grüßte er ihn und sprach: «Vortigern, sprecht mit mir insgeheim.» Er trat mit ihm auf die Seite und rief die Boten herbei, die ihn hergeführt hatten. Als sie in heimlichem Rat beisammen saßen, sprach Merlin zu dem König: «Herr, Ihr habt mich wegen Eures Turmes holen lassen, der nicht halten kann. Und habt denen befohlen, die mich holen sollten, daß sie mich an der Stelle, wo sie mich fänden, töteten. Das sollten sie auf den Rat der Gelehrten hin tun, die sagten, der Turm könne nicht halten, wenn nicht von meinem Blut etwas in dem Mörtel wäre. Aber sie haben Euch belogen. Hätten sie Euch jedoch gesagt, er könne durch meine Kraft halten, dann hätten sie die Wahrheit gesprochen. Und wenn Ihr mir Sicherheit geben wollt, daß Ihr mit den Gelehrten ebenso verfahren werdet, wie sie wollten, daß man mit mir handle, so werde ich Euch zeigen, warum Euer Turm nicht halten kann, werde Euch auch lehren, wenn Ihr es wollt, wie dieser Turm halten wird.» Vortigern antwortete und sprach zu Merlin: «Wenn du mir das zeigst, was du mir zeigen sollst, so werde ich mit den Gelehrten verfahren, wie du willst.» Merlin sprach zum König: «Wenn ich nur mit einem einzigen kleinen Worte Euch belüge, so sollt Ihr mir nie mehr glauben.

Wohlan, laßt die Gelehrten zu Euch kommen, und ich werde sie fragen, warum der Turm einstürzte. Ihr werdet dann hören, daß sie keinen Grund dafür angeben können.»

Nun erzählt die Geschichte, daß der König Merlin zu dem Turm führte, der da eingestürzt war. Auch die Gelehrten wurden bestellt und kamen vor den König. Als sie erschienen waren, ließ sie Merlin durch einen der Boten, die ihn geholt hatten, fragen und sprach zu ihnen: «Ihr Herren, sagt uns, warum dieser Turm nicht halten kann?» Die Gelehrten antworteten «Wir wissen nichts von dem Einsturz, aber wir haben dem König gesagt, wie er halten kann.» Da antwortete der König: «Ihr habt sonderbare Dinge gesprochen, denn ihr habt mir anbefohlen, ein Kind zu suchen, das ohne Vater geboren sei. Ich weiß aber nicht, wie es gefunden werden kann.» Merlin sprach zu den Gelehrten und sagte: «Ihr Herren, ihr haltet den König für töricht, daß ihr ihn so etwas suchen laßt, und ihr wißt doch – jeder von euch insgeheim – genau, daß ihr durch dieses Kind euren Tod finden sollt. Und deshalb macht ihr dem König vor, daß sein Turm halten werde, wenn er dieses Kind töten ließe, um sein Blut zu bekommen und in den Mörtel zu mischen, mit dem der Turm aufgebaut werden soll. So, habt ihr gedacht, könnt ihr das Kind sterben lassen, durch das ihr selbst sterben sollt.»

Als die Gelehrten hörten, daß das Kind die Wahrheit sprach – und sie glaubten doch, keiner habe es gewußt – da waren sie äußerst entsetzt und wußten, daß sie sterben müßten. Merlin aber sprach zum König: «Herr, nun könnt Ihr wohl einsehen, daß diese Gelehrten unter dem Vorwand Eures Turmes mich töten lassen wollten. Aber weil sie durch Zauberkunst herausgebracht hatten, daß sie durch mich sterben müßten, machten sie Euch dies weis. Fragt sie nun, ob sie jemals sich wieder erdreisten wollen, Euch zu belügen.» Der König fragte sie, ob Merlin die Wahrheit spreche, und sie antworteten: «Gewiß, Herr, er spricht die Wahrheit, aber wir wissen nicht, durch wen er diese Kunde bekam. Wir bitten dich als unseren Herrn, lasse du uns so lange am Leben, bis wir sehen, ob er über diesen Turm die Wahrheit spricht.» Merlin nahm das Wort und sprach: «Ihr Herren, ihr braucht euch vor dem Tod nicht zu fürchten, bis ihr es sehet.» Und die Gelehrten dankten ihm dafür. Hierauf sprach Merlin zu Vortigern: «Willst du wissen, warum dein Turm einfällt und wer ihn zum Einsturz bringt? Wenn du das wissen willst, werde ich es dir zeigen. Weißt du, was unter diesem Turm ist? Da ist ein großes Wasser, und unter diesem Wasser liegen zwei Drachen, die nichts sehen. Der eine ist weiß und der andere rot. Die liegen unter zwei großen Steinen. Sie kennen einander recht gut und sind gar groß und stark. Und wenn sie spüren, daß das Wasser und die Erde durch die Gewalt der Steinmassen, mit denen man den Turm baut, zu hart auf ihnen lastet, so wenden sie sich um, und zwar mit so großer Gewalt, daß das Wasser in Wallung gerät. Dadurch bringen sie eine so große Erschütterung hervor, daß alles, was darüber liegt, einstürzen muß. Auf diese Weise fällt der Turm durch diese beiden Drachen zusammen. Laßt nur hineinschauen, und wenn Ihr es nicht findet, wie ich gesagt habe, so könnt Ihr mich töten lassen. Findet Ihr es aber, so seien meine Bürgen frei und die Gelehrten, die von all diesem nichts wußten, seien des Todes schuldig.» Vortigern antwortete Merlin und sprach: «Wenn es so ist, dann bist du der weiseste Mensch der Welt. Nun zeige mir, wie ich die Erde entfernen lassen kann.» Merlin sprach: «Du sollst sie durch Pferde, Karren und Menschen mit Traglasten entfernen und weit wegschaffen.» Der König ließ alsbald die Arbeiter sich ans Werk machen. Die Einwohner des Landes jedoch hielten ihn für überaus töricht, und das Ganze hielten sie für ein großes Narrenwerk. Jedoch wagten sie es aus Angst vor Vortigern nicht zu äußern. Merlin befahl, die Gelehrten in Gewahrsam zu nehmen. Nun begannen die Arbeiter das Werk. Sie fronten, bis sie das Wasser fanden. Als sie es gefunden hatten, deckten sie es auf und ließen den König wissen, was sie gefunden. Der König kam in großer Freude dahin, um das Wunder zu betrachten und nahm Merlin mit. Als der König die Wasserfläche sah, schien sie ihm überaus groß zu sein. Er rief zwei seiner Ratgeber herbei und sprach: «Dieser Knabe ist sehr weise, da er wußte, daß dieses Wasser unter dem Turm ist, und er sagte auch, daß unter diesem Wasser zwei Drachen liegen. Es mag mich noch so viel kosten, ich will doch tun, was er mir angibt, bis ich die beiden Drachen finde.» Hierauf rief der König Merlin zu sich und sprach: «Merlin, du hast die Wahrheit über dieses Wasser gesprochen, aber ich weiß nicht, ob du auch die Wahrheit über die Drachen gesprochen hast.» Merlin antwortete: «Du kannst es erst wissen, wenn du es gesehen hast.» Nun fragte Vortigern: «Merlin, wie können wir dieses Wasser entfernen?» Merlin sprach: «Ihr sollt es in breiten Gräben mitten auf die Felder fließen lassen.»

Darauf ließ man die Gräben ausheben, und das Wasser begann abzufließen. Merlin sprach zu Vortigern: «Die Drachen, die unter diesem Wasser liegen, werden sich bekämpfen, sobald sie einander wittern. Und sie werden einander töten. Nun laß alle Edlen deines Landes kommen, um den Kampf der beiden Drachen mit anzusehen. Denn darin wird eine tiefe Bedeutung liegen.» Und Vortigern sprach, er werde sie gern bestellen. Und so ließ denn der König im ganzen Lande die Edelleute, die Kirchenmänner und Laien aufbieten. Als sie alle gekommen waren, berichtete Vortigern ihnen von den großen Wundern, die Merlin ihm gesagt und wie die zwei Drachen einander bekämpfen sollten. Da sprachen sie untereinander: «Das wird ein gutes Schauspiel sein.» Sie fragten aber den König, ob Merlin gesagt habe, welcher der Drachen siegen werde. Der König antwortete, er habe ihn noch nicht gefragt. Unterdessen ließen die Arbeiter das Wasser auf die Felder laufen, und als es ganz draußen war, sahen sie die beiden Steine, die am Grunde des Wassers über den beiden Drachen lagen. Merlin sah sie und sprach zum König: «Seht Ihr diese beiden Steine?» Der König antwortete: «Ja.» Merlin fuhr fort: «Unter diesen beiden Steinen sind die beiden Drachen.» Der König fragte ihn: «Wie können sie herausgebracht werden?» Merlin sagte: «Auf die einfachste Weise. Sie werden sich nicht bewegen, solange sie einander nicht stark wittern. Dann aber werden sie einander bekämpfen, bis einer von ihnen sterben muß.» Vortigern sprach: «Merlin, kannst du mir sagen, welcher siegen wird?» Merlin antwortete: «Mit ihrem Sieg und ihrem Kampf ist eine tiefe Bedeutung verbunden, und was ich dir darüber sagen will, das sollst du erfahren. Dies alles will ich dir aber nur im geheimen mitteilen im Beisein von drei oder vier dieser Edelleute.»

Hierauf rief Vortigern vier der edelsten Männer, in die er am meisten Vertrauen setzte, und erzählte ihnen, was Merlin ihm mitgeteilt hatte. Diese rieten ihm, Merlin insgeheim zu befragen. Er solle es ihm sagen, bevor er den Kampf sähe. Hierauf erwiderte Vortigern: «Ihr habt mir da einen guten Rat gegeben, gern gehe ich darauf ein, denn Merlin könnte nach dem Kampf uns weismachen, was er will.» Hierauf rief der König Merlin herbei und fragte ihn: «Merlin, sag mir, welcher der beiden Drachen wird besiegt werden?» Merlin sprach: «Sind diese vier Männer wirklich Mitglieder deines Rates?» Sie antworteten: «Ja, das sind wir.» Hierauf sprach Merlin: «Also werde ich im Beisein dieser Männer zu dir sprechen. Du sollst wissen, der Weiße wird den Roten besiegen. Und wisset, er wird große Pein erleiden müssen, bevor er ihn besiegt und getötet hat, und die Tatsache, daß er ihn töten wird, hat eine große Bedeutung. Aber ich werde euch nichts mehr darüber sagen, sondern erst nach dem Kampf weitersprechen.»

Nun waren alle Leute versammelt, und die Arbeiter traten zu den beiden Steinen, lockerten sie, zogen sie heraus, und da fanden sie die beiden Drachen, die so groß und so wild und so häßlich waren, daß die Arbeiter gewaltige Angst davor hatten und zurücksprangen. Und sie sahen, daß der Rote viel größer und häßlicher war und stärker als der Weiße. Da meinte Vortigern: «Dieser Große müßte wohl den anderen besiegen.» Hierauf sprach Merlin: «Vortigern, nun müssen meine Bürgen frei sein.» Und Vortigern sagte: «Das sollen sie sein.» Nun rückten die beiden Drachen einander so nahe, daß sie sich witterten. Sobald sie einander erschnupperten, wandten sie sich um und packten einander mit Zähnen und Klauen, und niemals sah man zwei Tiere einander so grausam bekämpfen wie die beiden Drachen. Die ganze Nacht und den ganzen Tag und den nächsten Morgen bis zum Mittag kämpften sie, so daß alle Leute, die dort waren, glaubten, der Rote müsse den Weißen töten. Das dauerte so lange, bis dem Weißen aus Maul und Nüstern Feuer hervorströmte, und er verbrannte den Roten. Als der rote Drache tot war, zog sich der weiße Drache etwas zurück, legte sich nieder und lebte nur noch drei Tage. Diejenigen, die dieses Wunder sahen, meinten wohl, daß kein Mensch je ein so großes Wunder gesehen habe; Merlin aber sprach: «Vortigern, nun kannst du den Turm so bauen lassen, wie du nur willst, du magst ihn noch so hoch bauen, er wird nicht mehr einstürzen.» Darauf befahl Vortigern, daß die Arbeiter ans Werk gingen, und er machte ihn so groß und so stark, wie er nur konnte. Er fragte manches Mal Merlin nach der Bedeutung der beiden Drachen und wie es sein konnte, daß der Weiße den Roten getötet habe, da doch so lange Zeit der Rote die Oberhand gehabt habe. Und Merlin antwortete: «Das sind Zeichen für die Dinge, die geschehen sind, und für die, die noch in der Zukunft sind. Aber wenn ich dir die Wahrheit sagte über alle deine Fragen und du mir zusichertest, daß du mir kein Unheil zufügen willst und auch nicht duldest, daß mir etwas von anderen geschehe, so will ich dir alle Bedeutungen mitteilen, und zwar vor all diesen edlen Herren deines Rates.» Der König sprach, er werde ihm alle Sicherheiten geben, die er verlange. Merlin sagte: «Wohlan, so laß deinen Rat zusammen-treten und laß mir auch die Gelehrten kommen, die ihre Zauberkunst an diesem Turm versuchten und mich töten wollten.»

Und so geschah es alsbald. Als der Rat beisammen war und die Ge-lehrten ebenfalls, sprach Merlin zu den Gelehrten: «Ihr Herren, ihr seid gar töricht, daß ihr mit Schwarzkunst arbeiten wollt. Ihr seid doch keineswegs so gut und so treu, wie ihr sein müßtet. Und weil ihr so töricht und schlecht seid, versagt ihr in dem, was ihr aus der Kraft der anderen Kunst tun und suchen sollt. In den Elementen saht ihr nichts von dem, was der König von euch verlangt hatte, denn ihr seid nicht so weise, daß ihr es sehen dürft. Besser aber saht ihr, daß ich geboren wurde, und derjenige, der mich euch zeigte und euch vorspiegelte, daß ihr durch mich sterben solltet, tat es aus Schmerz darüber, daß ich ihm entgangen bin. Deshalb plante er, daß ihr mich zum Tode brächtet. Aber ich habe einen solchen Herrn, der mich wohl, wenn es ihm gefällt, vor ihren Anschlägen schützen wird, und ich werde jene Teufel in allem Lügen strafen, denn ich werde nichts tun, wodurch ihr sterben sollt, wofern ihr mir zusichert, das zu tun, was ich von euch verlangen muß.»

Als die Gelehrten vernahmen, daß sie dem Tod entgehen sollten, waren sie überaus froh und sprachen: «Merlin, du kannst von uns ver-langen, was du willst, wir werden es tun, wenn wir es vermögen. Denn wir sehen wohl und wissen, daß du der weiseste Mann bist, der jetzt lebt.» Merlin antwortete: «Also habt ihr mir zugesichert, daß ihr euch niemals mehr mit solcher Schwarzkunst befassen wollt. Und um dessentwillen, was ihr durch eure Schwarzkunst schon angestellt habt, befehle ich, daß ihr zur Beichte geht und euren Leib in solche Zucht nehmt und Buße tut, daß eure Seelen nicht verdammt werden. Und wenn ihr mir zusichert, das zu tun, was ich euch anempfohlen habe, dann will ich euch frei gehen lassen.»

Die Gelehrten dankten ihm dafür und sicherten ihm zu, daß sie alles tun und einhalten würden, was er ihnen befohlen habe. Auf diese Weise sprach Merlin die Gelehrten frei, und alle, die es sahen, daß Merlin sich so großmütig den Gelehrten gegenüber verhielt, wußten ihm tiefen Dank dafür. Nun kamen Vortigern und seine Räte zu ihm, und Vortigern sprach: «Merlin, du mußt mir die Bedeutung der beiden Drachen erklären. Denn von allen anderen Dingen, die du mir gesagt hast, hast du die Wahrheit gesprochen, und ich halte dich für den allerweisesten Menschen der Welt. Deshalb bitte ich dich, daß du mir die Bedeutung der beiden Drachen mitteilst.» Merlin sprach zum König: «Vortigern, der rote Drache bedeutet dich selbst, und der weiße bedeutet die Söhne des Konstans.» Als Vortigern das vernahm, erschrak er und fuhr zornig auf, Merlin aber bemerkte es und sprach zu ihm: «Vortigern, wenn du willst, werde ich mich enthalten, weiteres zu sagen, denn du darfst mir nicht deshalb zürnen.» Vortigern antwortete: «Hier sind nur Männer, die zu meinem Rat gehören. Ich will, daß du mir bis zum Äußersten die Bedeutung mitteilst, und du sollst mir nichts ersparen.» Merlin sprach: «Ich habe dir gesagt, daß der rote Drache dich bedeutet, und ich will dir auch sagen, warum. Du weißt gut, daß die Söhne des Konstans als kleine Kinder nach dem Tode ihres Vaters am Leben blieben. Und du weißt auch gut, wenn du so gewesen wärest, wie du sein solltest, hättest du sie hüten und beraten und verteidigen müssen gegen alle übrigen Menschen der Welt. Und du weißt gut, daß du dir von ihrem Land und ihren Untertanen viel geraubt hast, wodurch du die Liebe der Menschen ihres Reiches gewonnen hast. Und als du sicher wußtest, daß die Leute ihres Landes dich liebten, zogst du dich von ihren Geschäften zurück, weil du genau wußtest, daß sie deiner sehr bedurften. Als die Bewohner des Landes zu dir kamen und dir sagten, König Moine sollte nicht länger

König sein, sondern du selbst, da antwortetest du ihnen arglistig, du könntest es nicht tun, solange König Moine am Leben sei. So hast du mit deinem Wort geheuchelt. Und die, denen du das sagtest, verstanden, du wünschtest wohl, daß er tot sei, und deshalb erschlugen sie ihn. Als sie das getan, blieben nur die beiden Kinder übrig, die hinwegflohen aus Furcht vor dir. Und du wurdest König und hältst immer noch ihr Erbteil. Und als diejenigen, die König Moine ermordet hatten, vor dich kamen, ließest du sie umbringen, um zu heucheln, als ob du über seinen Tod betrübt wärest. Aber das war eine ganz schlechte Verstellung, denn du zogest sogar ihre Ländereien ein und besitzt sie immer noch. Dann hast du diesen Turm machen lassen, um dich vor deinen Feinden zu schützen. Aber der Turm kann dich nicht retten, wenn du selbst dich nicht retten willst.»

Vortigern hörte und verstand sehr wohl, daß Merlin die Wahrheit sprach. Daher sprach er weiter zu ihm: «Ich sehe wohl, daß du der weiseste Mann der Welt bist. Nun bitte ich dich und fordere dich auf, daß du mir einen Rat gebest gegen diese Dinge, und daß du mir sagest, wenn es dir gefällt, welchen Todes ich sterben werde.» Und Merlin sprach: «Wenn ich dir nicht den Tod anzeigte, den du sterben sollst, würde ich dir auch nicht die weitere Bedeutung der beiden Drachen mitteilen. Aber ich werde es tun. So wisse denn über die beiden Drachen, daß der rote Drache, der so groß und so wild war, dich selbst und dein böses Gemüt bedeutet. Und die Tatsache, daß er so mächtig war, bedeutet deine Kraft. Der andere, der weiß war, bedeutet das Erbteil der Kinder, die vor dir geflohen sind. Und daß die beiden Drachen so lange und heftig kämpften, bedeutet, daß du ihr Land so lange innegehabt hast. Daß du sahest, wie der Weiße schließlich den Roten verbrannte, bedeutet, daß die Kinder dich verbrennen werden. Und wähne ja nicht, daß der Turm, den du gemacht hast, dich davor schützen kann, so daß du nicht auf diese Weise sterben mußt.» Als Vortigern Merlin so sprechen hörte, war er tief traurig und zu Tränen betrübt darüber und fragte: «Wo sind diese beiden Kinder jetzt?» Merlin antwortete: «Sie sind auf dem Meer und haben eine große Menge Menschen angeworben und haben ihre Schiffe beladen und kommen, um über dich Recht zu sprechen. Sie sagten in Wahrheit, daß du ihren Bruder umgebracht hast, und so wollen sie dich auch umbringen. Und wisse, daß sie von nun an in drei Monaten im Hafen von Winchester landen werden.» Da war Vortigern sehr betroffen, als er diese böse Nachricht hörte und erfuhr, daß diese Feinde kommen würden. So fragte er Merlin: «Kann es anders kommen?» Und Merlin antwortete: «Es kann nicht anders sein, als daß du von dem Feuer der Kinder des Konstans stirbst, genauso, wie du den weißen Drachen den roten hast verbrennen sehen.»

So sprach Merlin zu Vortigern, daß die Kinder des Konstans kämen und von da an in drei Monaten im Hafen von Winchester landen würden. Vortigern bot seine Untertanen auf und bestellte sie zu dem Zeitpunkt, den Merlin ihm angegeben, um gegen die Kinder des Konstans an das Meer zu ziehen. Als die Truppen alle zusammengekommen waren, wußte keiner, warum er sie bestellt hatte, außer denen, die damals bei der Ratsversammlung gewesen.

Merlin aber war nicht mehr dort dabei, denn sobald er erklärt hatte, warum der Turm einfiel und was die beiden Drachen bedeuteten, nahm er Abschied vom König, zog hinweg und sagte zu Vortigern, er habe nun wohl alles getan, weshalb er gekommen sei. Und so ging Merlin hinweg nach Northumberland zu Blasius und erzählte ihm diese Dinge. Blasius aber schrieb sie auf, und aus seinem Buch wissen wir sie noch. Dort war Merlin lange Zeit, bis die Söhne des Konstans ihn holten.

Nun war also Vortigern im Hafen mit seinem großen Heeresaufgebot und wartete auf den Tag, den Merlin ihm angesagt hatte. An eben diesem Tage, nach Verlauf von drei Monaten, sahen die Einwohner von Winchester die Schiffe auf dem Meere und das starke Aufgebot, das die Kinder des Konstans mitführten. Als Vortigern sie erblickte, befahl er seinen Leuten, sich zu rüsten und seinen Hafen zu verteidigen. Die Söhne Konstans' aber kamen heran, um zu landen. Als die Truppen am Lande die königlichen Fähnlein sahen, staunten sie gar sehr und warteten, bis die Schiffe, in denen die Söhne des Konstans waren, an Land gingen. Hierauf fragten diejenigen, die am Lande waren, die Truppen, die auf dem Meer waren: «Ihr Herren, was für Schiffe sind das?» Diese antworteten: «Es sind die Schiffe Pendragons und Uters, seines Bruders, der beiden Söhne des Konstans, die in ihr Reich zurückkehren, das Vortigern, der Verräter, so lange innegehabt hat, Vortigern, der ihren Bruder ermorden ließ. Und nun kommen sie, um Recht zu schaffen.» Als die Bewohner des Landes das hörten, daß das die Söhne ihres Herrn waren, sahen sie wohl, daß diese die Macht hatten und daß es ihnen übel ausgehen würde, wenn sie gegen sie kämpften. Das sprachen sie vor Vortigern aus. Als Vortigern sah, daß der größte Teil seiner Untertanen von ihm abfiel und daß sie schon zu Pendragon hielten, befiel ihn große Angst. Er ließ aber die Leute, die nicht von ihm abfallen konnten, wissen, Hengist, der Sachse, habe durch Boten gemeldet, daß die Sachsen sein Schloß wohl besetzt hielten. Sie hielten es so gut, wie sie nur könnten. Das dauerte so lange, bis die Schiffe alle landeten. Als sie gelandet waren, strömten heraus die Ritter in voller Rüstung und alle übrigen Bewaffneten. Als sie dort waren, zogen sie gegen das Schloß. Die Leute, die ihren Herrn kommen sahen, strömten ihnen entgegen in großen Mengen und nahmen sie auf als ihre Herren und Könige. Diejenigen, die bei Vortigern waren, zogen in das Schloß zurück und verteidigten sich, so gut sie konnten. Die draußen aber belagerten das Schloß gar hart. Nun verteidigten sich die Anhänger Vortigerns so lange, bis Pendragon Feuer an das Schloß legte und das Feuer das Schloß befiel, so daß ein großer Teil davon abbrannte. Und in diesem Feuer ward Vortigern verbrannt.

III

PENDRAGON DER ZWEIFLER.
MERLINS SPÄSSE

Weiter erzählt die Geschichte, daß auf diese Weise die Kinder des
Konstans das Schloß einnahmen und im ganzen Reiche verkündeten,
daß sie gekommen seien. Als das Volk das erfuhr, hatte es große Freude
darüber, und sie zogen alle ihnen entgegen und nahmen sie auf als
ihre Herren. So kamen die beiden Brüder in ihr Reich zurück und machten Pendragon zum König. Er war ihnen ein sehr guter König. Die
Sachsen aber, die Vortigern in das Land eingelassen hatte, hielten ihre
Schlösser besetzt, die überaus stark waren, und führten allezeit Krieg
gegen Pendragon und die Christen. Lange wogte der Kampf hin und
her, manches Mal verloren sie und manches Mal gewannen sie. Endlich
legte Pendragon die Belagerung vor das Schloß des Hengist. So lange
berannte er es, daß mehr als die Hälfte des Jahres dahinging, bis Pendragon seinen Rat versammelte, und sie berieten, wie sie dieses Schloß einnehmen könnten. In der Ratsversammlung saßen auch fünf von jenen,
die in der Versammlung gewesen waren, in der Merlin Vortigern von
den Drachen und den Kindern und von seinem Tode gesprochen hatte.
Sie riefen Pendragon und Uter herbei und berichteten ihnen von den
Wundern, die Merlin ihnen erzählt hatte. Er sei der beste Wahrsager,
der jemals geboren wurde, und wenn sie ihn zu Rate zögen, würde er
wohl sagen können, wie sie dieses Schloß einnehmen könnten. Als Pendragon dies vernahm, sprach er: «Wo soll er denn sein, der gute Wahrsager, wo soll man ihn finden?» Diese antworteten: «Wir wissen nicht,
in welcher Gegend er wohnt, aber soviel wissen wir wohl, daß wir mit
ihm gesprochen haben, und wir wissen auch, daß er in diesem unserem
Lande lebt.» – «Dann wird er gefunden werden», sprach Pendragon,
«wenn er darin ist.»

Hierauf schickte Pendragon seine Boten im ganzen Lande umher, um

Merlin zu suchen. Merlin, der das wußte, kam so schnell er konnte, sobald er mit Blasius gesprochen hatte. Er begab sich nach einer Stadt, denn er wußte, daß dort die Boten weilten, die ihn suchten. Er kam in die Stadt als Holzhauer mit einer Axt am Halse, mit einer groben Decke bekleidet, in derben Schuhen und einem Wams, das auf einer Seite ganz zerschlissen war. Ganz zerzaust sah er aus. Er trug einen langen Bart und glich einem wilden Mann. So kam er vor ein Haus, wo die Boten wohnten. Als sie ihn sahen, betrachteten sie ihn staunend. Es sagte einer zum anderen: «Dieser Mensch scheint ein übler Bursche zu sein.» Merlin trat vor und sprach zu ihnen: «Ihr Herren Boten, ihr verrichtet den Auftrag eures Herrn nicht gut. Er befahl euch doch, den Zauberer, der Merlin heißt, zu suchen.» Als die Boten das hörten, sprachen sie zueinander: «Welcher Teufel hat das diesem Kerl gesagt?» Er aber antwortete: «Wenn *ich* ihn zu suchen hätte wie ihr, würde ich ihn wohl eher gefunden haben als ihr.» Darauf traten die Boten näher zu ihm heran und fragten ihn, ob er denn den Zauberer, der Merlin heiße, kenne. Er antwortete: «Ich kenne wohl seinen Wohnsitz, er aber weiß genau, daß ihr ihn sucht, doch werdet ihr ihn keineswegs finden, wenn er nicht will. So viel nur sagte er mir, daß ich euch melden soll, ihr bemühet euch ganz umsonst, ihn hier zu suchen. Selbst wenn ihr ihn fändet, würde er keineswegs mit euch gehen. Sagt nur denjenigen, die eurem Herrn, dem König, berichteten, der Zauberer wohne in diesem Lande, daß sie die Wahrheit sprachen. Und wenn ihr zurückkommt, so sagt eurem Herrn, daß er die Burg nicht einnehmen würde, ehe nicht Hengist gestorben sei. Wisset, von den Männern, die euch erzählten, daß sie Merlin kannten, waren nur fünf im Heer vorhanden. Jedoch wenn ihr nach Hause zurückkommt, werdet ihr nur noch drei antreffen. Und das sagt eurem Herrn und seinem Rat, wenn sie in dieses Land kämen und durch diesen Wald zögen, so würden sie Merlin finden. Aber wenn der König nicht selbst dorthin kommt, werden sie keinen Menschen finden, der ihn geleitet.»

Nun hatten die Boten wohl vernommen, was Merlin ihnen gesagt hatte. Er wandte sich ab, und kaum hatte er sich umgedreht, war er schon verschwunden. Da schlugen die Boten das Kreuz und sprachen: «Wir haben mit einem Teufel gesprochen! Was sollen wir nun mit dem machen, was er uns gesagt hat?» Nun berieten sie und beschlossen: «Wir werden umkehren und unserem Herrn und denen, die uns geschickt haben, von diesem Wunder erzählen. Dann werden wir auch erfahren, ob das wahr ist, was er von den beiden gesagt hat, die gestorben sind.»

So kehrten also die Boten um und ritten, bis sie dorthin kamen, wo der König sich aufhielt. Als der König sie sah, sprach er sie an: «Ihr Herren, habt ihr Merlin gefunden?» Sie antworteten ihm: «Herr, wir wollen Euch etwas erzählen, das uns zugestoßen ist. Bestellt Euren Rat und alle, die Euch an diesen Zauberer gewiesen haben.» Der König ließ sie alle rufen. Als sie alle erschienen waren, traten die Boten mit dem König zur Beratung zusammen. Sie erzählten den Räten das Wunder, das ihnen zugestoßen war, und berichteten alles, was der Wilde ihnen gesagt hatte. Sie fragten auch nach den beiden, von denen er angekündigt hatte, sie seien bereits tot, bevor die Boten in das Heer zurückgekehrt wären. Die Boten baten um Nachricht von diesen beiden. Man erzählte ihnen, sie seien wirklich tot. Als sie das hörten, staunten die Versammelten noch viel mehr über diesen häßlichen und verwilderten Menschen, von dem die Boten sprachen, und fragten sich, wer er wohl sein könne. Denn sie wußten keineswegs, daß Merlin andere Gestalten als die seinige annehmen konnte und in allen möglichen Erscheinungen auftrat. Aber sie waren doch der Meinung, daß kein anderer so etwas tun könne als er. «Herr», sprachen sie zum König, «wir vermeinen, daß Merlin selbst das gewesen sei, der mit jenen Boten gesprochen hat. Denn keiner kann etwas wissen von dem Tode unserer Gefährten außer ihm, und ebenso kann außer ihm keiner vom Tode des Hengist sprechen.» Hierauf fragten sie die Boten, in welcher Stadt sie ihn gefunden hätten. Sie antworteten: «In Northumberland. Dort kam er in unsere Herberge.»

Darauf sprachen die drei Männer, die Merlin kannten, es sei ganz gewiß Merlin gewesen, der sagte, der König solle selber hingehen. Deshalb beschloß der König, die Belagerung Uter, seinem Bruder, zu überlassen. Er selbst werde nach Northumberland ziehen und die Wälder durchsuchen, die Merlin ihm angegeben hatte. Daraufhin rüstete der

König zu seiner Fahrt und zog nach Northumberland. Er nahm aber die Männer mit, die – wie er glaubte – Merlin kannten. Und als er dorthin kam, forschte er nach Merlin, aber er fand niemand, der ihm darüber Nachricht zu geben vermochte. Als der König hörte, daß man keine Kunde über Merlin erlangen konnte, beschloß er, selbst durch die Wälder zu ziehen und ihn zu suchen. Bald darauf ritt er aus und begann die Suche nach Merlin.

Da ereignete es sich, daß einer der Begleiter des Königs einer großen Herde Tiere begegnete, und es war ein überaus häßlicher und verwachsener Mann dabei, der diese Tiere hütete. Der Mann, der diesen Hirten fand, fragte ihn, wer er sei. Der sagte, er sei aus Northumberland und der Diener eines Edelmanns. Darauf fragte ihn der Bote: «Kannst du mir Kunde von einem Mann geben, der Merlin heißt?» Der Mann, der die Tiere hütete, sprach: «Nein, aber ich sah gestern einen Mann, der mir sagte, der König ziehe hier im Walde umher, um Merlin zu suchen. Wißt Ihr etwas davon?» Der Bote antwortete, es sei wahr, daß der König ihn suche. «Kannst du mir etwas dazu sagen? Und könntest du ihn uns weisen?» Der Hirte antwortete: «Dem König könnte ich wohl manches sagen, was ich Euch keineswegs sagen würde.» Darauf antwortete dieser: «Komm, ich führe dich zum König in sein Haus.» Der Hirte antwortete: «Dann würde ich ja wohl meine Tiere schlecht hüten. Ich habe ja auch den König nicht nötig, sondern er hat mich nötig. Ich würde ihm wohl sagen, wie er den findet, den er sucht.» Der Bote antwortete: «Ich werde ihn dir bringen.»

Darauf schied er von ihm und suchte den König so lange, bis er ihn fand. Er erzählte ihm, was er gefunden und was ihm begegnet war. Der König sprach: «Führe mich hin.» Da führte er ihn dorthin, wo er den Hirten gefunden hatte, und sprach zu ihm: «Hier ist der König, den ich dir bringe. Nun sage ihm, was du ihm sagen wolltest.» Der Hirte sagte zum König: «Ich weiß wohl, daß Ihr Merlin sucht. Aber Ihr werdet ihn noch nicht so bald finden, ehe er selbst es nicht will. Aber begebt Euch hinaus in eine Eurer guten Städte hier in der Nähe, und er wird zu Euch kommen, wenn er erfahren hat, daß Ihr auf ihn wartet.» Darauf sprach der König: «Wie soll ich denn wissen, daß das wahr ist, was du mir sagst?» Dieser antwortete: «Wenn Ihr mir nicht glaubt, so laßt es eben sein. Denn es ist eine Torheit, einem schlechten Rat zu glauben.» Als der König das vernahm, sprach er: «Sagst du denn, daß dein Rat schlecht sei?» Er antwortete: «Keineswegs, aber Ihr sagt es. Und wisset nur genau, ich werde Euch besseren Rat geben, als Ihr mir zu geben vermögt.»

Daraufhin ritt der König in eine seiner Städte, die in allernächster Nähe des Waldes lag, und während er dort weilte, geschah es eines Tages, daß ein Edelmann in das Haus des Königs kam, der war gar stattlich angetan, gut gekleidet und beschuht. Der sprach zu einem Ritter: «Herr, führt mich vor den König.» Der führte ihn hin. Da er nun vor dem König stand, sagte er zu ihm: «Herr, Merlin grüßt Euch und schickt mich zu Euch. Er bestellt Euch, daß er es war, den Ihr im Walde die Tiere hüten saht. An diesem Zeichen erkennt Ihr es, daß er Euch sagte, er wolle zu Euch kommen, und er sprach die Wahrheit. Aber Ihr braucht ihn ja noch nicht so sehr dringend.» Der König antwortete: «Ich brauche ihn wirklich gar sehr. Es gibt keinen anderen Mann, den ich so sehr brauche wie ihn.» Der Edelmann antwortete: «Wenn Ihr das meint, so bestellt er Euch durch mich eine Nachricht.» Der König fragte, welche Nachricht das sei. Er antwortete: «Hengist ist tot. Und Uter, Euer Bruder, hat ihn erschlagen.» Als der König dies vernahm, da erstaunte er über die Maßen und sprach: «Kann denn das wirklich wahr sein, was du mir meldest?» Dieser erwiderte: «Er hat mir nichts weiter anbefohlen, Euch zu sagen, Ihr aber handelt töricht, wenn Ihr etwas glaubt, solange Ihr es nicht erprobt habt. So schickt denn einen Boten aus, der erkunden soll, ob es wahr ist, und dann glaubt es.» Der König antwortete: «Das ist mir recht!» Darauf ließ der König zwei Boten die beiden besten Pferde, die er hatte, besteigen und befahl ihnen, so schnell wie möglich auszureiten und zu erkunden, ob Hengist tot sei. Die Boten nahmen Abschied, verließen den König und ritten, so schnell sie konnten. Unterwegs begegneten sie den Boten Uters, die kamen, um die Kunde zu bringen, daß Hengist wirklich tot sei.

Als die Boten einander begegneten, tauschten sie ihre Nachrichten aus und kehrten zum König zurück. Der Mann aber, der dem König die

Botschaft von Merlin gebracht hatte, war bereits wieder weggegangen. Die Boten, die gekommen waren, traten vor den König und berichteten ihm, wie Uter Hengist getötet hatte. Als der König das vernahm, befahl er den Boten, mit keinem Menschen von dieser Sache zu sprechen. Dabei blieb es.

Der König aber staunte gar sehr, wie Merlin wohl von diesem Ereignis hatte wissen können. So wartete er denn in der Stadt, um zu erfahren, ob Merlin käme. Er dachte in seinem Herzen, sobald Merlin käme, würde er ihn fragen, wie Hengist gestorben sei, denn es gab kaum Leute, die etwas von seinem Tode wußten. Der König wartete, bis es eines Tages geschah, als er vom Münster zurückkam, daß ein sehr stattlicher Edelmann ihm entgegentrat, der gut gekleidet war und ganz vornehm aussah. Er trat vor den König, begrüßte ihn und sprach: «Herr, was erwartet Ihr in dieser Stadt?» Der König sagte zu ihm: «Ich erwartete, daß Merlin käme und mit mir spräche.» Der Edelmann sprach weiter: «Herr, Ihr seid keineswegs so weise, daß Ihr ihn erkennen könnt, wenn er mit Euch spricht. Ruft doch die Männer, die Euch hierhergebracht haben, die Merlin kennen müssen. Fragt sie, ob ich dieser Merlin sein könnte.» Der König staunte gar sehr, ließ jene Männer kommen und sagte zu ihnen: «Ihr Herren, wir warten auf Merlin. Aber es gibt hier nach meinem Wissen keinen, der ihn kennt. Und wenn ihr ihn kennt, so sagt es.» Sie antworteten dem König: «Herr, das könnte nicht sein, daß wir ihn nicht erkennen würden, wenn wir ihn sähen.» Der Edelmann, der vor dem König stand, sprach: «Ihr Herren, kann der jemals andere erkennen, der sich selbst nicht gut kennt?» Diese antworteten: «Wir sagen nicht, daß wir ihn in allen seinen Angelegenheiten kennen, aber wir werden ihn wohl erkennen, wenn wir ihn sehen.» Der Edelmann antwortete: «Der erkennt nicht den Menschen gut, der nicht sein inneres Wesen kennt. Und das werde ich euch bald beweisen.» Hierauf rief er den König in ein Zimmer zu geheimer Besprechung ganz allein und sprach zu ihm: «Herr, ich will Euch und Eurem Bruder Uter von Herzen wohl. Und wisset, daß ich der Merlin bin, den Ihr gekommen seid zu suchen. Aber die Männer, die mich zu kennen glauben, wissen gar nichts von meinem Wesen. Und ich werde es Euch schon bald zeigen. Geht dort hinaus und führt mir die herein, die sagen, daß sie mich kennen. Sobald sie mich sehen, werden sie sagen, daß sie mich gefunden haben, aber wenn ich wollte, würden sie mich niemals erkennen.»

Als der König dies vernahm, war er überaus froh darüber und sprach: «Merlin, ich werde alles tun, was du willst.» Hierauf verließ er das Zimmer. Er ging in den Saal, so schnell er konnte, und führte die Männer herbei. Als sie in das Zimmer gekommen waren, hatte Merlin die Gestalt angenommen, in der sie ihn das erstemal gesehen hatten. Sowie sie ihn sahen, sprachen sie zum König: «Herr, wir versichern mit Bestimmtheit, daß dies Merlin ist.» Merlin sprach zum König: «Herr, sie sprechen die Wahrheit. Nun sagt mir, was Euer Begehren ist.» Und der König erwiderte: «Merlin, ich möchte dich gar sehr bitten, wenn es dir gefiele. mir zu sagen, ob ich schon einmal mit dir sprach, als ich im Walde des Weges kam, um dich zu suchen.» Und Merlin sagte: «Herr, ich bin der Mann, mit dem Ihr im Walde spracht, der die Tiere hütete, und ich bin der, der Euch sagte, daß Hengist tot sei.» Als der König und die anderen Merlin so sprechen hörten, staunten sie alle gar sehr. Darauf fuhr der König fort: «Ihr Herren, ihr habt Merlin schlecht gekannt, als er vor euch hintrat; ihr konntet ihn nicht erkennen.» Sie aber antworteten: «Wir sahen ihn niemals so etwas tun. Aber, Herr, wir glauben wohl, daß er alles das tun kann, was kein anderer Mann könnte.» Hierauf fragte der König Merlin: «Merlin, wie habt Ihr von dem Tode des Hengist erfahren?» «Herr, ich wußte bereits, als Ihr hierhergekommen wart, daß Hengist Euren Bruder umbringen wollte, und dann ging ich zu Eurem Bruder und warnte ihn, und Gott und ihm selbst sei Dank, daß er mir glaubte und sich vor jenem hütete. Und ich belehrte ihn genau über die Kraft und den Wagemut des Hengist, denn er wollte ganz allein in das Zelt Eures Bruders kommen, um ihn zu töten. Und als ich Eurem Bruder das gesagt hatte, glaubte er mir nicht. Immerhin tat er so viel, daß er in dieser Nacht ganz allein wachte, ohne daß er es einem anderen verriet. Er bewaffnete sich, ohne daß jemand es wußte. So bewachte Euer Bruder in jener Nacht sein Zelt so lange, bis Hengist kam. Und als er in das Zelt eingetreten war, suchte er nach

Eurem Bruder dort, wo er ihn zu finden wähnte. Aber er fand ihn nicht und wollte nun wieder hinausgehen. Euer Bruder trat ihm entgegen, kämpfte mit ihm und hatte ihn bald erlegt, denn Hengist war ohne Rüstung; war er doch zu keinem anderen Zweck dorthin gekommen, als Euren Bruder im Schlaf zu ermorden und so schnell wie möglich wieder zu entfliehen, wenn es nötig sei.»

Als der König von diesem Wunder hörte, das Merlin ihm berichtete, fragte er ihn: «Merlin, in welcher Gestalt wart Ihr, als Ihr mit meinem Bruder sprachet? Denn ich wundere mich gar sehr, daß er Euch geglaubt hat.» Und Merlin erwiderte: «Herr, ich nahm die Gestalt eines alten und grauhaarigen Mannes an und sprach mit Eurem Bruder insgeheim und sagte ihm, daß er in der Nacht, wenn er sich nicht hüte, sterben müsse.» Der König fragte ihn: «Sagtet Ihr ihm, daß Ihr Merlin seid?» – «Herr, noch weiß Euer Bruder nicht, wer mit ihm gesprochen hat, und er soll es nicht eher erfahren, als bis Ihr selbst es ihm sagt. Zu diesem Zweck ließ ich Euch durch Eure Boten bestellen, daß Ihr das Schloß nicht einnehmen könnt, ehe nicht Hengist gestorben sei.» Der König sprach: «Merlin, lieber, guter Freund, wollt Ihr mit mir kommen? Denn ich habe Eure Hilfe wahrlich dringend nötig.» Und Merlin sprach: «Herr, je früher ich mit Euch ginge, desto früher würden Eure Leute in Zorn geraten, wenn sie sähen, daß Ihr mich suchtet. Aber wenn Ihr Euren Nutz und Frommen dabei seht und weise genug seid, braucht Ihr trotzdem nicht zu unterlassen, mir zu glauben, wenn Ihr Euer Amt durchführen und Euch vor Unheil schirmen wollt.» Der König entgegnete: «Merlin, Ihr habt mir bereits so viel getan und gesagt, daß ich niemals mehr an Euch zweifeln noch Euch mißtrauen darf, wenn das wahr ist, daß Ihr meinen Bruder vor dem Tode gerettet habt, wie Ihr sagt.» Merlin antwortete: «Herr, Ihr sollt nun hingehen und Euren Bruder fragen, wer ihm sagte, was ich Euch mitgeteilt habe. Und wenn er es Euch nicht zu sagen vermag, so glaubt mir niemals mehr etwas, was ich Euch sage. Wisset wohl, ich will, daß Ihr mich erkennet, wenn ich mit Eurem Bruder in jener Gestalt spreche, in der ich war, als ich ihn vor Hengist warnte.» Der König erwiderte: «Merlin, um Gottes willen, gefällt es Euch, daß ich es erfahre, wenn mein Bruder mit Euch sprechen wird?» Merlin antwortete: «Ihr sollt es gern erfahren, aber hütet Euch, es einem anderen mitzuteilen, so Ihr Euch selbst liebt. Denn wenn ich Euch bei dieser Lüge ertappe, würde ich kein zweites Mal kommen und Euch aufsuchen, und Ihr hättet einen größeren Schaden davon als ich.» Da sprach der König zu ihm: «Niemals werde ich auch nur ein einziges Mal Euch belügen. Wenn ich es aber tue, so glaubt mir niemals mehr.» Merlin sprach: «Herr, ich werde Euch auf die Probe stellen, das sage ich Euch genau, und das in vielen Arten.» Der König antwortete: «Das ist mir recht.» – «Und mir ist recht», sprach Merlin, «daß Ihr erfahret, wenn ich mit Eurem Bruder spreche, und zwar am elften Tage, nachdem Ihr selbst mit ihm gesprochen habt.»

Nun erzählt die Geschichte: Nachdem Merlin sich so mit dem König Pendragon bekannt gemacht und Abschied von ihm genommen hatte, ging er zu seinem Meister Blasius und erzählte ihm all diese Dinge. Blasius aber schrieb sie auf, und durch ihn wissen wir sie. Pendragon dagegen ritt in langen Tagesreisen, bis er dorthin kam, wo sein Bruder war. Als Uter seinen Bruder Pendragon sah, freute er sich von Herzen. Sobald Pendragon und Uter sich begrüßt hatten, nahm er seinen Bruder auf die Seite und berichtete ihm vom Tode des Hengist, genau wie Merlin es ihm erzählt hatte. Er fragte ihn, ob er die Wahrheit gesprochen habe. Uter antwortete: «Ich weiß nicht, wer es Euch gesagt hat, aber so wahr mir Gott helfe, Ihr habt mir die Dinge genau, wie es war, berichtet. Ich aber dachte: Außer Gott und einem Edelmann, der sehr alt war und es mir heimlich sagte, weiß es kein anderer Mensch, und keiner kann es wissen.» Er fuhr fort: «Herr, um Gottes willen, sagt mir, wer Euch dies verraten hat, denn ich staune wahrlich sehr, wieso Ihr das wissen könnt.» Der König sprach: «Ich weiß es eben, aber ich bitte Euch, sagt mir, wer dieser Edelmann war, der Euch vom Tode errettete. Denn mich dünkt, soweit ich etwas über ihn erfahren habe, wenn er nicht gewesen wäre, hätte Hengist Euch getötet.» Uter antwortete: «Herr, bei dem Glauben, den ich Euch schulde, ich weiß nicht, wer es war, aber er schien mir ein edler und weiser Mann zu sein. Und weil er mir so edel und weise vorkam, glaubte ich ihm, denn er sagte mir nichts, das ich nicht hätte ruhig glauben dürfen.» Er fuhr fort: «Wer in unserem Heer und in meinem Zelte mich töten wollte, muß wohl ein tollkühner Mensch gewesen sein.» Pendragon fragte: «Würdet Ihr jemals diesen Warner wiedererkennen, wenn Ihr ihn sähet?» Uter entgegnete: «Herr, ich würde ihn wohl erkennen, scheint mir.» Pendragon sagte: «Ich will Euch nur sagen, daß er mit Euch heute in elf Tagen sprechen wird. Aber aus Liebe zu mir macht es so, daß Ihr an diesem Tage mit niemand anderem zusammen seid als mit mir, bis der Tag vorüber ist, so daß ich alle sehe, die an diesem Tage mit Euch sprechen werden.» In dieser Art machten die zwei Brüder ab, daß sie an jenem Tage zusammen sein würden.

Merlin, der alle diese Dinge wußte und tat, um Umgang mit ihnen zu pflegen und ihnen ein guter Helfer und Freund zu sein, erzählte Blasius, wie die beiden Brüder über ihn gesprochen hatten und wie der König ihn auf die Probe stellen wollte. Blasius fragte ihn: «Was für eine Absicht habt Ihr mit all diesen Dingen?» Merlin antwortete: «Es sind junge und liebenswerte Männer, und ich könnte ihnen in keiner Weise so gut zu Liebe sein, wie wenn ich einen Teil ihrer Absichten ausführe und ausspreche, sowohl um ihnen eine Freude zu bereiten als auch mir zum Lachen. Ich kenne», fuhr Merlin fort, «eine edle Frau, die Uter liebt. Ich werde zu ihm hingehen und ihm einen Brief von ihr bringen, den Ihr mir schreiben sollt, so daß er mir alles glaubt, was ich ihm von ihr sagen werde. Auf diese Art wird jener elfte Tag vorübergehen, so daß sie mich beide sehen und mich doch nicht erkennen werden. Wenn dann der nächste Tag kommt, so werde ich mich ihnen beiden bekannt machen und enthüllen, und sie werden mir um so mehr Dank wissen.» So wie Merlin es wünschte, schrieb Blasius den Brief. Merlin kam am elften Tage und hatte die Gestalt eines Edelknaben der Freundin Uters angenommen. Er kam an den Ort, wo er Uter mit seinem Bruder zusammen sah und sprach zu ihm: «Herr, meine Herrin grüßt Euch und schickt Euch diesen Brief.» Uter nahm den Brief und hatte eine große Freude darüber, denn er dachte wahrhaft, seine Freundin habe ihm den Brief geschickt. Er ließ ihn von einem Geistlichen vorlesen. Der Brief sagte, er möge alles glauben, was der Junge sage. Merlin aber sagte nur, was Uter gerne hören wollte. So war Uter an jenem elften Tage mit Merlin und seinem Bruder zusammen. Uter erwies dem Knaben, der den Brief gebracht, große Freundlichkeit, den ganzen Tag war er froh über die gute Nachricht, die er von seiner Freundin erhalten. Als es auf den Spätnachmittag ging, wunderte sich Pendragon sehr, weil Merlin ihm doch versprochen hatte, an jenem Tage zu kommen und mit Uter zu sprechen.

Pendragon und Uter, sein Bruder, warteten, bis der Abend verstrichen war. Als der Abend bereits vorbei war, traten Uter und Pendragon in ein anderes Gemach und begannen, miteinander zu beraten. Merlin entfernte sich ebenfalls und nahm die Gestalt an, die er gehabt, als er mit Uter gesprochen hatte. Er kam zur Herberge und fragte nach Uter, und man sagte ihm, er sei beim König. Merlin ließ ihn durch einen Boten besuchen, der im Beisein seines Bruders sagen sollte, ein sehr stattlicher Edelmann frage in seinem Zelt nach ihm. Der Bote tat nach Merlins Geheiß. Da sprach der König zu Uter: «Ich glaube, das ist Merlin.» Er bat Uter, den Edelmann zu holen. Uter erwiderte, er käme ohne Zweifel. So ging denn Uter zu seinem Zelt und fand dort den Edelmann, der ihn in jener Nacht vor dem Tode bewahrt hatte. Er blickte ihn an und erkannte ihn genau, und er zeigte ihm große Freundlichkeit. Er sprach mit ihm von mehreren Dingen und sagte: «Herr, Ihr habt mich vor dem Tode errettet, aber es wundert mich, daß mein Herr mir alles erzählt hat, was Ihr mir gesagt und was ich tat, als Ihr von mir Abschied genommen. Er sagte mir auch, Ihr wolltet heute hierherkommen, und befahl mir, es ihn wissen zu lassen, wenn Ihr kämet. Er hieß mich eben, wenn Ihr da seiet, solle ich ihn holen lassen, aber mich wundert doch sehr, wieso er wußte, was Ihr mir gesagt hattet.» Merlin sprach: «Er kann es ja nicht anders wissen, als wenn es ihm einer gesagt hat. Holt ihn und fragt ihn vor mir, wer es ihm sagte.» Hierauf wandte sich Uter ab, um den König zu holen, und befahl den Männern, die draußen vor dem Zelte standen, es wohl zu bewachen, auf daß niemand dort eintrete. Merlin aber nahm, sobald Uter draußen war, die Gestalt des Knaben an, der den Brief gebracht hatte. Als Uter und Pendragon den Edelmann im Zelte zu finden wähnten, fanden sie an seiner Stelle den

Jungen. Sowie Uter ihn sah, sprach er: «Herr, ich sehe da ein Wunder, denn ich verließ hier den Edelmann, von dem ich Euch gesprochen habe, und nun finde ich diesen Junker hier. Bleibt hier! Ich will die Leute draußen fragen, ob sie jemand hinausgehen oder diesen Junker eintreten sahen.» So verließ denn Uter das Zelt, der König aber begann herzlich zu lachen. Uter fragte die Männer draußen: «Sahet ihr hier jemand eintreten, als ich meinen Bruder holte?» Sie antworteten: «Nein, niemand.» Darauf kam Uter zum König zurück und sagte: «Herr, ich weiß nicht, was das sein soll.» Hierauf fragte Uter den Knaben: «Wann bist du hier hereingekommen?» Er entgegnete: «Ich war hier drin, als Ihr wegginget und mit dem Edelmann sprachet.» Uter schlug das Kreuz und sagte zum König: «So helfe mir Gott, ich bin ganz verzaubert; und niemals stieß einem Menschen das zu, was mir zugestoßen ist.» Als der König Uter so sprechen hörte, hub er an zu lachen und wußte genau in seinem Herzen, daß Merlin all dies anstellte. Darauf sprach der König: «Lieber Bruder, ich hätte nicht gedacht, daß Ihr mich anlügt.» Uter antwortete: «Ich bin so bestürzt, daß ich nicht weiß, was ich sagen soll.» Nun fragte der König: «Wer ist dieser junge Mann hier?» Uter antwortete: «Das ist der Junge, der mir den Brief in Eurem Beisein gebracht hat.» Als der König fragte: «Habt Ihr ihn vorher gekannt?», antwortete er: «Ja, gewiß.» Darauf sprach der König: «Uter, ist dir vielleicht klar, daß dieser Knabe zu gleicher Zeit der Edelmann sein kann, zu dem Ihr mich geholt habt?» Und als Uter erwiderte: «Das kann doch wohl nicht sein», sagte der König zu ihm: «So laßt uns beide hinausgehen. Wenn er will, daß wir ihn finden, so werden wir ihn finden.» Hierauf traten sie aus dem Zelt und warteten eine Weile. Dann sprach der König zu einem seiner Ritter: «Geht dort hinein und schaut, wer dort drin ist.» Dieser ging hinein und fand den Edelmann, der auf einem Bette saß. Er kam wieder zurück und berichtete es ihnen. Als Uter das vernahm, staunte er noch mehr darüber und sprach: «So helfe mir Gott, nun sehe ich, was ich nie für möglich gehalten hätte. Kein Mensch hat jemals so etwas erlebt! Herr König, hier sitzt wahrhaftig der Edelmann, der mich vor dem Tode rettete.» Als der König dies hörte, empfand er große Freude und sagte, er sei ihm sehr willkommen.

Dann sprach er weiter: «Herr, wollt Ihr, daß ich meinem Bruder sage, wer Ihr seid?» Merlin antwortete: «Ich will gerne, daß er es wisse.»

Hierauf sprach der König zu Uter: «Lieber Bruder, Ihr kanntet wahrhaftig schlecht das Wesen dieses Edelmannes. Und wo ist denn nun der Junker, der Euch den Brief brachte?» Uter entgegnete ihm: «Herr, er war eben hier, was wollt Ihr da machen?» Da begannen der König und Merlin zu lachen. Merlin rief den König beiseite und erzählte ihm, was er Uter von seiner Freundin bestellt hatte. Er empfahl ihm, daß er es ihm in seinem Beisein wiederhole. Darauf rief der König seinen Bruder lachend herbei und sagte zu ihm: «Lieber Bruder, wohin hast du den Jungen versteckt, der dir den Brief brachte?» Als Uter das vernahm, staunte er mehr und mehr und sprach zum König: «Warum, Herr, erinnert Ihr mich an diesen Jungen?» Der König sagte: «Wegen der guten Nachrichten, die er Euch von jener edlen Frau gebracht hat.» Er fuhr fort: «Ich werde Euch angesichts dieses Edelmannes sagen, was ich darüber weiß.» Uter antwortete: «Es ist mir recht.» Und er gestattete es ihm, weil er nicht dachte, daß ein Mensch es wisse, außer dem, der es ihm gesagt. Aber der König erzählte ihm Wort für Wort alles, was der Junker ihm mitgeteilt hatte. Als Uter das vernahm, staunte er noch mehr und sprach: «Sagt mir, wieso wißt Ihr denn das?» Der König antwortete: «Das will ich schon sagen, wenn dieser Edelmann hier einverstanden ist.» Uter sagte: «Herr, was geht das diesen Edelmann an?» Der König erwiderte: «Ich kann es nicht, wenn er es mir nicht gestattet.» Als Uter das vernahm, wunderte er sich noch viel mehr. Er begann den Edelmann anzuschauen und sagte zu ihm: «Herr, ich bitte Euch, erlaubt meinem Bruder, daß er sage, wieso er es weiß und wer es ihm gesagt.» Merlin sprach zu Uter, es sei ihm recht, daß der König es sage.

Hierauf sprach der König: «Lieber Bruder, Ihr wißt nicht, wer dieser Edelmann ist, aber das sollt Ihr wissen, er ist der edelste und weiseste Mann der ganzen Welt und einer, dessen Hilfe in Rat und Tat wir am allermeisten nötig haben. Und das sollt Ihr genau wissen, er besitzt gewaltige Macht und Zauberkunst, das kann ich Euch sagen; denn kein anderer Junge brachte Euch diesen Brief als er selbst. Und er ist es, der Euch die geheimen Worte von Eurer Freundin gesagt hat.» Als Uter das vernahm, war er ganz bestürzt und sprach zum König: «Herr, wie sollte ich das wohl glauben, denn es wäre das größte Wunder der Welt, wenn das wahr sein kann.» – «Lieber Bruder», sprach der König, «wahrhaftig, Ihr könnt es glauben.» Uter antwortete: «Herr, das könnte ich nicht glauben, wenn ich es nur einsähe, weil Ihr es gesagt habt.» Hierauf bat der König Merlin, ihm einen Beweis vorzuführen. Und Merlin sagte: «Das will ich gern tun.» Nun sprach Merlin zum König: «Herr, geht ihr beide ein wenig dort hinaus, und ich werde ihm die Gestalt eines Knaben zeigen.» Als er sich verwandelt hatte, rief er Uter herein und sprach zu ihm: «Herr, ich will nun weggehen, und befehlt mir, was Ihr wollt.» Und Uter befahl ihn in Gottes Hut. Hierauf ging der König zu seinem Bruder und fragte ihn insgeheim: «Was dünkt Euch nun von diesem Knaben? Kaum solltet Ihr glauben, daß er es sei, da er mit Euch sprach.» Uter aber entgegnete nur: «Ich bin so verwirrt, daß ich nicht weiß, was ich sagen soll.» Der König sagte: «Seid nur ganz sicher, es ist derselbe, der bewirkte, daß Hengist Euch nicht ermordete, derselbe, den ich in Northumberland aufsuchte, und er hat solche Macht, daß er alle Dinge weiß, die je getan und gesprochen wurden und sich ereignet haben, und von den Dingen, die in der Zukunft liegen, einen großen Teil. Deshalb müssen wir ihn sehr bitten, daß er uns sein Wohlwollen schenke, und daß wir durch ihn alle unsere Staatsgeschäfte betreiben.» Uter antwortete: «Herr, wenn es ihm gefiele, dann hätten wir wohl einen solchen Mann ganz besonders nötig.»

Hierauf baten die beiden Brüder Merlin, er möge doch um Gottes Gnade willen und bei allem, was er nur wolle und was sie ihn sonst noch bitten möchten, bei ihnen bleiben. Merlin antwortete: «Ihr Herren, ihr solltet beide wissen, daß ich alle verborgenen Dinge weiß, die ich wissen will. Und Ihr, Herr», sprach er zum König weiter, «wißt Ihr nicht genau, daß ich Euch die Wahrheit gesagt habe in allen Dingen, die Ihr mich gefragt habt?» Der König antwortete: «Ich ertappte dich niemals bei einer Lüge.» Merlin wandte sich an Uter: «Und Ihr, Uter, habe ich Euch nicht von Eurer Freundin Dinge gesagt, von denen Ihr glaubtet, kein Mensch könne sie wissen?» Uter antwortete: «Ihr habt mir so viel gesagt, daß ich Euch an keinem Tage meines Lebens miß-

trauen möchte. Und weil ich weiß, daß Ihr ein so edler und weiser
Mann seid, wünschte ich, daß Ihr uns stets zur Seite bliebet.» Merlin
antwortete: «Gerne werde ich bei euch bleiben. Aber ihr sollt nur geheim von meinem Tun erfahren. Wisset denn, daß ich gelegentlich und
dringlich die Menschen meiden muß, aber dessen sollt ihr sicher sein,
daß ich an allen Orten, wo ich auch immer sei, eurer Werke mehr als
anderer gedenken will. Sobald ich erfahre, daß ihr in irgendeiner großen Bedrängnis seid, will ich euch gern nach meinen Kräften zu Hilfe
eilen. Soviel aber bitte ich euch: wenn ihr meine Gesellschaft haben
wollt, dürft ihr euch nicht darum kümmern, wohin ich gehe, wenn ich
weggehe. Jedesmal, wenn ich zurückkomme, zeigt mir stets von neuem
große Freude und freundliche Aufnahme vor den Leuten. Dann werden
mich die Edelleute um so mehr lieben, und die bösen, die euch in keiner
Weise lieben, werden mich hassen. Wenn ihr mir aber gute Aufnahme
bereitet, werden sie nicht wagen, etwas von ihrem bösen Willen zu
offenbaren. Und wisset, daß ich niemals meine eigene Gestalt ver-
wandle, außer, wenn ich zu euch ganz insgeheim gehe. Jetzt werde ich
vor euch und allein zu eurem Hause gehen, und die Edlen, die mich
früher einmal gesehen haben, werden mich erblicken und zu euch eilen
und euch sagen, daß ich gekommen sei. Sobald ihr dies vernehmt, tut so,
als ob ihr sehr froh darum seid. Sie werden euch sagen, daß ich ein
überaus guter Wahrsager bin. Ihr aber sollt mich in aller Sicherheit
über alles befragen, was auch immer eure Räte euch anraten, und ihr
werdet Hilfe bei mir finden. Ich werde euch in allen Dingen, die ihr
mich fragt, gut beraten.»

An dieser Stelle erzählt die Geschichte, daß Merlin von Pendragon
und Uter Abschied nahm, um die Gestalt anzunehmen, in der das Volk
seines Landes ihn gekannt hatte. Als Merlin die Brüder verlassen hatte,
kam er vor die Edlen, die in der Ratsversammlung des Vortigern gewesen waren. Als diese ihn sahen, waren sie überaus froh und liefen
auf der Stelle, um dem König zu melden, daß Merlin gekommen sei.
Als der König das hörte, zeigte er eine ungeheuer große Freude und
ging ihm entgegen. Und alle, die Merlin liebten, sagten zu ihm: «Mer-

lin, hier ist der König, der Euch entgegenkommt.» Groß war die Freude, die der König Merlin bezeugte, als er ihn in sein Haus führte. Sobald er darin war, zogen die Leute seiner Ratsversammlung den König auf die Seite und sprachen zu ihm: «Herr, hier ist Merlin, der beste Wahrsager, der lebt. Bittet ihn doch, daß er Euch sage, in welcher Weise Ihr dieses Schloß einnehmen könnt. Er möge Euch auch sagen, zu welchem Ende der Krieg, der zwischen den Sachsen und Euch tobt, führen wird. Und wahrlich, wenn er will, wird er es Euch wohl sagen können.» Der König sprach, er wolle ihn gerne fragen. Dabei ließen sie es bewenden, weil der König Merlin nun festlich ehren wollte.

Als es auf den dritten Tag ging, war der ganze Rat des Königs versammelt. Darauf zog der König Merlin beiseite zur Beratung über die Worte und Wünsche seiner Ratgeber: «Merlin, lieber guter Freund, ich hörte sagen, daß Ihr der beste Wahrsager und überaus weise seid, so ersuche ich Euch denn, mir zu sagen, wie ich dieses Schloß einnehmen kann, und ob ich diese Sachsen, die in unserem Lande sind, wieder vertreiben kann oder nicht.» Merlin sprach: «Herr, nun könnt Ihr erproben, ob ich wirklich weise bin. Ihr sollt wissen, sie verlangen gar nichts anderes, als das Land zu verlassen und zu fliehen, seitdem sie Hengist verloren haben. So forscht morgen durch Eure Boten und schickt sie dort in die Burg, um einen Waffenstillstand zu erbitten. Dann werden sie Euch mitteilen, daß sie Euch das Land Eures Vaters überlassen wollen, und bitten, daß Ihr sie hinausgeleiten lasset und ihnen Eure Schiffe übergebt, in welchen sie abziehen können.» Der König antwortete: «Merlin, du hast gut gesprochen, und ich werde sie vorher noch in einer anderen Weise wissen lassen, daß ich einen Vertrag von ihnen verlange, um zu hören, was für Absichten sie außerdem haben.»

Hierauf entsandte der König einen seiner Ratgeber namens Ursin mit zwei Rittern in die Burg. Sie ritten so lange, bis sie vor das Schloß kamen. Als die Burgleute sie kommen sahen, zogen sie ihnen entgegen und sprachen: «Was wollen diese Ritter?» Ursin antwortete: «Ihr Herren, wir verlangen einen Waffenstillstand im Namen des Königs, bis zu drei Monaten.» – «Wir werden darüber beraten», erwiderten die Sachsen. So traten sie auf die Seite zu einer Beratung und sprachen insgeheim: «Es macht uns große Not, daß Hengist tot ist. Wir haben doch keine Lebensmittel mehr, um hier so lange auszuhalten, wie der König einen Waffenstillstand verlangt. Melden wir ihm doch, daß er abziehe und uns das Schloß überlasse, dann wollen wir als seine Untertanen und Vasallen ihm das Treuwort geben und ihm Pfänder stellen, ein jeder mit zehn Rittern und zehn Edelfräulein und zehn Falken und zehn Windhunden und hundert Zeltern.» Dies beschlossen sie in ihrer Beratung und darauf einigten sie sich und sprachen zu den Boten so, wie sie es beschlossen hatten. Die Boten kamen zurück zum König und berichteten es ihm und Merlin und den anderen Baronen. Als der König das vernahm, fragte er Merlin, was er tun solle. Merlin antwortete, er solle sich ja nicht darauf einlassen, denn großes Unheil würde noch über Land und Leute daraus entstehen. «Sondern schickt ihnen auf der Stelle und ohne weiter zu warten den Befehl, das Schloß zu räumen, denn sie haben nichts mehr zu essen und werden gern darauf eingehen. Sie sollen niemals einen Waffenstillstand bekommen, wenn sie nicht ausziehen. Und Ihr sollt ihnen Schiffe und Boote übergeben, worin sie abfahren können. Wenn sie das nicht tun wollen, dann fangt so viele von ihnen, wie Ihr könnt, und laßt sie alle eines bösen Todes sterben. Ich bin Euch Bürge dafür, sowie Ihr nur ihnen zusichert, daß sie ihr Leben retten können, so werden sie eine überaus große Freude haben. Denn sonst sehen sie alle nur den Tod vor sich.»

So wie Merlin geraten, handelte der König am nächsten Morgen. Er schickte seine Boten, um diese Forderung zu überbringen. Als die Sachsen im Schloß das vernahmen, wußten sie, daß sie ihr Leben retten und abziehen könnten. Darüber waren sie überaus froh, denn sie wußten nicht, wodurch sie sonst ihr Leben erhalten könnten, seitdem sie Hengist verloren hatten. Das ließen sie im ganzen Lande verkünden, und der König ließ sie geleiten und zum Hafen bringen und gab ihnen Schiffe, worin sie abziehen konnten. Auf diese Weise, wie ihr gehört habt, kannte Merlin die Notlage der Sachsen, und so brachte der König sie aus dem Lande auf Merlins Rat, und alle verließen das Land Pendragons.

Nun blieb Merlin alleiniger Herr des Rates des Königs und war dabei

sehr lange Zeit, bis er eines Tages mit dem König eine wichtige Angelegenheit besprochen hatte, worüber sich einer der Barone sehr grämte.
Dieser kam zum König und sprach: «Herr, Ihr macht wunder viel her
von diesem Mann, dem Ihr alles glaubt, aber wisset nur, die ganze Geisteskraft, die er hat, ist ihm vom Teufel zugekommen. Wenn es Euch
gefiele, würde ich ihn so auf die Probe stellen, daß Ihr das ganz offen
sehen könnt.» Der König antwortete: «Das will ich erlauben, jedoch
nur so weit, daß Ihr ihn in keiner Art in Zorn versetzt.» Der Mann
sprach: «Herr, ich werde ihm nichts sagen und nichts antun, was ihn
erzürnen kann.» Daraufhin gewährte ihm der König seine Bitte. Als er
vom König die Erlaubnis bekommen hatte, war er überaus froh darüber.
Dieser Mann war nach der Meinung der Welt sehr klug, aber auch voll
Bosheit, ein mächtiger Herr mit großem Reichtum und ausgedehnter
Sippschaft. Eines Tages trat er bei Hofe zu Merlin, blickte ihn an und
heuchelte große Freude über ihn. Dann bat er den König um eine
Sonderberatung im Beisein von Merlin. In dieser Besprechung waren
nur fünf Männer anwesend. Nun sprach dieser Baron zum König: «Herr,
sehet hier einen der weisesten Männer der Welt. Ich habe sagen hören,
daß er Vortigern seinen Tod voraussagte, und zwar, daß er von Eurem
Feuer sterben würde. Und das geschah auch. Ihr sollt wissen, daß ich
sehr krank bin. Darum bitte ich um Gottes Gnade willen, Merlin möge
Euch sagen, ob er weiß, welchen Todes ich sterben werde. Denn ich weiß
genau, wenn er will, vermag er es zu sagen.» Der König und die anderen
Versammelten baten alle Merlin darum. Da antwortete Merlin, der alle
Worte dieses Mannes aufgenommen hatte und genau den Neid und das
böse Herz kannte, das er in der Brust trug. «Herr», sprach er zum König,
«Ihr habt mich gebeten, Euch die Art seines Todes zu sagen. Das will
ich tun. Wohlan denn, an dem Tag, da er sterben wird, wird er vom
Pferde stürzen und den Hals brechen. Und so wird er aus dem Leben
scheiden.»

Als dieser das vernahm, sprach er zum König: «Herr, Ihr habt nun
angehört, was er mir vorausgesagt hat. Und Gott möge mich davor behüten.» Hierauf rief er den König zu einem geheimen Gespräch auf die
Seite und sprach zu ihm: «Herr, nun behaltet gut im Gedächtnis, was

Merlin gesagt hat. Aber ich will noch einmal an ihn auf eine andere Weise herantreten und ihn auf die Probe stellen.» Mit diesem Wort ging der Mann in sein Land davon und verkleidete sich. Als er sich so verkleidet hatte, kam er, so schnell er konnte, wieder zurück und stellte sich krank. Er ließ den König heimlich bitten, daß er ihn besuche und Merlin mitnehme, doch solle Merlin nicht erfahren, zu wem er gehe. Der König ließ ihn wissen, daß er gerne hinkäme und daß Merlin es nicht durch ihn erfahren werde. Hierauf sprach der König zu Merlin und redete ihn an: «Merlin, gehen wir beide doch einen Kranken in einer gewissen Stadt besuchen.» Merlin antwortete lachend: «Herr, kein König kann so allein ausgehen, ohne ein Geleite von wenigstens zwanzig Reitern mitzunehmen.» Hierauf berief der König die Herren, die er mitnehmen wollte, und sie besuchten alle zusammen diesen Kranken. Als der König und seine Gesellschaft dorthin kamen, hatte der Kranke seine Frau zu sich bestellt, die sich dem König zu Füßen warf und ihn anflehte: «Herr, um Gottes Gnade willen, laßt mich durch Euren Wahrsager wissen, ob mein Herr und Gemahl wieder genesen wird.» Der König nahm sie freundlich auf, blickte Merlin an und sprach zu ihm: «Merlin, könnt Ihr wissen, was diese Frau sagt? Sie fragt mich nach ihrem Herrn.» – «Herr», erwiderte Merlin, «Ihr sollt wissen, daß dieser Kranke, der hier liegt, nicht an dieser Krankheit sterben wird.» Der Kranke begann in heuchlerischer Weise mühsam und mit verstellter Stimme zu sprechen und fragte Merlin: «Herr, an welchem Übel werde ich denn dann sterben?» Merlin antwortete: «An dem Tag, an dem du sterben wirst, wird man dich aufgehängt finden.» Mit diesem Wort wandte sich Merlin von dem Krankenbett ab und stellte sich, als ob er sehr erzürnt sei. Er ließ den König in dem Hause allein zurück. Das tat er, weil er wollte, daß der Kranke mit dem König weiterspreche. Als der Kranke sicher war, daß Merlin weg war, sprach er zum König: «Herr, nun könnt Ihr erkennen, ob dieser Mensch falsch ist und ob er lügt in dem, was er mir gesagt hat, als er mich zwei Tode sterben ließ, wo doch eine Todesart nicht mit der anderen vereinbar ist. Ich werde ihn jedoch noch ein drittes Mal vor Euren Augen auf die Probe stellen. Ich werde in eine Abtei gehen, und mich wieder krank melden. Ich werde

Euch durch den Abt zu mir bitten. Der Abt wird sagen, ich sei einer seiner Mönche, und weiter, er sei in großer Aufregung, weil er fürchte, daß ich sterbe. Dann soll der Abt Euch bitten, Euren Wahrsager mit Euch zu nehmen. Ich sage Euch aber, daß ich ihn nur dieses eine Mal noch auf die Probe stellen will.» Der König gewährte ihm diese Bitte.

So schied denn der König von diesem Mann und kehrte in sein eigenes Haus zurück. Dieser aber begab sich hinweg in eine Abtei und machte es genauso, wie er es dem König gesagt hatte. Er schickte den Abt, um ihn zu holen. Und der König ging hin und nahm Merlin mit. So ritt denn der König aus, bis er zu der Abtei gelangte. Als er dorthin gekommen war, ging er hin und hörte die Messe, dann kam der Abt zu ihm und wohl fünfzehn Mönche mit ihm. Er bat den König, er möge doch einen ihrer Mönche besuchen, der krank sei. Er möge doch auch seinen Wahrsager dorthin mitnehmen. Der König fragte Merlin, ob er ihn wohl begleiten wolle. Da rief Merlin den König und Uter, seinen Bruder, vor einen Altar und sagte ihnen beiden: «Ihr Herren, je mehr ich euch kennenlerne, desto falscher finde ich euch. Glaubtet ihr, daß ich nicht weiß, welches Todes dieser falsche Mensch dort sterben wird, der mich auf die Probe stellt? So wahr mir Gott helfe, ich weiß es genau und werde es euch sagen. Und ihr werdet noch viel mehr staunen über das, was ich euch voraussagen will, als über die beiden anderen Dinge, die ich ihm schon gesagt habe.» Der König fragte: «Merlin, kann es denn wahr sein, daß ein Mensch so stirbt?» Merlin entgegnete: «Herr, wenn er nicht so stirbt, dann glaubt mir niemals mehr ein Wort, denn ich weiß genau seine Todesart. Und wenn Ihr seinen Tod erlebt habt, dann sollt Ihr mich fragen nach dem Eurigen. Denn soviel sage ich Euch noch, daß ich Uter als König sehen werde, bevor ich von seiner Gesellschaft scheide.»

Darauf kamen der König, Uter und Merlin in die Zelle, wohin der Abt sie führen wollte. Es sprach der Abt zum König: «Herr, um Gottes willen, laßt mich Euren Wahrsager fragen, ob der Mönch, der dort liegt, jemals wieder genesen kann.» Der König fragte ihn. Merlin stellte sich, als ob er zornig wäre und sprach zu dem Abt: «Herr, er kann wohl aufstehen, wann er will, denn er hat keine Krankheit. Und umsonst stellt er mich auf die Probe. Denn er wird zwei Tode sterben müssen, die ich ihm schon vorausgesagt habe, und ich werde ihm zum Dritten wieder einen anderen Tod als die beiden vorhergehenden ansagen. Denn, nachdem er sich den Hals gebrochen hat und aufgehängt ist, wird er ertrinken. Diese drei Dinge werden ihm zustoßen. Und er sollte sich nur nicht weiter verstellen; denn ich kenne genau seine Gemütsart und alles, was sein schlechtes Herz denkt.» Dieser erhob sich in den Sitz und sprach zum König: «Herr, könnt Ihr nicht jetzt genau seine Torheit erkennen, und daß er nicht weiß, was er sagt? Wie kann das sein, daß er die Wahrheit spricht? Denn er sagt, an dem Tage, da ich sterbe, werde ich mir den Hals brechen und aufgehängt werden und ertrinken. Alles das soll an dem Tage meines Todes zu gleicher Zeit geschehen. Ihr wißt doch genau, daß dies nicht eintreffen kann, weder mir noch anderen. Nun fragt Euch, ob Ihr weise seid, daß Ihr diesem Mann glaubt und ihn zum Herrn über Euch und Euren Rat macht.» Der König sprach zu ihm: «Ich werde ihn niemals mehr fragen, bis ich erfahre, ob das wahr ist, was er gesagt hat.» Nun war dieser Mann sehr verdrossen, als er hörte, daß Merlin nicht aus dem Rat des Königs bis nach seinem Tode verabschiedet würde. Dabei blieb es in ihren Angelegenheiten, und es wurde überall bekannt, was Merlin von dem Tode dieses Mannes prophezeit hatte. Auf diese Weise war jedermann gespannt, ob sich die Worte Merlins erfüllten.

Nach diesem Ereignis geschah es eines Tages, daß der Edelmann, der so sterben sollte, mit einem großen Gefolge über Land ritt und an einen Fluß gelangte. Über diesen Fluß führte eine hölzerne Brücke. Sein Zelter stolperte und fiel auf die Knie. Der Mann stürzte nach vorn und fiel auf seinen Hals, so daß er ihn brach. Und der Körper fiel vornüber, fiel in das Wasser, so daß einer der Pfähle, der an der Brücke morsch gewesen war, ihm durch sein Gewand stieß, und seine Lenden auf diese Weise oben blieben. Der Kopf hing nach unten, so daß der Kopf und die Schultern im Wasser waren. All dies sahen mit an alle Leute, die der Edelmann bei sich hatte. Es erhob sich ein so lautes Geschrei, daß die Bewohner der Stadt es hörten und über die Brücke und in Booten über das Wasser herbeieilten, so rasch sie nur konnten. Und als sie gekommen waren, sprachen die Edelleute zu denen, die ihn aus dem Wasser zogen: «Ihr Herren, prüft genau, ob er den Hals gebrochen hat.» Und sie untersuchten ihn und sagten, es sei ohne Zweifel so. Bei diesem Wort staunten alle, die bei ihm waren, gewaltig und riefen: «Wahrlich, Merlin sprach die Wahrheit. Er sagte, daß dieser Mann den Hals brechen und aufgehängt und ertrinken würde. Wie falsch ist, wer nicht glaubt, was Merlin sagt. Wie uns scheint, hat er die Wahrheit gesprochen.» Merlin, der von dieser Sache wußte, kam zu Uter, der ihn sehr herzlich liebte, und berichtete ihm von dem Tode dieses Mannes, so wie er vor sich gegangen war. Er empfahl ihm, daß er es dem König mitteile.

Uter kam zum König und erzählte ihm, wie dieser Mann gestorben war. Als der König das vernahm, staunte er über die Maßen und sprach zu Uter, seinem Bruder: «Wer hat Euch das gesagt?» Uter antwortete: «Herr, Merlin selbst.» Der König bat Uter, ihn zu fragen, wann das geschehen sei. Uter ging zu Merlin und fragte ihn. Dieser sagte: «Es geschah gestern. Die Männer, die es dem König mitteilen wollen, werden in sechs Tagen kommen. Ich aber gehe fort; ich will nicht mehr hier sein, wenn sie kommen. Denn sie werden mir auf manche Weise mit Bitten um Enthüllungen zusetzen, ich möchte ihnen aber keine Antwort geben. Ich werde auch nicht mehr vor der Welt sprechen, außer in so dunkler Weise, daß sie meine Worte erst verstehen werden, wenn sie das Ereignis gesehen haben.»

Nun erzählt die Geschichte, daß Merlin, als er so gesprochen hatte, nach Northumberland zu Blasius ging. Uter aber kam zum König und erzählte ihm alles, was Merlin ihm gesagt hatte. Als der König das hörte, dachte er, Merlin sei voll Zorn und fragte, wohin er denn gegangen sei. Uter antwortete: «Herr, ich weiß nicht, wohin. Aber er sagte, er wolle nicht mehr dabeisein, wenn diese Kunde über den Verstorbenen sich hier verbreitet.»

So schweigen wir vom König und Uter; doch weiter spricht die Geschichte von Merlin, der in Northumberland bei Blasius war und ihm alle diese Dinge und manche andere erzählte, um ihm für sein Buch hinreichend Stoff zu liefern. So blieb es bis zum sechsten Tage, als die Ritter anlangten, die beim Tode jenes Mannes anwesend waren. Als sie gekommen waren, erzählten sie dem König von diesem Wunder und wie sie es gesehen hatten. Darauf sprachen der König und alle, die das Wunder hörten, daß keiner so weise sei wie Merlin. Sie sprachen weiter, daß sie von nun an alles, was sie sagen hörten, sowie alles, was sich noch ereignen könne, genau aufschreiben wollten. Das beschlossen sie. Auf diese Weise wurde ein Buch begonnen, das man nennt das «Buch der Prophezeiungen Merlins». Es enthält alles, was er von den Königen und von England und allen anderen Dingen erzählte, von denen er später sprach. Und deshalb sagt dieses Buch nicht, wer Merlin ist und woher er kam, weil sie nur das aufschrieben, was er gesagt hatte. So blieb Merlin lange Zeit dort. In jener Zeit war Merlin ganz Herr über Pendragon, den die Engländer mit seinem richtigen Namen aus der Taufe Aurelius Ambrosius nannten. In gleicher Weise war er Herr über Uter, seinen Bruder.

Als Merlin erfuhr, daß sie so gesprochen hatten und seine Worte aufzeichnen wollten, sprach er mit Blasius und erzählte es ihm. Blasius fragte ihn: «Merlin, werden ihre Bücher ebenso sein wie meine?» Merlin antwortete: «Keineswegs, sie werden nur aufzeichnen, was sie erfahren können, wenn es sich ereignet hat.» Darauf ging Merlin wieder zurück an den Hof des Königs. Als er angekommen war, erzählte man ihm das Ereignis genauso, als wenn er nichts davon wisse. Merlin begann dann die dunklen Worte, aus denen sein Buch der Prophezeiungen bestand, die man erst verstehen sollte, nachdem die Ereignisse geschehen waren. Hierauf suchte Merlin Pendragon und Uter, seinen Bruder, auf und erzählte ihnen voll innigstem Gefühl, daß er sie liebe und nur ihre große Macht und ihr Nutz und Ehr' im Herzen habe. Als sie ihn hörten, staunten sie sehr und baten Merlin, er möge ihnen doch deutlich sagen, was er nur wolle, und nichts verschweigen, was sie angehe. Merlin antwortete: «Ich werde euch nichts verschweigen, was ich sagen muß. Und ich werde euch ein großes Wunder erzählen; das werdet ihr bald erkennen. Entsinnt ihr euch noch der Sachsen, die ihr nach dem Tode des Hengist aus eurem Lande verjagt habt?» Sie antworteten: «Ja, genau!» – «Die da abzogen, brachten die Kunde davon den anderen Sachsen und sprachen von dem Tode des Hengist, der aus einer sehr bedeutenden Sippe war. Als die Sippen die Kunde hörten, daß Hengist gestorben und diese aus dem Lande vertrieben waren, berieten sie zusammen und meinten, sie würden nirgendwo mehr Freude haben, ehe sie nicht den Tod des Hengist gerächt hätten. Sie gedenken unser ganzes Land zu erobern.» Als Pendragon und Uter dies vernahmen, staunten sie gar sehr und waren bestürzt und fragten Merlin: «Haben sie denn so viele Leute, daß sie gegen uns Krieg führen können?» Merlin antwortete: «Auf einen streitbaren Mann, den ihr habt, werden sie zwei haben. Und wenn ihr es nicht überaus klug anfangt, werden sie euch vernichten und euer Reich erobern.» Sie aber sprachen: «Wir wollen ganz nach Eurem Rat handeln und nichts versäumen, was Ihr uns vorschlagt.» Dann fragten sie Merlin: «Wann meint Ihr, daß diese Leute kommen werden?» Merlin antwortete: «Am elften Tage des Juni. Und kein Mensch wird das erfahren, wenn ihr es nicht erfahrt. Darum bitte ich euch, daß keiner von euch davon spreche. Macht aber, was ich euch raten will. Bestellt alle eure Mannen und Ritter, arm und reich, und erweist ihnen die größten Freuden, die ihr nur ersinnen könnt. Denn es ist klug und weise, das Herz des Menschen zu gewinnen. Haltet sie dann in eurer Nähe. Bittet sie, sie mögen am Eingang in die Ebene von Salisbury mit ihrer ganzen Streitmacht in der letzten Woche des Juni bei euch sein. Dort versammelt eure ganze Heeresmacht am Fluß, so daß ihr euch gegen die Sachsen verteidigen könnt.» – «Wie?» sprach der König, «sollen wir sie denn überhaupt landen lassen?» – «O ja, wenn ihr mir glaubt. Und ihr sollt sie auch so weit wie möglich vom Ufer sich entfernen lassen, so daß sie nicht erfahren, daß ihr eure Leute versammelt habt. Wenn sie weit entfernt sind, so sollt ihr von euren Leuten eine Truppe gegen die Schiffe senden, als ob ihr nicht wollet, daß sie wieder davonfahren. Wenn sie das sehen, werden sie sehr erschrecken. Einer von euch beiden breche dann mit seinem Volk auf und ziehe so nahe hin, daß er sie zwingt, wider ihren Willen vom Fluß entfernt zu lagern. Und wenn sie sich gelagert haben, werden sie eine große Wassernot haben und werden sich noch viel mehr entsetzen als vorher. So sollt ihr sie zwei Tage lang hinhalten. Am dritten Tage aber sollt ihr euch mit ihnen in

einen Kampf einlassen. Wenn ihr es so macht, so stehe ich euch dafür
ein, daß eure Leute den Sieg davontragen werden.» Darauf sprachen die
beiden Brüder: «Bei Gott, Merlin, wenn es dir gefällt, sage uns nun,
ob wir in dieser Schlacht fallen werden.» Merlin antwortete: «Ihr Herren, alles, was einen Anfang hat, hat auch ein Ende. Und es ist kein
Mensch, der sich vor seinem Tode fürchten muß, wenn er ihn empfängt,
so wie es sich gebührt, denn jeder, der lebt, muß auch wissen, daß er
sterben wird. Darum müßt ihr selbst auch im Gewissen tragen, daß ihr
euch ebenso verhalten sollt, denn keine hohe Stellung und kein Reichtum
kann euch davor schützen, daß ihr sterbt.» Und Pendragon sprach zu
ihm: «Merlin, du sagtest mir einmal, daß du genau meinen Tod weißt,
ebenso wie du den Tod jenes Mannes, der dich auf die Probe stellte,
wußtest. Über den Tod dieses Mannes sprachst du die volle Wahrheit.
Deshalb bitte ich dich, wenn es dir gefällt, daß du mir meinen Tod
voraussagst.» Merlin antwortete: «So will ich denn, daß ihr beide die
besten Heiltümer und Reliquien, die ihr habt, herbeibringen laßt und
daß ihr mir gegenseitig schwört, daß ihr das tun werdet, was ich euch
anempfehle zu eurem Nutz und Frommen und zu eurer Ehre. Und wenn
ihr das beschworen habt, dann werde ich euch in sicherer Weise sagen,
was euch not sein wird.»

Was Merlin vorgeschlagen hatte, führten sie aus. Als sie geschworen
hatten, sprachen sie: «Merlin, wir haben deinen Befehl ausgeführt, nun
bitten wir dich, wenn es dir gefällt, du mögest uns sagen, weshalb du
uns das hast tun lassen.» Merlin antwortete dem König: «Du stellst eine
Frage an mich über deinen Tod, und ob er in dieser Schlacht stattfinden
wird. Ich will es dir sagen. Wißt ihr, was ihr einander geschworen habt?
Ich will es euch sagen: Ihr habt geschworen, daß ihr als edle Männer
und treu gegen euch selbst und gegen Gott in diese Schlacht ziehen werdet. Und ich will euch lehren, wie ihr edle Männer und treue und gute
Richter sein könnt. Ich empfehle euch, daß ihr zur Beichte geht, denn ihr
müßt es nun um so eher tun als zu jeder anderen Zeit, weil ihr wißt,
daß ihr kämpfen müßt. Und wenn ihr gebeichtet habt, wie ich euch sage,
dann seid sicher, daß ihr siegen werdet. Denn jene Sachsen glauben
nicht an die Dreifaltigkeit, wissen nicht, wofür Jesus Christus auf die

Erde kam. Ihr aber verteidigt euer Vatererbe, das von Rechts wegen euch gehört. Wer von euch früher sterben wird, zur Verteidigung seines Rechts, und in Übereinstimmung mit dem Gesetze Jesu Christi nach dem Gebot der Heiligen Kirche lebt, darf den Tod nicht fürchten. Ihr sollt wissen, seitdem die Heilige Kirche auf dieser Insel aufgerichtet wurde, gab es keine größere Schlacht als die, die jetzt bevorsteht, und zu euren Lebzeiten wird es auch keine größere geben. Jeder von euch hat dem anderen geschworen, daß er zu seinem Nutzen und seiner Ehre handeln wird. Wisset, daß ich es euch nicht offenbar künden will; so viel nur, daß einer von euch zweien bald das Zeitliche segnen muß. Wer übrigbleibt, soll da, wo diese Schlacht stattfindet, den schönsten und reichsten Friedhof anlegen, den er nach meinem Rat ersinnen kann. Ich versichere euch, ich werde so viel dazu beitragen, daß mein Werk, das ich aufbauen will, bleiben wird, solange die Christenheit dauern wird. Ich habe von einem von euch gesagt, daß er sterben muß, nun denkt daran, als Helden zu kämpfen.»

So verging die Zeit, und es kam der Tag des Aufgebots. Die beiden Brüder hatten gut ausgeführt, was Merlin ihnen befohlen hatte. Sie kamen zu Pfingsten zur Hofhaltung an den Fluß. Dort versammelte sich auch das Volk. Da wurde gar manches Gut verschenkt und manch gutes Festmahl veranstaltet. Sie blieben nun dort, bis sie berichten hörten, daß die Schiffe in der ersten Woche des Juni angekommen seien. Als Uter das erfuhr, da wußte er wohl, daß Merlin ihm die Wahrheit gesagt hatte. Hierauf ließ er die Prälaten der Heiligen Kirche auffordern, es solle jeder Mann im Heere zur Beichte gehen, und alle sollten einander Verzeihung gewähren. Die Sachsen aber waren bald aus ihren Schiffen ausgestiegen, an Land gegangen und hielten sich acht Tage dort auf. Am neunten Tag aber setzten sie sich in Bewegung. König Pendragon, der gute Kunde von ihnen durch seine Späher im Sachsenheere hatte, erfuhr, daß sie ausritten. Das erzählte er Merlin, und Merlin bestätigte es aus seiner Schau. Hierauf fragte ihn der König, wie er sich nun verhalten solle. Merlin sprach zu ihm: «Ihr sollt morgen Uter mit einer großen Menge von Truppen ausschicken, und wenn er weiß und sieht, daß sie weit genug vom Fluß und vom Meer entfernt sind, soll er sich zwischen ihr Heer und das Meer ziehen und sich so dicht bei ihnen halten, daß sie ein Lager beziehen müssen mitten auf den Feldern. Dann soll er sein Volk zurückziehen, und am Morgen, wenn die Sachsen aufbrechen wollen, so soll er sie angreifen und sie so hart bedrängen, daß sie nicht ausweichen können. Dann wird keiner unter den Sachsen sein, der nicht wünschte, dort zu sein, woher er gekommen ist. So soll er es zwei Tage mit seinem ganzen Heer machen, und sobald der Tag schön und hell ist, soll er die Sachsen wieder angreifen zu der Stunde, in der ihr einen roten Drachen sehen werdet, der zwischen Himmel und Erde die Luft durchfliegt. Wenn ihr dies Zeichen gesehen habt, so kannst du mit Sicherheit kämpfen, denn dies ist das Zeichen deines Namens. Und deine Truppen werden den Sieg davontragen.» So schieden sie voneinander. Merlin kam zu Uter und sprach zu ihm: «Nun erweise dich als tapferer Mann, denn du brauchst den Tod in dieser Schlacht nicht zu fürchten.» Darauf ging Merlin hinweg, begab sich zu Blasius nach Northumberland und erzählte ihm alles. Blasius schrieb es auf, und durch sein Buch haben wir es noch. Nun aber schweigt die Geschichte von ihm und von Merlin und kehrt wieder zurück zu Uter und Pendragon, um zu berichten, wie sie sich in der Schlacht gegen die Sachsen verhielten.

Hier erzählt die Geschichte, daß die beiden Brüder es genauso ausführten, wie Merlin es ihnen vorgeschlagen hatte. Uter nahm einen großen Teil Berittener vom Heere weg, die stärksten und besten, die er auswählen konnte. Sie saßen auf und ritten so lange, bis sie das Heer der Sachsen sahen, das auf dem ebenen Gelände lagerte. Sie zogen sich ohne Störung zwischen die Schiffe und ihre Zelte und zwangen sie an diesem Abend, mitten auf den Feldern zu lagern – ohne Wasser und fern von ihren Schiffen, wo ihre Lebensmittel waren. Uter bedrängte sie zwei volle Tage so hart, daß sie weder nah noch fern reiten konnten. Am dritten Tage war König Pendragon mit einer großen Menge Volks herangezogen und befahl seinen Leuten, sich zu rüsten und die Schlachthaufen aufzustellen. Als die Sachsen die beiden Heere gewahrten, waren sie heftig bestürzt. Uter und sein Volk liefen sie so hart an, daß sie sie mit Gewalt gegen die Streitmacht des Pendragon zurückwarfen. Es herrschte ein solcher Lärm und solches Getöse und so laute Schreie von den Menschen, daß man Gott nicht donnern hörte. Das Heer Pendragons war völlig gerüstet, in die Schlacht einzugreifen, sobald der König es befehlen würde, aber er wartete, bis das Zeichen erschien, von dem Merlin ihm gesprochen. Es dauerte auch gar nicht lange, da erschien das Zeichen in der Luft. Denn sie sahen einen großen Drachen daherfliegen. Er eilte durch die Luft und warf Feuer und Flammen aus Nase und Rachen. Er flog rauschend und lärmend über das Heer der Sachsen hinweg. Als die Sachsen dies sahen, entsetzten sie sich über alle Maßen und hatten große Furcht. Pendragon und Uter aber sagten ihren Leuten, nun seien die Sachsen schon besiegt; denn sie hatten alle Zeichen gesehen, die Merlin ihnen gewiesen hatte. Daraufhin griffen die Truppen Pendragons an, so schnell ihre Pferde laufen konnten, und als Uter sah, daß die Leute des Königs versammelt waren, griff er seinerseits von neuem mit seinem Volk die Sachsen an. Sie kamen gegen sie kühn und stark, immer stärker wurde ihr Mut, und rüstig wurde auf beiden Seiten gekämpft. Die Schlacht war wild und hart. Und in dieser Schlacht, die so grausam war, mußte König Pendragon den Tod finden.

Wie ihr gehört habt, wurde die Schlacht bei Salisbury geschlagen. Pendragon war gefallen, und Uter siegte in der Schlacht. Und gar viele Leute waren da auf dem Felde geblieben, die Sachsen aber waren alle tot, denn keiner entrann lebend, der dabei war: sie mußten entweder ertrinken oder im Kampfe fallen. So wurde die Schlacht bei Salisbury beendet. Nach dem Tode Pendragons blieb Uter allein und wurde König. Er ließ alle Leichen der Christen bestatten und an einen Ort bringen, und jeder holte seine Freunde nacheinander dorthin. Uter ließ den Leichnam seines Bruders mit seinen Mannen dorthin tragen und den Namen eines jeden auf sein Grab schreiben, und wer er war. Pendragon aber ließ Uter höher bestatten als die anderen und sagte, er wolle nichts auf das Grab schreiben, denn gar töricht wären alle, die das Grab sähen, ohne es zu erkennen. Als Uter dies ausgeführt hatte, zog er nach London mit all seinen Mannen und mit allen Prälaten der Heiligen Kirche, die unter ihm waren. Als er dort gekrönt worden war und seine Krone vierzehn Tage getragen hatte, kam Merlin zu Hofe.

IV

UTER-PENDRAGON,
DER VATER DES KÖNIGS ARTUS

Der König erwies Merlin hohe Ehre und Freude. Merlin aber sagte zu ihm: «Uter, ich will, daß du hier vor deinem Volke mir sagest, was ich dir von den Sachsen sagte, die in dein Land einfielen. Du sollst auch von dem Vertrag sprechen, den du und König Pendragon mit mir geschlossen, und von dem Eid, den ihr einander geschworen habt.» Uter berichtete seinem Volk alles so, wie er und Pendragon die Dinge ausgeführt hatten, die Merlin ihnen angeraten und gesagt hatte über den Drachen, von dem weder der eine noch der andere etwas gewußt hatte. Hierauf sprach Merlin von der Bedeutung des Drachens. Der Drache, der gekommen sei, bedeutete den Tod Pendragons und die Rettung des Königs Uter. Nun wurde Uter ein Beiname gegeben: zur Ehre des Bruders und wegen der Erscheinung und Bedeutung des Drachens wurde er von da an allezeit Uter-Pendragon genannt. So erfuhren die Barone von dem Willen Merlins und dem Befehl, den er den beiden Brüdern gegeben hatte. Dabei blieb es lange Zeit. Und Merlin stand sehr gut mit Uter-Pendragon und seinen Räten. Lange, nachdem Uter-Pendragon in sein Reich gekommen war, rief Merlin ihn zu sich heran und sprach zu ihm: «Was wirst du nun mit Pendragon machen, der in Salisbury begraben liegt?» Der König antwortete: «Ich will damit machen, was du vorschlägst.» – «Du hast mir geschworen, daß du einen Friedhof errichten wollest, und ich selbst wollte nach meinen Kräften dabei mitwirken. Ich habe dir versprochen, daß wir etwas machen wollen, das dort bleiben soll, solange die Welt steht. Nun löse deinen Eid, und ich werde mein Versprechen einlösen.» Der König sprach zu Merlin: «Was kann ich dafür tun?» Er antwortete: «Nun unternimm etwas, was noch kein Mensch gewußt hat und wovon noch kein Mensch auf der Welt gesprochen hat.» Er antwortete: «Ich will das gern tun.» – «So schicke denn», sprach Merlin, «und lasse große Steine holen, die in Irland sind. Schicke Schiffe dorthin und laß diese Steine kommen, sie können noch so große Steine bringen, ich werde sie heben. Ich will mitgehen und deinen Männern alle Steine zeigen, die sie beibringen sollen.» Hierauf schickte der König starke Schiffe in großer Menge hin.

Als sie angekommen waren, zeigte Merlin den Leuten die allergrößten Steine und sagte zu ihnen: «Seht hier die Steine, die ihr mitnehmen sollt.» Als sie die Steine sahen, hielten sie das für ganz töricht und sinnlos. Sie meinten, kein Mensch auf der Welt könnte auch nur einen davon bewegen, geschweige denn auf ihre Schiffe bringen, selbst wenn es Gott gefiele. Merlin aber sprach zu ihnen: «So seid ihr also umsonst herbeigekommen!« Sie kehrten wieder zurück und berichteten dem König von dem Wunder, das Merlin ihnen aufgetragen hatte. Sie meinten, das könne doch niemand auf der Welt verrichten. Der König antwortete: «Geduldet euch nur, bis Merlin kommt.» Als Merlin gekommen war, sprach der König zu ihm und erzählte ihm, was seine Leute ihm gemeldet hatten. Merlin antwortete: «Da sie versagt haben, so will ich allein mein Versprechen einlösen.» Hierauf ließ Merlin durch Zauberkunst eben die Steine von Irland kommen, die noch auf dem Friedhof von Salisbury zu sehen sind. Und als sie gekommen waren, begab sich der König hin, um sie zu betrachten; er führte viel Volk mit sich, um dieses Wunder der Steine zu sehen. Als der König und seine Leute dort waren, sagten sie, sie hätten nie zuvor so große Steine gesehen. Sie glaubten nicht, daß jemand auf der Welt auch nur einen bewegen könne. Und es staunten gar sehr die Leute, wie Merlin das hatte bewirken können, daß diese Steine kamen, denn keiner hatte es gesehen noch erfahren. Merlin aber sprach, sie sollten sie aufrichten. Da rief der König: «Merlin, wenn du es nicht verrichtest, kann das keiner tun außer Gott.» Merlin befahl: «So geht fort, und ich werde mein Versprechen gegen Pendragon einlösen, denn ich habe ja für ihn Dinge getan, die von keinem anderen sterblichen Menschen ausgeführt werden können.» So ließ Merlin die Steine sich aufrichten, die noch heute auf dem Friedhof von Salisbury stehen. Und dabei blieb es mit dem Werk.

Merlin liebte den König gar sehr und diente ihm lange Zeit, so lange, bis ein Tag herankam, da er ihn zu einer geheimen Beratung auf die Seite nahm und zu ihm sprach: «Ich muß Euch den höchsten Rat, den ich kenne, aufdecken. Denn ich sehe, daß dieses ganze Land Euer ist. Und weil ich Euch liebe, will ich Euch etwas sagen. Habe ich Euch nicht vor Hengist gerettet, damit er Euch nicht töte? Dafür müßtet Ihr mich lieben.» Der König antwortete: «Es gibt nichts, das ich nicht nach meinen Kräften ausführte, wie Ihr es wollt.» Merlin antwortete: «Wenn Ihr das tut, wird der Nutzen ganz auf Eurer Seite liegen. Denn ich will Euch etwas lehren, wodurch Ihr die Liebe Gottes bekommen werdet.» Der König antwortete: «Merlin, sage nur genau, was du willst, denn du kannst nichts raten, was von einem Menschen ausgeführt werden kann, das ich nicht tun will.» Merlin fuhr fort: «Herr, was ich Euch verkünden will, wird Euch sehr seltsam erscheinen. Ich bitte Euch daher, daß Ihr es geheim haltet, denn ich will, daß der Nutzen und die Ehre ganz Euch zufließen.» Der König versicherte Merlin, er werde nicht darüber sprechen. Hierauf sprach Merlin zum König: «Herr, Ihr solltet wissen, daß ich alle Dinge weiß, die gesagt, getan und geschehen sind, und daß ich das aus der Natur des Bösen Feindes habe. Unser Herr aber, der mächtig ist über alles, hat mir Vollmacht gegeben, zum Teil alle Dinge zu wissen, die in der Zukunft sich erfüllen werden. Und dadurch haben die Bösen Feinde mich verloren, da ich niemals nach ihrem Willen handeln werde. Nun wißt Ihr, woher die Macht mir kommt zu dem, was ich tue. Und ich will Euch sagen, daß unser Herr will, daß Ihr es erfahret. Da Ihr es nun wißt, so sorgt dafür, daß Ihr nach seinem Willen alles ausführt.

Herr, Ihr müßt glauben, daß Unser Herr auf die Erde gekommen ist, um die Welt zu retten, und daß Er beim Abendmahl saß und zu Seinen Aposteln sprach: Einer unter euch wird Mich verraten. Und der das tat, hatte sich dann von Seiner Gesellschaft getrennt, so wie es der Herr voraussagte. Herr, hierauf geschah es, daß Unser Herr den Tod für uns alle erlitt und daß ein Ritter Seinen Leichnam verlangte und ihn von dem Marterholz abnahm, an das er geschlagen war. Herr, hierauf geschah es, daß Unser Herr vom Tode auferweckt wurde und daß dieser Ritter nach dem Tod Jesu Christi in einer öden Wüste war, er und ein großer Teil seines Geschlechtes und viel anderes Volk, das er bei sich hatte. Es befiel sie aber eine große Hungersnot, und sie klagten vor dem Ritter, der ihr Meister war. Dieser bat Gott, Er möge ihm zeigen, warum sie dies Ungemach erlitten. Und Unser Herr befahl ihm, er solle einen Tisch machen gleich dem Abendmahlstisch, und der war ganz viereckig. Ein Gefäß, das er hatte, aus dem Jesus und die Apostel beim Abendmahl speisten, das solle er auf diesen Tisch stellen, nachdem er ihn gut mit weißen Tüchern gedeckt habe. Das Gefäß soll er ganz und gar bedecken außer vor sich selbst. Bron, sein Schwager, fing einen Fisch, der mitten auf den Tisch neben das Gefäß vor Joseph gelegt wurde. Und durch dieses Gefäß wurde die Gesellschaft in zwei Teile geschieden, die Guten und die Bösen. Herr, wer an diesem Tisch sitzen konnte, empfand aller Welten Seligkeit in seinem Herzen. Herr, an diesem Tisch gab es immer einen leeren Platz, der den Platz bezeichnete, an dem Judas beim Abendmahl saß. Als Judas hörte, was Unser Herr über ihn sagte, da ward er von der Gesellschaft Gottes geschieden. Und sein Platz blieb leer so lange, bis Unser Herr einen Mann an seine Stelle setzte, um die Zahl der zwölf Apostel voll zu machen. So sind diese zwei Tische geziemend eingerichtet, und so erfüllte Unser Herr das Herz des Menschen an diesem zweiten Tisch. Diese Leute nennen das Gefäß, von dem sie diese Gnade bekommen, ‹Gral›. Wenn Ihr mir darin glauben wollt, so sollt Ihr den dritten Tisch machen im Namen der Dreifaltigkeit. Mit diesen drei Tafeln bezeichnet die Dreifaltigkeit drei Tugendkräfte. Ich versichere Euch, wenn Ihr das macht, so wird Euch großes Heil der Seele und des Leibes zukommen. Es werden zu Eurer Zeit Dinge geschehen, über die Ihr sehr staunen werdet. Wenn Ihr es tun wollt, will ich Euch gern dabei helfen. Wenn Ihr es tut, so versichere ich Euch, daß dies eines der Dinge sein wird, über die die Welt am meisten sprechen wird. Wenn Ihr mir glaubt, werdet Ihr es so machen und gar froh darüber sein.»

So sprach Merlin zum König. Und der König antwortete: «Ich will nicht, daß Unser Herr um meinetwillen etwas verliere. So sollst du wissen, daß ich es ganz und gar dir auftrage.» Merlin sprach: «Nun schaut, Herr, wo es Euch am besten gefällt, den Tisch aufzustellen.» Der König antwortete: «Er soll da sein, wo es dir gefallen wird.» Und Merlin sagte: «So sollt Ihr es in Carduel in Wales machen, und dort laß an Pfingsten die Leute deines Reiches versammeln. Bereite dich darauf vor, ihnen reiche Gaben zu schenken, mir aber weise Männer zu, die nach meinem Willen arbeiten sollen. Und wenn du willst, werde ich diejenigen auswählen, die so würdig sind, daß sie dort sitzen dürfen.» All dies ließ der König überall verkünden. Merlin begab sich hinweg und ließ den Tisch machen. Dabei blieb es bis zur Pfingstwoche, als der König nach Carduel kam. Sowie er gekommen war, fragte er Merlin, wie es verlaufen sei, und Merlin antwortete: «Herr, sehr gut.»

Nun versammelte sich das Volk an Pfingsten in Carduel. Es kamen da viele Ritter und edle Frauen hin. Darauf sprach der König zu Merlin: «Welche Ritter willst du auswählen, die an diesem Tische sitzen sollen?» Merlin antwortete: «Ihr werdet morgen etwas sehen, was Ihr niemals zu sehen gedachtet. Aber ich werde fünfzig der edelsten Herren dieses Landes auswählen, und sie werden niemals mehr, sobald sie dort sitzen werden, in ihr Land zurückkehren noch von dem Tisch scheiden wollen. Dann wirst du die Bedeutung des leeren Platzes und der anderen beiden Tische an dem eurigen sehen.» Der König antwortete: «Das möchte ich von Herzen gern sehen.» Merlin wählte fünfzig der edelsten Herren, die er kannte, aus, ließ sie an dem Tisch sitzen, rief den König und zeigte ihm den leeren Platz. Und manch andere sahen ihn. Aber keiner, außer dem König und Merlin, wußte, was er bedeutete, noch warum er leer war. Als Merlin das verrichtet hatte, bat er den König, er möge sich setzen. Der König aber sprach, er würde sich keineswegs setzen, ehe er nicht sähe, daß die Ritter bei Tische bedient würden. Der König ließ sie also bedienen, bevor er selbst seinen Platz aufsuchte. Als sie bedient waren, setzte sich der König ebenfalls.

So war es alle die acht Tage und der König gab den Edelfrauen und den Fräulein viel schöne Geschenke und herrliche Juwelen. Und als es dazu kam, daß die Barone Abschied nahmen und wieder fortziehen wollten, kamen sie zu diesen edlen Herren, die an dem Tisch saßen. Der König selbst fragte sie, wie es ihnen gefiel und was ihre Meinung sei. Sie aber antworteten: «Herr, wir haben keineswegs Lust, uns jemals wieder von hier zu entfernen, sondern wir werden unsere Frauen und unsere Kinder in diese Stadt kommen lassen, und so werden wir nach dem Belieben unseres Herrn leben, denn das ist unsere Absicht und Gesinnung.» Der König fragte weiter: «Ihr Herren, habt ihr alle solche Gesinnung?» Sie antworteten alle: «Ja, wir staunen alle sehr darüber, wie das wohl sein kann, denn es gibt einige unter uns, die einander niemals sahen, ja sogar nur wenige, die miteinander bekannt waren. Und nun lieben wir uns ebenso, ja viel inniger, als ein Sohn seinen Vater zu lieben vermag. Niemals, dünkt uns, werden wir uns trennen oder auseinandergehen, wenn uns der Tod nicht scheidet.» Als der König sie so sprechen hörte, hielt er es für ein überaus großes Wunder, und alle, die es hörten, waren ganz erstaunt und bestürzt darüber. Der König jedoch war darob sehr froh und befahl, daß sie in der Stadt wie seine eigene Person geehrt würden.

Als die anderen Leute Abschied genommen hatten, sprach der König zu Merlin: «Wahrlich, du sagtest mir die Wahrheit. Nun glaube ich wohl, daß Unser Herr will, daß dieser Tisch errichtet werde. Aber ich staune gar sehr über den leeren Platz und möchte dich herzlich bitten, wenn du es weißt, daß du mir sagest, wer ihn besetzen wird.» Merlin entgegnete: «So viel kann ich dir schon sagen, daß er zu deiner Zeit nicht besetzt werden wird. Und der ihn besetzen wird, wird geboren werden aus dem, der ihn erzeugen soll. Der aber hat noch keine Frau genommen und weiß nichts davon, daß er ihn erzeugen muß. Es wird nötig sein, daß der Mann, der den leeren Platz ausfüllt, vorher den Platz besetze, wo das Gefäß des Grales steht. Denn diejenigen, die es hüten, sahen noch niemals, daß der Platz besetzt wurde. Das wird keineswegs zu deiner Zeit sein, sondern es wird zu der Zeit des Königs geschehen, der nach dir kommen wird. Aber ich bitte dich, du mögest deine Versammlungen und großen Hofhaltungen in dieser Stadt abhalten und selbst dabeisein und deinem Hof an den großen Jahresfesten vorsitzen.» Der König antwortete Merlin: «Das will ich mit Freuden ausführen.» Merlin sprach weiter: «Ich werde nun weggehen, du wirst mich lange Zeit nicht mehr sehen.» Darauf fragte ihn der König: «Merlin, wohin wirst du gehen? Wirst du denn nicht mit bei all den Festen in dieser Stadt sitzen, die ich halten will?» Merlin sprach: «Nein, ich kann nicht dabeisein, denn ich will, daß alle, die bei dir sind, das glauben, was sie werden kommen sehen. Denn ich will nicht, daß sie sagen, ich selbst habe bewirkt, was geschehen wird.»

Hierauf nahm Merlin Abschied von Uter-Pendragon und ging zu Blasius nach Northumberland. Er berichtete ihm diese Dinge und Einrichtungen der Tafelrunde und manch andere Ereignisse, die ihr alle in seinem Buch lesen könnt. So ließ Merlin mehr als zwei Jahre verstreichen und erschien nicht wieder bei Hof.

Einige Ritter aber, die ihn nicht liebten und nur Liebe zu ihm heuchelten, traten eines Tages vor den König, als er eben zu Carduel weilte, um seine Hofhaltung zu Weihnachten zu feiern. Sie fragten ihn, weshalb er diesen leeren Platz nicht ausfülle. Er müsse doch einen edlen Ritter darauf setzen, damit die Tafel vollbesetzt sei. Er antwortete: «Merlin hat mir Wunderbares von diesem leeren Platz gesagt; kein Mensch könne ihn zu meinen Lebzeiten einnehmen, ja, der sei noch nicht geboren, der ihn innehaben dürfe.» Die Ritter lachten heuchlerisch, falsch wie sie waren, und sprachen: «Herr, glaubet doch nicht, daß es jemals Menschen geben wird, die besser sind als wir. Es leben in Euren Landen gewiß ebenso gute Ritter wie die hier Sitzenden.» Der König entgegnete: «Das weiß ich nicht, Merlin aber hieß mich so handeln.» Sie sprachen darauf: «Da seid Ihr aber nichts wert, wenn Ihr den Platz nicht besetzet!» Der König erwiderte: «Nun, ich will ihn keineswegs besetzen; denn ich würde fürchten, mich zu vergehen und Merlins Zorn über mich zu bringen.» Sie antworteten: «Wir meinen auch nicht, Ihr sollet ihn jetzt sofort besetzen. Ihr sagt uns doch immer wieder, daß Merlin weiß, was man tut, und wenn er es weiß, so weiß er auch, daß wir von ihm und seinen Werken sprechen. Und wenn er es weiß, wird er hierherkommen, wofern er lebt, und wird nicht zulassen, daß der leere Platz ausgefüllt wird, um die große Lüge zu wahren, die er Euch vorgesetzt hat. Kommt er aber nicht zwischen heute und Pfingsten, so erlaubet, daß wir die Probe machen; denn es ist unser starker Wunsch, es zu versuchen. Es gibt in Eurer Sippe genug überaus würdige Ritter, die von Herzen gerne den Sitz einnehmen werden, wenn Ihr es wollt.

Ihr werdet dann wohl sehen, ob sie die Probe bestehen können.» Der König erwiderte: «Wenn ich nicht dächte, Merlins Groll und Verdruß zu erregen, gäbe es nichts, das ich lieber täte.» Sie antworteten: «Wenn Merlin am Leben ist und es weiß, wird er ohne Zweifel kommen, ehe man die Probe macht. Duldet also, wenn das Pfingstfest nahe ist und er nicht erscheint, daß wir den leeren Stuhl besetzen.» Dies gewährte ihnen der König, die Ritter aber meinten, etwas Großes erreicht und eine gute Tat getan zu haben.

Dabei blieb es bis zum Pfingstfest. Der König ließ im ganzen Lande ansagen, die Barone möchten sich zum Fest bei ihm in Carduel einfinden, um mit ihm Hof zu halten. Merlin dagegen, der alle diese Ereignisse wußte, teilte Blasius all diese bösen Gedanken mit, die jene schlechten Ritter hegten, die dies Werk im Schilde führten. Er werde also nicht hingehen, sprach er, wisse er doch wohl, daß sie die Probe auf den leeren Platz machen werden. Es war ihm lieber, daß sie aus ihrer bösen Gesinnung heraus die Tat verrichteten, als daß die Guten sich damit befleckten. Ginge er hin, so würde man sagen, er sei gekommen, um das Hoffest zu stören. Die anderen dagegen, die diesen Streich ins Werk gesetzt, würden in keiner Weise davon ablassen, einen Ritter auf den leeren Platz zu setzen. «Deshalb», sprach Merlin, «werde ich nicht hingehen, sondern es zulassen und bis zum elften Tag nach Pfingsten warten.»

Der König begab sich also mit zahlreichem Gefolge nach Carduel. Die Ritter aber, die hinzukamen, um den leeren Platz zu besetzen, verbreiteten allenthalben das Gerücht, Merlin sei tot; Bauern hätten ihn in einem Walde erschlagen, da sie ihn für einen wilden Mann hielten. Sie wiederholten ihr Gerede immerfort und sprengten es aus, daß der König es selbst glaubte, weil Merlin so lange ausblieb und gar nicht an die Besetzung des leeren Platzes dachte. Als es nun zum Vorabend des Pfingstfestes kam, trat der Ritter vor, der den Platz besetzen wollte. Er war aber ein reicher Mann und hatte eine mächtige Sippe hinter sich. Er sprach zum König: «Herr, wir müssen nun diesen leeren Platz besetzen!» Der König fragte: «Wer will sich denn darauf setzen?» Jener antwortete: «Kein anderer als ich!» Hierauf trat er an die Tafel heran, wo die fünfzig Edelherren saßen, und sprach sie an: «Ich komme und setze mich zu euch, um euch Gesellschaft zu leisten.» Sie aber entgegneten kein Wort, sondern verhielten sich ganz still und bescheiden und sahen mit an, was er tun wollte. Der König war inmitten einer großen Menge seines Volkes anwesend. Der Ritter näherte sich dem leeren Sitz, trat hin zwischen zwei Edelherren und setzte sich. Kaum hatten seine Schenkel den Sitz berührt, versank er so jäh und schnell wie ein Senkblei im Wasser und war vor aller Augen verschwunden, und keiner wußte, was aus ihm geworden war. Als sie nun in aller Gewißheit sahen, daß keine Spur mehr von ihm da war, wollte jeder an dem Platz selbst sich vergewissern. Der König hieß die Edelherren an der Tafel sich erheben, denn erst wenn sie aufgestanden seien, könne man erforschen, wo der Sitz sei. Alsbald erhoben sie sich.

Allenthalben war die Trauer um den Verschwundenen sehr groß, und es herrschte allgemeine Verwirrung ob dieses seltsamen Ereignisses. Vor allen anderen war der König voll Entsetzen und sah ein, wie sehr man ihn betrogen hatte. Hatte doch auch Merlin lange vorher anempfohlen, es dürfe sich keiner an diesen Platz setzen, der Ritter aber hatte es ihm nicht geglaubt. Überdies habe der König selbst es ihm verboten, und trotz allem wollte er es nicht unterlassen: mit solchen Erwägungen beschwichtigte der König sein Gewissen.

Als die vierzehn Tage um waren, erschien Merlin wieder bei Hofe, und sowie der König vernahm, Merlin sei gekommen, eilte er ihm voll Freude entgegen. Sobald Merlin den König erblickte, hielt er ihm vor, er habe sich sehr schlecht verhalten, da er zugelassen habe, daß ein Mann sich auf den verbotenen Platz setzte. Der König antwortete: «Er hat mich betrogen.» Merlin sprach: «So ergeht es gar vielen, die glauben, andere zu betrügen, und betrügen nur sich selbst. Du konntest den Betrug vorauswissen, als der Ritter das Gerücht verbreitete, daß Bauern mich erschlagen hätten.» – «Das hat er wirklich gesagt», gab der König zu. Merlin fuhr fort: «Du hast deine Strafe wohl verdient, damit du niemals mehr den leeren Platz besetzest; wahrlich, ich sage dir, großes Unheil würde dir daraus erwachsen; denn der Sitz und die Tafel sind von hoher Bedeutung. Die Tafel zumal ist etwas Erhabenes und höchster

Würde voll und wird noch allen Menschen dieses Reiches viel Gutes tun.» Nun fragte der König: «Kannst du, so es dir gefällt, enthüllen, wohin der Ritter gekommen ist, der den leeren Platz besetzte – das wüßte ich herzlich gern.» Merlin erwiderte nur: «Danach zu fragen, ist nicht deine Sache, und gar geringen Wert hätte es für dich, wenn du es erführest. Denke du lieber an die edlen Herren, die an der Tafel sitzen, und mühe dich, mit den höchsten Ehren, die du hast, alles zu erhalten, was du begonnen hast. Halte du all deine Feste und Freudenfeiern zur Ehre dieser Tafel in dieser Stadt ab. Denn durch die Probe, die du mit dem leeren Sitz angestellt hast, weißt du jetzt genau, wie groß die erhabene Würde der Tafel ist und daß du sie gar nie genugsam ehren kannst. Ich gehe nun wieder weg, du aber achte wohl darauf zu tun, was ich dir anempfohlen habe.» Und der König antwortete, das werde er mit Freuden tun.

Hier erzählt die Geschichte, daß Merlin von Uter-Pendragon Abschied nahm und nach Northumberland zu Blasius kam und ihm von der Einrichtung dieses Tisches und von vielen anderen Dingen berichtete, die ihr in seinem Buche vernehmen werdet. Wieder blieb Merlin mehr als zwei Jahre, ohne daß er zu Hofe ging. Es war lange Zeit verstrichen, nachdem der König die Gewohnheit angenommen hatte, seinen Hof in Carduel zu halten, als es eines Tages geschah, daß der König Lust hatte, alle seine Barone zu bestellen, und sie sollten auch alle ihre Frauen mitbringen. So ließ der König sie zu Weihnachten einladen und schickte überallhin seine Briefe. So wie der König es befohlen hatte, führte man es aus, und wisset wohl, es kam dorthin eine große Menge von edlen Frauen, Jungfrauen und Rittern. Ich kann und darf nicht alle Namen nennen, die zu diesem Hofe kamen, sondern ich will euch nur diejenigen Herren und edlen Damen angeben, von denen meine Erzählung spricht. Insbesondere aber sollt ihr wissen, daß der Herzog von Tintagel dort war und seine Gemahlin Igerne mitbrachte. Als der König die Frau sah, liebte er sie aus der Tiefe seines Herzens, behielt aber seine Gefühle bei sich, betrachtete sie jedoch lieber als andere Edelfrauen. Sie selbst nahm dies gar wohl wahr und wußte genau in ihrem

Herzen, daß der König sie überaus gern ansah. Sobald sie das bemerkt hatte, mied sie ihn, ging ihm aus dem Wege, so oft sie konnte, und zögerte, in seine Nähe zu kommen, denn sie war eine fromme, tugendhafte und schöne Frau. Der König schickte, damit man seine Liebe nicht wahrnehme, allen edlen Frauen Juwelen und Schmuck, Igerne aber schenkte er die Dinge, die ihr am meisten gefallen würden, wie er glaubte. Sie bemerkte, daß er allen anderen ebenfalls Schmuck schenkte, und so wollte sie nicht seine Gaben zurückweisen und wagte es auch nicht.

Auf diese Weise ging der Hof wieder auseinander, und bevor er aufgelöst war, bat der König alle seine Barone, sie möchten zu Pfingsten wiederkommen, so wie sie an diesem Feste erschienen waren; ihre edlen Frauen lud er ebenfalls wieder ein. Jeder willigte von Herzen gerne ein. Als aber der Herzog von Tintagel vom Hofe Abschied nahm, geleitete ihn der König und ehrte ihn überaus hoch. Beim Abschied sagte der König zu Igerne nur, sie möge wissen, daß sie sein Herz mitnehme. Sie jedoch tat so, als ob sie ihn nicht verstünde. So nahmen sie voneinander Abschied. Der König blieb in Carduel und hatte große Freude und fand Trost bei den edlen Herrn, die an dem Tische saßen, aber alle Tage war sein Herz bei Igerne. So duldete der König bis Pfingsten und hielt es aus. Darauf versammelten sich die Barone und ihre Frauen.

Sehr froh war der König, als Igerne wieder erschien, und er gab bei diesem Fest wiederum reiche Geschenke. Als der König zum Mahle niedersaß, ließ er den Herzog und Igerne an seiner Seite sitzen. Hierauf tat der König mit Geschenkverteilen und Gaben so viel, daß Igerne sich nicht mehr davor schützen konnte, denn sie wußte genau, daß der König sie liebte. Es herrschte große Freude bei diesem Fest, und der König ehrte seine Barone reichlich. Als das Fest vorüber war, wollte jeder wieder in sein Land zurück, und alle nahmen Abschied. Der König bat sie und ersuchte sie, sie möchten wiederkommen, sobald er sie wieder bestellte, und sie gaben das gerne zu. So schied wieder der Hof. Der König duldete sein Ungemach das ganze Jahr. Als es zum Ende des Jahres kam, klagte er insgeheim vor zwei Herren seines Rates und sprach von der Herzensnot, die er Igernes wegen duldete. Sie aber sprachen zu ihm: «Herr, was sollen wir dazu tun? Ihr braucht nur etwas zu befehlen, und wir werden es ausführen, soweit wir es vermögen.» Der König antwortete: «Was könnte ich tun, um länger mit Igerne zusammen zu sein?» Sie meinten, wenn er sich in ihr Land begäbe, würde er darob getadelt, und das Volk würde es bemerken. «Und welchen Rat», sprach der König, «würdet ihr mir denn geben?» Sie sprachen: «Den besten, den wir wissen. Entbietet eine große Hofhaltung nach Carduel und laßt alle, die dorthin kommen werden, wissen, daß sie sich nicht vor vierzehn Tagen wiederum hinwegbegeben sollen. Jeder solle ausgerüstet kommen, um vierzehn Tage dort zu leben, und jeder Eurer Barone solle seine Gemahlin mitnehmen. So werdet Ihr die Liebe Igernes gewinnen können.»

Der König ließ diese Aufforderung ergehen. Sie kamen alle nach Carduel. Der König gab schöne Geschenke an alle. Gar sehr freute sich der König an diesem Tag, als er Hof hielt, und sprach mit einem Ratgeber, der Urfin hieß, und fragte ihn, was er tun könne, denn die Liebe zu Igerne koste ihn das Leben. Er könne nicht mehr leben, wenn er sie nicht sähe. Und wenn er sie sähe, würde sein Schmerz leichter, und er könne nicht leben, wenn er nicht anderen trostreichen Rat ob seiner Liebe bekäme. Sonst müsse er sterben. Da antwortete Urfin: «Ihr seid wahrlich unfähig, wenn Ihr aus dem Verlangen nach einer Frau zu sterben gedenkt. Wer hat je vernommen, daß eine Frau einem Manne nicht willfährig wäre, wenn sie recht mit Bitten bestürmt würde und er ihr und den Leuten ihrer Umgebung Geschenke spendete? Und du grämst dich zu Tode?» Der König antwortete: «Du hast sehr recht, und du weißt ja wohl, was in solcher Sache geschehen muß. Ich bitte dich also, hilf mir in jeder Weise, wie du es verstehst. Nimm von meinem Hab und Gut, was du willst und gib es den Männern und Frauen, die in ihrer Umgebung sind, und sprich mit Igerne so, wie du es verstehst und wie es ihr Herz öffnet.» Urfin antwortete: «Ich will nach meinem Können handeln.» Damit beendeten sie ihre Beratung. Hierauf sprach er zum König: «Gebt Euch Mühe, daß Ihr mit dem Herzog gut stehet, und ich gedenke mit Igerne zu sprechen.» Der König antwortete, er würde das gerne tun. Und so begannen sie diese Unternehmung.

Der König erwies dem Herzog die ganzen acht Tage großes Wohlwollen, und seiner Umgebung schenkte er manch schönes Juwel. Urfin aber sprach mit Igerne und sagte ihr die Dinge, von denen er glaubte, daß sie am meisten Gefallen erregen würden, und brachte ihr gar manches Mal schönen Schmuck. Sie aber wehrte sich dagegen und wollte nichts davon annehmen, bis sie endlich eines Tages Urfin heimlich vornahm und ihm sagte: «Warum willst du mir diese Juwelen und diese schönen Geschenke aufdrängen?» Er antwortete: «Um Eurer Klugheit und Eurer großen Schönheit willen. Ich selbst kann Euch nichts schenken. Aber das ganze Hab und Gut des Königs steht Euch zur Verfügung und sein Leib und Leben ist bereit, Euch Freude zu machen und nach Eurem Willen zu handeln.» Sie antwortete: «Wie meint Ihr das?» Er sprach: «Ich meine es so, daß Ihr das Herz des Königs voll und ganz besitzet, und es ist Euer, und er gehorcht Euch in allem.» Sie antwortete: «Von welchem Herzen sprecht Ihr?» Er antwortete: «Vom Herzen des Königs.» Sie schlug das Kreuz und sprach: «Um Gottes willen, wie verräterisch ist doch der König, der sich stellt, als liebe er den Herzog, und mich will er mit Schande bedecken? Urfin,» fuhr sie fort, «hütet Euch, jemals vor anderen davon zu sprechen. Ihr sollt wissen, daß ich es meinem Herrn erzählen würde, und wenn er es erführe, müßtet Ihr dafür sterben. Und ich sage dir, daß ich es nur dieses eine Mal verhehlen werde.» Er aber antwortete: «Edle Frau, es wird mir eine Ehre sein, für meinen Herrn zu sterben. Niemals wehrte sich eine edle Frau vor so etwas, wie Ihr Euch wehrt, den König zum Freund zu haben. Denn er liebt Euch mehr als alle anderen Menschen. Doch vielleicht macht Ihr Euch nur einen Scherz? Aber um Gottes Gnade willen, habt Mitleid mit dem König. Und wisset in Wahrheit, daß Euch noch großes Unheil zustoßen wird, denn weder Ihr noch der Herzog könnt Euch gegen den Willen des Königs wehren.» Sie aber antwortete und sprach weinend: «Das werde ich doch tun, und wenn es Gott gefällt, werde ich mich mit aller Kraft dagegen wehren, denn ich will niemals mehr an einem Ort sein, wo er ist.»

Darauf schied Igerne von Urfin, und Urfin kam zum König und erzählte ihm alles, was Igerne ihm gesagt hatte. Der König aber meinte, so müsse ja wohl eine gute Dame antworten. «Unterlasse es deshalb ja nicht, sie weiter zu bitten.» Einen Tag danach geschah es, daß der König beim Mahle saß, und der Herzog saß neben ihm. Der König hatte vor sich einen sehr schönen goldenen Becher. Urfin riet dem König, diesen Becher Igerne zu schicken. Der König hob das Haupt und sprach zum Herzog: «Herr, bestellt Igerne, daß sie diesen Becher nehme und daraus trinke aus Liebe zu mir. Ich will ihn ihr voll des besten Weines durch einen Eurer Ritter zusenden.» Der Herzog antwortete, da er nichts Böses dabei sah: «Herr, vielen Dank, sie wird ihn gern hinnehmen.» Der Herzog rief einen seiner Ritter und sprach zu ihm: «Bretel, bringt diesen Becher Eurer Herrin im Auftrag des Königs und sagt ihr, sie möge aus Liebe zu ihm daraus trinken.» Bretel nahm den Becher, ging dorthin, wo Igerne saß und sprach zu ihr: «Edle Herrin, der König schickt Euch diesen Becher, und mein Herr bestellt Euch, daß Ihr ihn nehmet und aus Liebe zu ihm daraus trinken sollt.»

Als Igerne das vernahm, errötete sie vor Scham. Sie nahm aber den Becher und trank daraus und wollte ihn dann zurückgeben. Bretel aber sprach zu ihr: «Edle Frau, mein Herr bestellt Euch, daß Ihr ihn behalten sollet.» Sie behielt ihn. Bretel begab sich hinweg zum König und dankte ihm im Namen Igernes, obwohl sie kein Wort davon gesagt hatte. Hierauf kam Urfin, um zu sehen, wie sich Igerne verhalte, und fand sie in traurigen Gedanken. Als nun die Tafel aufgehoben wurde, rief sie Urfin heran und sprach zu ihm: «Urfin, in verräterischer Weise hat mir Euer Herr einen Becher geschenkt, aber wisset nur, daß ich meinem Herrn von der Schande erzählen werde, die Ihr und der König mir antut.» Urfin antwortete: «Edle Frau, Ihr seid nicht so töricht, um nicht zu wissen, daß ein Mann seiner Gemahlin nicht glauben wird, wenn sie ihm so etwas erzählt. Und deshalb hütet Euch sehr davor.» Igerne aber rief empört: «Fluch über den, der sich da hüten soll.» Hierauf schied Urfin von Igerne. Der König aber hatte gut gespeist und war fröhlicher Laune. Daher nahm er den Herzog an der Hand und sprach zu ihm: «Wohlan, gehen wir unsere Frauen besuchen.» Der Herzog antwortete: «Herr, das will ich gern tun.» Darauf traten der König und der Herzog in das Gemach Igernes. Der König aber ging nur, um Igerne zu sehen; und sie wußte das genau. Sie duldete es aber an diesem Tag bis zur Nacht. Hierauf begab sie sich in ihre Herberge zurück, und als der Herzog kam, fand er sie in Tränen aufgelöst in ihrem Gemach. Als er sie so sah, wunderte er sich gar sehr, nahm sie in die Arme, da er sie von Herzen liebte, und fragte sie, was ihr fehle. Sie aber sprach: «Ich will es Euch nicht verheimlichen, denn es gibt nichts, das ich so liebe wie Euch.» Hierauf erzählte sie ihm das ganze Tun und Treiben des Königs, so wie ihr es vernommen habt. Der König habe alle diese Einladungen an die Edelfrauen und diese Versammlungen nur um ihretwillen betrieben. «Und Ihr habt mich nun veranlaßt, seinen Becher anzunehmen, und habt mir bestellt, ich solle aus Liebe zu ihm daraus trinken. Ich sage Euch ein für allemal, daß ich nicht mehr in seiner Umgebung bleiben kann, auch nicht bei Urfin, seinem Ratgeber. Ich weiß genau, daß nun großes Unheil daraus entstehen kann, da ich es Euch berichtet habe. Ich bitte Euch, geleitet mich hinweg, denn ich will nicht mehr in dieser Stadt bleiben.» Als der Herzog vernommen und begriffen hatte, was seine Gemahlin ihm enthüllte, war er überaus traurig darüber, denn er liebte sie in tiefer Liebe. Er bestellte nun seine Ritter in die Stadt zur Beratung. Als sie gekommen waren, gewahrten sie gar wohl, daß der Herzog in großem Kummer war. Der Herzog aber sprach zu ihnen: «Ihr Herren, rüstet euch, um ganz geheim auszureiten, damit niemand es erfahre. Und fragt nicht warum, bis ich es euch selbst erzähle.» Sie sprachen alle: «Euer Befehl soll erfüllt werden.» Der Herzog fuhr fort: «Laßt euer Gepäck bis auf eure Waffen und Pferde zurück; es wird uns morgen folgen können. Denn ich will, daß der König nichts erfahre, daß ich weggehe, und auch sonst niemand, dem ich es verheimlichen kann.» So wie der Herzog es befahl, wurde es ausgeführt. Der Herzog aber hatte bereits seine Pferde vorführen lassen, um auszureiten. So ritten denn der Herzog und Igerne so heimlich, wie sie nur konnten, davon. Der Herzog begab sich in sein Land und führte seine Gattin mit.

Am Morgen, als sie fortgeritten waren, entstand ein großes Getümmel in der Stadt unter den Leuten des Herzogs, die zurückgeblieben waren. Der König erfuhr am Morgen, daß der Herzog weggegangen sei, und empfand überaus großen Schmerz darüber. Es verdroß ihn gewaltig, daß er Igerne mitgenommen hatte. Er bestellte daher alle Barone und berichtete ihnen und wies hin auf die Schande und den Schimpf, den der Herzog ihm bereitet hatte, da er weggeritten war, ohne Abschied vom Hof zu nehmen. Sie antworteten, es wundere sie über die Maßen, daß er eine solche Torheit begangen habe. So sprachen die Ritter, da sie nicht wußten, warum der Herzog sie verlassen hatte. Der König sprach weiter zu ihnen: «Ihr Herren, ratet mir, wie ich Genugtuung dafür bekommen kann.» Sie antworteten: «Herr, nach Eurem Gutdünken.» Der König sprach: «Ich werde ihm bestellen, wenn ihr dafür seid, er soll zurückkommen und die Schande wieder gutmachen, die er mir angetan hat, und zwar genauso, wie er weggegangen ist, soll er zurückkehren, um sein Vergehen zu sühnen.» Dazu gaben sie alle ihre Einwilligung.

Auf diese Botenfahrt begaben sich zwei Edelleute im Auftrag des Königs und ritten so lange, bis sie nach Tintagel kamen. Dort fanden sie den Herzog. Nachdem sie vor ihn gekommen waren, meldeten sie ihm, was der König ihm bestellte. Als der Herzog vernahm, daß er so, wie er gekommen war, wieder zurückkommen sollte, wußte er genau, daß er Igerne mitnehmen sollte. Daher antwortete er den Boten: «Nun könnt ihr eurem König berichten, daß ich nicht mehr an seinen Hof zurückkommen werde, denn er hat mir und den Meinigen so Schlimmes angetan, daß ich ihm nicht mehr trauen noch zum Hofe zurückkehren kann. Weiteres will ich nicht darüber aussagen, aber ich rufe Gott als Zeugen an, der genau weiß, daß der König mir so viel angetan hat, daß ich ihm nicht mehr trauen darf.» Damit schieden die Boten und ritten zurück zum König.

Als die Boten abgezogen waren, bestellte der Herzog die Edelleute seines geheimen Rates und erzählte ihnen, weshalb er sich von Carduel zurückgezogen hatte, und berichtete die Treulosigkeit, mit der der König seine Frau verfolgte. Als diese das vernahmen, sagten sie, das könne niemals sein, wenn es Gott gefalle. Der müsse wohl voll Bosheit sein, der solche Dinge gegen seinen Lehensmann betreibe. Hierauf sprach der Herzog: «Ihr Herren, ich bitte euch um Gottes Gnade willen, weil ihr doch mir verpflichtet seid, helfet mir, mein Land zu verteidigen, wenn der König mich angreift.» Sie antworteten, das würden sie bereitwillig tun und würden ihm helfen, soweit wie sie es nur könnten. So beriet sich der Herzog mit seinen Lehensmannen.

Die Boten aber kamen zurück zum König und berichteten ihm die Antwort des Herzogs. Als er dies vernahm, entgegnete der König, er staune sehr über die Torheiten, die der Herzog geäußert habe, denn er hätte ihn für einen klügeren Mann gehalten. Er bat seine Barone, ihm zu helfen, um die Schande abzuwaschen, die der Herzog seinem Hof angetan. Diese antworteten, das könnten sie ihm nicht verwehren, doch sie baten ihn insgesamt, um der Rechtlichkeit willen, er solle den Herzog mit einer Frist von vierzig Tagen zum Kampf herausfordern. Das tat der König und bat sie alle, nach Verlauf von vierzig Tagen vor Tintagel zu rücken, um Krieg zu führen. Sie versicherten, das würden sie tun. Der König schickte seine Boten aus, um den Herzog herauszufordern. Als sie ihm die Herausforderung überbracht hatten, sprach der Herzog, er werde sich verteidigen, so gut er könne. Die ihn herausgefordert hatten, kehrten um, und der Herzog rüstete sich, um sich zu verteidigen. Die Boten aber meldeten dem König, der Herzog werde sich verteidigen, wenn man ihn angreife.

Als der König das vernommen hatte, ward er sehr zornig darüber und schickte über das ganze Land hin seine Abgesandten, um seine Barone aufzubieten, und ließ sie alle sich versammeln an der Grenze des Landes dieses Herzogs. Er zerstörte sowohl Städte als Burgen. Er vernahm, daß der Herzog in einem Gebiet seines Landes in einem seiner Schlösser war und seine Frau in einem anderen. Hierauf sprach der König mit seinen Räten und bat sie, ihn zu beraten, wen er zuerst angreifen solle. Seine Räte schlugen vor, er solle den Herzog angreifen, denn wenn er ihn gefangen habe, werde er Frieden und das ganze Land in Besitz bekommen. Darauf einigten sie sich, und der König stimmte zu. Als sie dahin ausritten, wo der Herzog stand, sprach der König zu Urfin: «Urfin, welchen Rat soll ich annehmen über Igerne?» Urfin antwortete: «Herr, was man nicht haben kann, muß man dulden, und Ihr müßt eben sehr große Kraft aufwenden, um den Herzog zu fangen, denn wenn Ihr ihn gefangen habt, werdet Ihr wohl mit der anderen Sache auch gut fertig werden.»

Hier erzählt die Geschichte, daß der König den Herzog in seinem Schloß belagerte. Es dauerte lange Zeit, ohne daß er das Schloß einnehmen konnte. Darüber war er sehr verdrossen, im Herzen aber war er äußerst beklommen aus Sehnsucht nach Igerne, so daß er bitterlich weinte, wenn er in seinem Zelte lag. Und wenn seine Lehensmannen ihn weinen sahen, gingen sie hinaus und ließen ihn ganz allein. Urfin aber, der draußen war, trat vor ihn, sobald er das erfuhr, und fand ihn unter Tränen. Das ging ihm sehr nahe. Daher fragte er ihn, weshalb er weine. Der König sagte zu ihm: «Urfin, du wirst wohl wissen, warum. Denn du weißt gut, daß ich um Igernes willen dem Tode nahe bin. Und ich sehe wohl, daß ich sterben muß, denn ich habe alle Ruhe verloren, die ein Mensch braucht. Deshalb weiß ich genau, daß ich sterben muß. Denn ich sehe gar nicht, wie ich Heilung finden könnte.» Urfin antwortete ihm: «Herr, Ihr seid wohl schwach im Herzen, wenn Ihr wähnt, daß Ihr einer Frau wegen sterben müßt. Aber ich werde Euch einen guten Rat geben, wenn Ihr wollt. Wenn Ihr Merlin aufsuchen und ihm bestellen laßt, daß er zu Euch kommen soll, so könnte es wohl sein, daß er Euch einen guten Rat geben kann. Ihr müßtet ihm eben geben, was sein Herz begehrt.» Der König antwortete: «Es gibt nichts, was ich nicht tun würde, um ihn zu befriedigen. Ich weiß aber wohl, daß Merlin genau meine Not kennt, und ich fürchte, ich habe ihn erzürnt wegen des leeren Platzes an dem runden Tisch, der erprobt wurde, denn er ist ja schon so lange nicht mehr an dem Orte, wo ich bin, erschienen. Vielleicht auch bekümmert es ihn, daß ich die Frau eines Lehensmannes liebe, aber gewiß kann ich nichts daran ändern, denn mein Herz kann sich nicht von ihr trennen. Ich weiß wohl, daß er mir sagte, ich solle ihn nicht aufsuchen lassen.» Urfin antwortete: «Herr, einer Sache bin ich ganz sicher. Wenn er gesund und wohlauf ist und Euch so sehr liebt wie bisher und die Not kennt, die Ihr habt, wird es nicht lange dauern, und er kommt zu Euch.» So tröstete Urfin den König und sagte ihm, er solle guten Mutes sein und sich freuen, seine Mannen kommen lassen und unter ihnen weilen, und damit würde er schon einen großen Teil seines Schmerzes erleichtern. Der König sagte, gerne wolle er tun, was er ihm da rate, aber die Liebe zu Igerne könne er nicht vergessen. So tröstete sich der König lange Zeit und ließ die Burg wieder angreifen, doch einnehmen konnte er sie nicht.

Eines Tages traf es sich, daß Urfin durch das Lager ritt, als er einem Mann begegnete, den er nicht kannte. Dieser Mann sprach ihn an: «Herr Urfin, ich möchte gerne mit Euch da draußen sprechen.» Urfin antwortete ihm: «Das ist mir recht.» Hierauf gingen sie zusammen aus dem Lager hinaus. Urfin stieg ab, um mit ihm zu sprechen und fragte ihn, wer er sei. Er antwortete: «Ich bin ein alter Mann und wurde schon für weise gehalten, als ich noch ein Junge war. Aber man sagt, daß ich fasele. Ich will Euch aber insgeheim sagen, daß ich vor kurzem in Tintagel war und mit einem Edelmann bekannt wurde, der mir sagte, daß Euer König die Frau des Herzogs liebe und der König deswegen des Herzogs Land zerstöre, weil er seine Frau von Carduel weggeführt hat. Wenn Ihr mir Glauben schenken wollt und einen guten Lohn geben würdet, weiß ich schon einen Mann, der Euch ermöglichte, mit Igerne zu sprechen und den König über seine Liebe zu beraten.» Als Urfin den alten Mann so sprechen hörte, staunte er sehr, woher er wohl wisse, was er sagte. Deshalb bat er ihn, wenn er Bescheid wisse, möge er ihm den weisen, der den König darüber beraten könnte. Er antwortete: «Ich möchte vorher wissen, welchen Lohn der König mir gäbe.» Urfin erwiderte: «Wenn ich mit dem König gesprochen habe, werde ich Euch hier draußen finden?» Er antwortete: «Ihr werdet entweder mich oder meinen Boten finden.» Er befahl Urfin in Gottes Huld und ging weg. Urfin aber eilte zum König und erzählte ihm alles, was er da gefunden hatte. Als der König das vernahm, lachte er und fragte: «Urfin, kennst du diesen Mann?» Er aber antwortete: «Herr, es ist ein alter Mann.» Nun fragte ihn der König: «Wann soll er wieder mit dir sprechen?» Urfin sagte: «Morgen. Und er sagte mir auch, er müsse erst den Lohn wissen, den Ihr ihm geben werdet.» Der König entgegnete: «Ich werde morgen früh hingehen.» Darauf ging der König an den Ort, wohin Urfin ihn führte. Sie fanden einen Krüppel, als sie aus dem Lager herauskamen.

Der König ging an diesem vorbei. Der Krüppel aber rief ihm nach: «König, möge Gott dein Herz mit der Sache der Welt, die du am meisten liebst, erfüllen! Gib mir etwas, wofür ich dir danke.» Der König lachte und sprach zu Urfin: «Urfin, würdest du mir einen Gefallen tun?» Urfin antwortete: «Herr, ja, alles, was ich tun könnte.» – «So geh also», sagte der König, «und übergib dich diesem Krüppel und sage ihm, daß ich dich ihm als Mann gebe, denn ich habe nichts sonst bei mir, das mir greifbar wäre.» Urfin ging alsbald und setzte sich neben den Krüppel. Als dieser Urfin sah, sagte er zu ihm: «Was sucht Ihr hier?» Er antwortete: «Der König will, daß ich Euer Mann sei.» Als der Krüppel dies hörte, begann er zu lachen und sprach: «Der König hat sich wohl besonnen und kennt mich viel besser als du. Aber nun geh hin zum König und sage ihm, daß er dich zu einem großen Unrecht verführe, um ihm seinen Willen zu tun. Ich lasse ihm sagen, je früher er sich besinne, desto besser werde es für ihn sein.» Urfin kam zum König und richtete es ihm aus. Als der König das vernahm, ritt er in scharfem Trab zurück. Wie sie aber dorthin kamen, wo sie den Mann gefunden hatten, fanden sie ihn keineswegs. Da sprach der König zu Urfin: «Weißt du jetzt, wer der Mann ist, der gestern mit dir in der Gestalt eines alten Mannes sprach? Das ist der nämliche, den du heute als Krüppel gesehen hast.» Urfin antwortete: «Kann es denn sein, daß ein Mann sich so wandelt? Und wer ist das, der so seine Gestalt verändert?» Er antwortete: «Wisse, das ist Merlin, der so seinen Spott mit uns treibt. Wenn er mit uns sprechen will, wird er es uns schon kundtun.» Dabei ließen sie es bewenden.

Merlin aber kam in das Zelt des Königs in seiner richtigen Gestalt und fragte, wo der König sei. Ein Bote kam zum König und meldete, Merlin frage nach ihm. Als der König das vernahm, freute er sich sehr und ging, so schnell er konnte, dahin, wo Merlin war, und sprach nur noch zu Urfin: «Nun wirst du sehen, was ich dir gesagt habe, denn Merlin ist gekommen, und ich wußte ja genau, daß wir ihn umsonst suchten.» Urfin antwortete: «Herr, nun wird es sich zeigen, ob Ihr je die Absicht hattet, nach seinem Willen zu handeln, denn es gibt keinen Menschen, der Euch in Eurer Liebe zu Igerne besser helfen könnte.» Merlin kam zu Urfin und sprach zu ihm: «Wenn der König mir auf die

Heiligen schwören wollte, daß er mir eine Gabe schenkte, die ich unbeschadet seiner Ehre von ihm verlangen würde, so würde ich ihm wohl helfen, die Liebe der Igerne zu bekommen. Du selbst mußt ebenfalls schwören, bevor du ihm entgegengehst.» Urfin antwortete: «Es grämt mich, daß es nicht schon geschehen ist.» Der König gewährte, was Urfin vermittelte. Urfin sprach zu Merlin: «Nun überlege dir, wie dem König leichter werden kann.» Als Merlin dies Wort hörte, lachte er darüber und sprach: «Wenn die Eide geleistet sind, werde ich euch sagen, wie das geschehen kann.» Hierauf ließ der König die Heiligen bringen, und darauf beschworen der König und Urfin, was Merlin ihnen vorsprach: Der König würde Merlin geben, was er verlangen würde. So wurden die Eide geleistet und Merlin nahm sie entgegen. Darauf sprach der König: «Nun bitte ich Euch, Merlin, daß Ihr Euch meiner Sache annehmt, denn Ihr seid der Mann auf der Welt, den ich am meisten nötig habe.» Nun sprach Merlin: «Herr, Ihr müßt in ganz verwandelter Gestalt Igerne aufsuchen. Denn sie ist eine sehr fromme Frau und sehr treu gegen Gott und ihren Herrn. Nun werdet Ihr aber sehen, welche Macht ich habe, um Euren Willen zu erfüllen.» Dann sprach er weiter: «Herr, ich werde Euch die Gestalt des Herzogs geben, so daß Ihr von keinem erkannt werdet. Der Herzog hat zwei Ritter, die ihm und Igerne ebenfalls so vertraut sind wie kein anderer. Der eine heißt Bretel und der andere Jourdain. Ich werde Urfin die Gestalt des Jourdain geben, und ich selbst werde die Gestalt Bretels annehmen, ich werde das Tor des Schlosses, in dem Igerne wohnt, öffnen und Euch dort eintreten lassen, und Ihr könnt bei ihr liegen. Und ich und Urfin werden hinter Euch in der Gestalt, die wir annehmen, hineinkommen. Aber Ihr müßt in aller Frühe das Schloß wieder verlassen, wenn wir darin sind, denn am nächsten Morgen werden wir gar seltsame Nachrichten vernehmen. Hinterlaßt beim Ausreiten Eurem Heer und Euren Baronen Anweisungen: verbietet, etwas gegen die Burg des Herzogs zu unternehmen, bevor Ihr wieder zurückgekehrt seid. Und hütet Euch, daß Ihr irgendeinem Mann sagt, wohin Ihr gehen wollt; außer uns beiden hier darf es niemand wissen.» Urfin und der König antworteten, sie wollten genauso handeln, wie er vorgeschlagen habe. «Nun rüstet Euch», sprach

Merlin, «denn ich werde Euch diese Gestalten unterwegs verleihen.»
Der König beeilte sich, so schnell wie möglich zu tun, was Merlin befahl.
Als das geschehen war, sprach er zu Merlin: «Seid Ihr bereit?» Er
antwortete: «Wir brauchen nur noch aufzubrechen.» Hierauf machten
sie sich auf den Weg und ritten, bis sie in die Nähe des Schlosses kamen.
Darauf sprach Merlin zum König: «Herr, nun bleibt Ihr hier zurück,
und wir werden fortgehen, Urfin und ich.» Sie gingen hinweg, und
Merlin gab sich und Urfin die andere Gestalt. Nachdem sie die Gestalt
wieder zurückverwandelt hatten, kamen sie wieder zum König. Merlin
brachte ihm ein Kraut und sagte zu ihm: «Herr, bestreicht Euch Gesicht
und Hände mit diesem Kraut.» Der König tat es, und als er es getan,
hatte er ganz und gar die Gestalt des Herzogs. Hierauf sprach Merlin
zum König: «Herr, nun erinnert Euch, ob Ihr jemals Jourdain gesehen
habt.» Der König entgegnete: «Ja, ich kenne ihn ganz gut.» Da trat
Merlin zu Urfin und gab ihm die Gestalt Jourdains und führte ihn
hierauf vor den König. Urfin sprach: «Ich erkenne ihn als keinen anderen als den Herzog.» Und der König sagte zu Urfin, er scheine ihm
Jourdain zu sein. Als sie auf diese Weise einige Zeit gewartet hatten,
betrachteten sie Merlin. Und es war ihnen so, als ob er Bretel wäre.
Dieser Art sprachen sie zusammen und warteten bis zur Nacht. Als die
Nacht schon etwas vorgerückt war, kamen sie an das Tor von Tintagel.
Merlin rief den Pförtner. Der Pförtner und alle, die die Wache am Tor
hatten, kamen herbei und sahen da ganz genau Bretel und den Herzog
und Jourdain. Sie öffneten das Tor und ließen sie eintreten. Als sie
drin waren, verbot Bretel, daß man meldete, der Herzog sei gekommen.
Es genügte, daß einer zur Herzogin ginge und ihr die Ankunft des Herzogs ankündigte. Sie ritten nun weiter, bis sie vor den Palas kamen.
Hier stiegen sie ab. Der König zog Merlin zu Rate, Merlin aber riet ihm
nur, er solle sich recht fröhlich als Herzog zeigen. So kamen die drei
bis an das Gemach Igernes, die bereits zu Bett gegangen war. Sobald
sie konnten, brachten sie ihren Herrn ebenfalls zu Bett.

Hierauf lagen der König und Igerne in dieser Nacht beisammen, und
in dieser Nacht zeugte er den guten König, der Artus genannt wurde.
Die Edelfrau erwies Uter-Pendragon große Freude als dem Herzog,

ihrem Herrn, den sie überaus liebte. Bei Tagesanbruch jedoch erging die Nachricht in der Stadt, der Herzog sei gefallen und seine Burg sei eingenommen. Die Nachricht kam ganz geheim dort hinein. Als Bretel und Jourdain, die bereits aufgestanden waren, diese Nachricht vernahmen, eilten sie dorthin, wo ihr Herr lag, und riefen: «Herr, erhebt Euch! Beeilt Euch, und geht rasch in Eure Burg, denn Eure Leute wähnen, Ihr seid gestorben.» Der König aber rief ihnen zu: «Es ist kein Wunder, wenn sie das glauben, denn ich verließ die Burg so heimlich, daß keiner ein Wort davon wußte.» So nahm er denn Abschied von Igerne und küßte sie inniglich beim Abschied angesichts aller Menschen, die dort anwesend waren. Hierauf verließen sie die Burg, so rasch sie konnten und ohne daß sie von jemand erkannt wurden. Der König aber war voll Freude. Merlin sprach zu ihm: «Herr, ich habe Euch mein Versprechen gut gehalten. Nun gebt acht, daß Ihr das Eurige ebenfalls haltet.» Der König antwortete: «Ihr habt mir die größte Liebe erwiesen, die man erweisen kann, und den schönsten Dienst, den ein Mann einem anderen zu leisten vermag. Und mein Versprechen an Euch werde ich gut halten, so es Gott gefallen möge.» Merlin entgegnete: «Das verlange ich von dir. So wisse denn: du hast einen Erben gewonnen, und den hast du mir zu übergeben, denn du selbst darfst ihn nicht behalten. Dieselbe Macht, die du über ihn hast, mußt du mir übertragen. Lasse die Stunde und die Nacht aufschreiben, in der du ihn gezeugt hast, so wirst du wissen, ob ich dir die Wahrheit darüber gesagt habe.» – «Und ich habe dir geschworen», sprach der König, «und werde es genauso ausführen, wie du es eben verlangt hast. Und hiermit übergebe ich ihn dir.» Nun ritten sie bis zu einem Wasser. An diesem Wasser ließ sie Merlin sich waschen, und sie wurden wieder sie selbst wie vorher. Hierauf ritten sie weiter zum Heerlager, so schnell sie konnten. Sobald sie dorthin gekommen waren, versammelten sich seine Mannen um ihn und berichteten ihm, daß der Herzog tot sei. Der König fragte sie, wieso das geschehen sei. Sie erzählten ihm, daß an dem Tag, da er von dem Heer schied, das Heer ganz still und ruhig gewesen sei. «Der Herzog aber bemerkte, daß Ihr nicht da waret, ließ deshalb seine Leute sich rüsten, und sie machten einen Ausfall zu Fuß und zu Pferd, stürmten unser Heerlager und richteten großen Schaden an, bevor Eure Leute sich rüsten konnten. Und es erhob sich ein Geschrei und ein Lärmen, unsere Leute rüsteten sich, griffen ihrerseits an und warfen die Feinde zurück bis vor das Tor der Burg. Dort wandte sich der Herzog und verrichtete wahre Heldentaten. Dabei wurde sein Pferd getötet, er selbst zu Boden geworfen. Und dort wurde der Herzog mitten unter unserem Fußvolk erschlagen, da sie ihn nicht kannten. Wir stürmten ihnen nach durch das Tor, und sie verteidigten sich ganz wenig, da sie den Herzog verloren hatten.» Der König aber war über den Tod des Herzogs überaus bedrückt.

So war also der Herzog von Tintagel tot und seine Burg eingenommen. Der König sprach mit seinen Baronen und zeigte ihnen, wie nahe es ihm ging, daß der Herzog gefallen sei. Er fragte sie um Rat, wie er nun dieses Unheil wiedergutmachen könne. Er wollte nicht, daß ein Tadel über ihn falle, denn er haßte keineswegs den Herzog bis zum Tode. «Ich will es nach meinen Kräften wiedergutmachen.» Nun sprach Urfin, der bei dem König sehr angesehen war, und sagte zu ihm: «Herr, da nun die Sache geschehen ist, müssen wir sie so gut wie möglich wiederum sühnen.» Hierauf zog Urfin eine große Menge seiner Barone zu Rate und sprach zu ihnen: «Ihr Herren, was ratet ihr, wie der König der Herzogin und ihren Sippenfreunden den Tod ihres Gemahles sühnen kann? Denn er bittet euch um Rat, und ihr müßt ihm nach eurem besten Können raten als eurem Herrn.» Sie antworteten: «Wir wollen ihm gerne Rat geben, macht Ihr uns doch einen Vorschlag, womit wir am besten vor ihn treten können! Denn wir wissen wohl, daß Ihr in seinem Rat hoch angesehen seid.» Urfin antwortete: «Denkt ihr, weil ich gut bei ihm angeschrieben bin, ich rate ihm etwas von hinten herum, was ich nicht von vorne auch rate? Da würdet ihr mich für einen Verräter halten. Fiele es aber mir zu, einen Rat für den Frieden mit den Freunden der Herzogin zu geben, so würde ich etwas raten, was ihr nicht einmal zu denken wagen würdet.» Und sie antworteten: «Wir bitten Euch inständig und wissen auch gut, daß Ihr kühn im Rate seid. Und wir bitten Euch, daß Ihr Eure Meinung saget, so wie Ihr jetzt gehört habt.» Er antwortete: «Ich werde meine Meinung sagen, und wenn ihr etwas Besseres wißt, so sagt es. Ich möchte raten, daß der

König überallhin, wo die Freunde der Herzogin und des Herzogs sitzen, Boten sende und alle nach Tintagel entbiete. Der König soll dort sein und die Herzogin und ihre Freunde vor sich kommen lassen und sie um Frieden und Sühne für den Tod des Herzogs bitten lassen. Sollten sie es ablehnen, so fiele auf sie der Tadel, und der König selbst würde für gerecht und treu gehalten.» So kamen sie also vor den König und berichteten ihren Ratsbeschluß: sie verrieten aber nicht, daß Urfin ihnen das gesagt hatte, denn er hatte es ihnen verboten. Der König antwortete ihnen und sprach: «Ihr Herren, auf diesen Rat will ich gerne eingehen. Ich will, daß es so sei, wie ihr beschlossen habt.»

Nun sandte der König an die Verwandten des Herzogs Boten in ihre Länder und ließ sie bitten, unter gutem Geleite nach Tintagel zu kommen. Er wolle ihnen für alle Dinge, über die sie klagen könnten, Genugtuung leisten. Merlin kam zu der Ratsversammlung und sprach zum König: «Herr, wißt Ihr, wer diesen Rat gegeben hat, den Ihr da beschließet?» Der König antwortete: «Nein, ich weiß nichts anderes, als daß die Barone ihn mir gaben.» Merlin sprach: «Herr, sie hätten Euch allein einen solchen Rat nicht ausdenken können. Aber Urfin, der gar weise ist und treu und besonnen, hat den Friedensvertrag erdacht in seinem Herzen, und zwar den besten und ehrenhaftesten, der möglich ist. Und er denkt, daß keiner es weiß, und es weiß ja auch keiner außer mir und Euch, dem ich es nun gesagt habe.» Der König bat Merlin, ihm weiteres zu sagen, und Merlin erzählte es dem König. Als er es hörte, hatte er eine große Freude darüber und sprach zu Merlin: «Was ratet Ihr mir nun in dieser Sache?» Merlin antwortete: «Ich kann keinen besseren noch ehrlicheren Rat geben, und damit wirst du den ganzen Willen deines Herzens, nach dem du so sehr begehrst, erfüllen können. Ich aber will nun fortgehen. Vorher jedoch will ich mit dir im Beisein von Urfin sprechen, und wenn ich fortgegangen bin, sollst du ihn fragen, wie er sich diesen Frieden gedacht hat.» Der König antwortete, er werde es so machen. Alsbald wurde Urfin gerufen, und als er vor sie gekommen war, sprach Merlin: «Herr, Ihr habt mir versprochen, daß Ihr den Erben, den Ihr gezeugt habt, mir geben werdet, denn es ist nicht vernünftig, daß Ihr ihn als Euren Sohn behaltet. Ihr habt wohl die Nacht und die Stunde aufgeschrieben, in der er gezeugt wurde, und so wißt Ihr genau, daß Ihr ihn durch meine Hilfe gezeugt habt. Die Sünde aber würde ganz auf Euch lasten, wenn ich Euch nicht geholfen hätte, denn vielleicht wird seine Mutter seinetwegen noch mit großer Schande bedeckt werden, und eine Frau hat keinen Schutz gegen etwas, was sie nicht verheimlichen kann. So will ich denn, daß Urfin einen Brief schreibe und die Zeit und die Nacht, in der das Kind gezeugt wurde, hineinsetze. Er und Ihr werdet mich nicht mehr sehen vor der Nacht, in der der Erbe geboren werden wird. Euch als meinen Herrn bitte ich, daß Ihr Urfin in allem glaubt und Vertrauen schenkt, was er Euch auch sagen mag. Denn er liebt Euch aus ganzem Herzen, und er wird Euch nichts raten, was nicht zu Eurem Nutzen und zu Eurer Ehre sei. Mit Euch werde ich vor sechs Monaten nicht mehr sprechen. Zwischen jetzt und dann aber werde ich einmal mit Urfin sprechen. Und was ich Euch durch Urfin bestellen werde, das glaubt und führt aus, wenn Ihr gut bei mir und bei ihm angeschrieben sein und von nun an Eure Rechtlichkeit bewahren wollt.»

So hielt Urfin den Zeitpunkt der Zeugung des Kindes fest, und Merlin nahm den König beiseite zur Besprechung. «Herr, hüte dich wohl, daß Igerne jemals erfährt, daß du bei ihr gelegen hast. Das ist die Sache, durch die du sie am meisten in deiner Gnade halten kannst. Denn wenn du sie nach ihrer Schwangerschaft fragst und von wem sie schwanger sei, wird sie den Vater nicht nennen können, und sie wird sich zutiefst schämen. Und das ist es, womit du mir am meisten helfen kannst, damit ich das Kind bekomme.» So nahm Merlin Abschied vom König und von Urfin. Der König ritt so lange, bis er vor Tintagel kam. Merlin aber ging nach Northumberland zu Blasius, erzählte ihm alle diese Dinge, und dieser schrieb sie auf, und durch ihn wissen wir sie noch.

Als der König vor Tintagel lag, bestellte er seine Lehensleute zum Rat und fragte sie, was er in dieser Angelegenheit tun solle. Sie antworteten: «Herr, wir raten Euch, daß Ihr mit der Herzogin und ihren Freunden und mit den Freunden des Herzogs Frieden schließet.» Der König sprach, sie sollten hingehen und der Herzogin sagen, daß sie sich nicht gegen ihn wehren könne. Wenn sie aber Frieden haben wolle, so werde er ihn ganz nach ihrem Willen schließen. Hierauf gingen die Barone nach Tintagel. Der König aber blieb noch zurück und zog Urfin zu Rate und sprach zu ihm: «Was rätst du mir für diesen Frieden?» Der König deutete ihm an, er wisse wohl, daß Urfin den Friedensvertrag vorgeschlagen hatte. Urfin antwortete: «Herr ich habe ihn vorgeschlagen. Nun wißt Ihr ja wohl genau, ob er Euch gefällt.» Der König antwortete: «Er gefällt mir sehr gut, und ich möchte, daß es so gemacht werde.» Urfin antwortete: «Herr, befaßt Euch nicht damit, ihn zu bewilligen, denn ich werde das schon richtig durchführen.» Damit beendeten sie ihre Besprechung.

Die Boten kamen nach Tintagel und fanden die Herzogin und die Freunde des Herzogs und berichteten ihnen, wie der Herzog zu Tode gekommen war, und zwar durch seinen hohen Mut. Sie erzählten, daß dem König dieser Tod sehr nahegehe und daß er mit der Herzogin und ihren Freunden Frieden schließen wolle. Sie sähen wohl, daß sie sich gegen den König nicht halten könnten, und so schlugen die Sendboten der Herzogin und all ihren Freunden vor, den Frieden des Königs anzunehmen. Sie antworteten, sie wollten sich darüber beraten, und zogen sich zurück, um miteinander zu sprechen. Hierauf sprachen die Freunde der Herzogin und des Herzogs: «Die Edelleute sprechen die Wahrheit, wenn sie sagen, daß wir uns gegen den König nicht wehren können. Aber hören wir an, welchen Friedensvorschlag er Euch und uns machen will. Es ist doch möglich, daß der König ihn so vorteilhaft anbietet, daß er nicht abgelehnt werden kann. So raten wir es.» Die Herzogin antwortete: «Ich wehrte mich niemals gegen den Rat meines Herrn und werde es auch nicht gegen euren tun.» Nun kamen sie aus der Ratsversammlung zurück. Darauf sprach einer der weisesten zu den Boten: «Ihr Herren, meine Herrin bittet zu erfahren, welche Wiedergutmachung der König leisten will.» Die Boten antworteten und sagten: «Wir kennen den Willen des Königs noch nicht. Nur so viel sagte er, er wolle nach dem Rat seiner Barone Genugtuung leisten.» Sie antworteten: «Dann würde er es wohl sehr gut sühnen, wenn das wahr ist. Ihr seid so edel, ihr werdet gewiß einen guten Rat geben, wenn es Gott gefällt, so daß es zur Ehre der Herzogin gerate.»

Also setzten sie einen Tag nach zwei Wochen fest, an dem die Herzogin und ihre Freunde vor dem König erscheinen sollten, um zu hören, was er vorschlagen wolle. Der Tag wurde festgesetzt, und die Boten kamen vor den König und berichteten ihm, was sie mit der Herzogin und ihren Freunden befunden hatten. Der König sagte, es solle ihr und ihrem ganzen Gefolge gutes Geleite gegeben werden und es sei ihm alles recht. So blieb der König noch diese vierzehn Tage im Lager, und er und Urfin sprachen während dieser Zeit über manche Dinge. Und als die vierzehn Tage vorüber waren, ließ der König, so wie es die Barone rieten, die Herzogin in gutem Geleite holen. Und als sie in das Heerlager gekommen war, ließ der König alle ihre Barone zu seiner Beratung versammeln und fragte sie, ob sie im Auftrag ihrer Herrin geradezu diesen Frieden verlangen wollten. Die Räte der Herzogin antworteten: «Herr, die Herzogin ist nicht hierhergekommen, um zu verlangen, sondern um anzuhören, was Ihr für den Tod ihres Herrn und Gemahls anbieten wollt.» Als der König das hörte, so hielt er sie für sehr weise. Er zog seine eigenen Räte beiseite und fragte sie: «Ihr Herren, was ratet ihr mir nun in dieser Angelegenheit?» Sie antworteten: «Herr, das kann niemand wissen, außer Eurem Herzen, welchen Frieden Ihr von ihnen wollt und was Ihr ihnen anbieten wollt.» Der König antwortete: «Ich will euch sagen: Ihr seid alle meine Lehensleute und alle so edel, daß ihr mir keinen schlechten Rat geben werdet, darum stelle ich es ganz und gar euch anheim.» Sie sprachen: «Herr, Ihr belastet uns damit zu sehr. So befehlt denn Urfin, daß er in unserem Rat erscheine, denn wir würden nichts unternehmen, wenn er nicht dabei wäre.»

Als der König vernommen hatte, daß sie Urfin zur Beratung erbaten, zeigte er unverhohlen seine große Freude darüber. Er sprach zu Urfin: «Ich habe dich erzogen und zum reichen Mann gemacht. Und ich weiß gut, daß du ein kluger Mann bist. Nun geh, berate sie in meinem Auftrag.» Urfin sprach: «Das will ich gerne tun, da Ihr es mir anbefehlet. Aber so viel will ich noch sagen: wisset, daß ein Herr von seinen Lehensleuten nie innig genug geliebt werden kann, und wenn sie wirklich Edle sind, kann er sich nie demütig genug vor ihnen herablassen, um ihre Herzen zu besitzen.» In dieser Gesinnung ging denn Urfin zu der Beratung mit den Baronen. Als sie alle auf einer Seite versammelt waren, fragten sie ihn: «Urfin, was ratet Ihr uns in dieser Angelegenheit?» Urfin antwortete: «Ihr habt gehört, daß der König sich ganz auf euch verläßt, gehen nun wir zur Herzogin und ihren Freunden, um zu erfahren, ob sie sich ebenfalls euch anvertrauen wollen.» Sie antworteten alle, er habe gut gesprochen. So gingen sie denn, um mit der Edelfrau und ihren Räten zu sprechen. Als sie vor ihr standen, sagten sie, der König verlasse sich in allem auf sie, seine Räte, und wolle den Frieden so annehmen, wie sie ihn vorschlügen. Sie seien nun gekommen, um zu fragen, ob die edle Herzogin und ihre Räte sich dem anschließen könnten. Die Räte antworteten: «Darüber muß man wohl gut zu Rate gehen.» Sie berieten sich untereinander und meinten, der König könne gar nichts Besseres anbieten, als die Entscheidung ganz seinen Baronen anheimzustellen. Deshalb schloß sich die Herzogin mit ihren Ratsherren und den Verwandten des Herzogs dem Vorschlag des Königs an, und diese übernahmen die Sicherheit dafür. Hierauf traten sie noch einmal zum Rat zusammen und fragten einander, was jeder einzelne dazu raten könne. Als jeder seine Meinung kundgetan hatte, fragten sie Urfin, was er rate. Urfin antwortete: «Ich will euch allen meine Meinung sagen. Ihr Herren, ihr wißt gut, daß der Herzog durch den König gestorben ist, er hatte aber nichts getan, wodurch er den Tod verdient hätte. Ist es nicht wahr, was ich sage? Und seine Gemahlin ist zurückgeblieben und hat für Kinder zu sorgen. Ihr wißt aber gut, daß der König ihr Land verwüstet hat. Sie ist die edelste Frau der Welt und die schönste und die weiseste. Und wisset, daß die Verwandten des Herzogs viel durch seinen Tod verloren haben. So ist es also recht und billig, daß der König ihnen einen Teil ihrer Verluste wieder erstatte, so daß er ihre Liebe gewinnen kann. Andererseits wißt ihr, daß der König ohne Gemahlin ist. So sage ich also in meinem Vorschlag, daß der König den Schaden, den er angerichtet hat, nicht besser wiederherstellen und bessern kann, als wenn er die Herzogin zur Gemahlin nimmt. Mich dünkt daher, das müßte er tun, sowohl um ihr Genugtuung zu geben als auch um unsere Liebe und die aller Untertanen seines Reiches zu erwerben. Wenn er das gewährt und ausgeführt hat, möge er die Tochter des Herzogs mit dem König Lot von Orkanien, der hier anwesend ist, vermählen; und den anderen Freunden soll er so viel Gutes erweisen, daß sie ihn für ihren Freund halten und für ihren Herrn und für ihren treuen König.»

«Nun habt ihr meinen Rat gehört», sprach Urfin weiter. «Und jetzt könnt ihr selbst etwas anderes vorschlagen, wenn ihr euch dem nicht anschließen könnt.» Sie aber antworteten alle: «Ihr habt das Beste gesagt, was man erdenken kann. Und wenn Ihr wagtet, es dem König zu berichten, und wir sehen, daß er darauf eingeht, dann wollen auch wir alle darauf eingehen.» Urfin antwortete: «Ihr Herren, damit sagt ihr noch nicht genug, aber wenn ihr euch rückhaltlos dem anschließet, so werde ich den Wortlaut dem König mitteilen. Hier steht der König von Orkanien, auf dem ein großer Teil des Friedensvorschlages liegt, und er möge seine Meinung über diesen Frieden sagen.» Dieser antwortete: «Was das betrifft, das Ihr über mich gesagt habt, so will ich nicht, daß der Frieden daran scheitere.» Als die anderen das vernahmen, schlossen sie sich alle ihm an. Hierauf begaben sie sich dorthin, wo der König war. Die Herzogin wurde bestellt und alle ihre Räte. Als sie alle dort zusammen waren, sprach Urfin sie an und wiederholte den Friedensvertrag, wie sie ihn verhandelt hatten. Hierauf fragte er die Barone: «Seid ihr für diese Übereinkunft?» Und sie antworteten alle: «Ja!» Urfin wandte sich zum König und sprach zu ihm: «Herr, was sagt Ihr nun? Könnt Ihr die Übereinkunft dieser edlen Herren gutheißen?» Er antwortete: «Ich will es wohl, wofern die Herrin und ihre Freunde sich dem anschließen und König Lot aus meiner Hand die Tochter des Herzogs als Gemahlin nehmen will.» Hierauf antwortete König Lot: «Herr, alles was Ihr mir vorschlagt, werde ich annehmen aus Liebe zu Euch und aus Liebe zum Frieden.» Hierauf sprach Urfin vor allem zu dem, der der Wortführer der Herzogin war, und fragte ihn: «Nehmt Ihr diesen Frieden an?» Und er antwortete als weiser Mann und betrachtete dabei die Herzogin und ihre Ratsherren, die so betrübt und so kummervoll dasaßen, daß das Wasser des Herzens ihm bis in die Augen stieg, und es gab solche unter ihnen, die vor Mitgefühl und Freude laut weinten. Und er selbst, der antworten mußte, weinte und sagte unter

Tränen: «Niemals ist eine so gute Genugtuung Lehensleuten von einem Landesherren widerfahren.» Er fragte die Herzogin und Verwandten des Herzogs: «Nehmt Ihr diesen Frieden an?» Die Herzogin schwieg. Die Verwandten der Herzogin und des Herzogs sprachen und sagten alle: «Es gibt niemand, der nicht annehmen kann, und wir heißen ihn gut. Denn wir halten den König für so edel und so treu, daß wir uns in allen anderen Dingen in seine Hand begeben.»

Und so wurde der Frieden von der einen und anderen Seite genehmigt, und so nahm Uter-Pendragon Igerne zur Gattin und gab ihre Tochter dem König Lot von Orkanien zur Gemahlin. Die Hochzeit des Königs und Igernes wurde am dreizehnten Tage nach den vierzehn Tagen, an denen die Unterredung stattfand, gefeiert, und drei Wochen vor der Unterredung war der Herzog gefallen. So könnt ihr genau zwei Monate von diesem Tage an rechnen, da der König mit Igerne in ihrem Gemach gelegen war. Und aus der Tochter des Herzogs, die er dem König Lot gab, entstanden Mordret und Herr Gauwain und Agrawain und Gerahes und Gahariet. Und König Neutres von Sorhaut bekam die zweite Tochter des Herzogs aus seiner Ehe mit Igerne, die trug den Namen Morgana. Auf den Rat aller seiner Freunde ließ der König eine dritte Tochter, die den Namen Morgue trug, in einem Ordenshaus in den Wissenschaften unterrichten. Sie lernte so gut und so rasch, daß sie die sieben Künste beherrschte und wunderbare Kenntnisse von einer Kunst hatte, die man Astronomie nennt. Sie arbeitete darin so viel und alle Zeit, und wußte auch viel von der Arzneikunde, und nach dieser Arzneikunde wurde sie Morgue la Fee genannt. Die anderen Kinder versorgte der König alle und liebte sehr die Verwandten des Herzogs.

So bekam der König Igerne und behielt sie bei sich so lange, bis die Schwangerschaft sichtbar wurde. In einer Nacht, da der König bei ihr lag, legte er seine Hand auf ihren Leib und fragte sie, von wem sie schwanger sei, denn sie könnte doch nicht schwanger sein von ihm, seitdem er sie geheiratet habe. Er sei doch nicht ein einziges Mal bei ihr gewesen, ohne es aufzuschreiben. Sie konnte nicht schwanger sein vom Herzog, denn er war lange Zeit vor seinem Tode niemals mehr bei ihr gewesen. Als die Herzogin das hörte, schämte sie sich und begann zu weinen und sprach weinend zum König: «Herr, über das, was Ihr wißt, kann ich Euch keine Lüge glaubhaft machen. Auch etwas anderes will ich keineswegs sagen, aber um Gottes Erbarmen willen, habt Mitleid mit mir, denn ich will Euch wunderbare Wahrheiten sagen, wenn Ihr mir zusichert, daß Ihr mich nicht verstoßen werdet.» Er sicherte ihr zu, er werde sie trotz allem, was sie ihm auch erzählen möge, nicht verlassen.

Als die Königin hörte, daß ihr Herr ihr diese Sicherheit gab, freute sie sich überaus und sprach: «Herr, ich will Euch Wunder berichten.» Nun erzählte sie ihm, wie ein Mann bei ihr gelegen sei in ihrem Zimmer in der Gestalt des Herzogs, ihres Herrn. «Und er hatte bei sich zwei der Männer auf der Welt, die mein Herr am meisten liebte: Und so kam er zu mir in mein Gemach, angesichts aller meiner Leute und lag bei mir. Und ich glaubte mit Sicherheit, es sei mein Herr. Dieser Mann zeugte diesen Erben, mit dem ich schwanger bin. Ich weiß wohl, daß in der Nacht, da mein Herr starb, gezeugt wurde. Der Fremde lag noch bei mir, als die Nachricht von seinem Tode kam. Hierauf gab er mir zu verstehen, er sei mein Herr. Seine Leute aber wüßten nicht, was mit ihm geschehen sei, und damit ging er weg.» Als die Königin ihre Geschichte erzählt hatte, antwortete der König und sprach zu ihr: «Liebe Freundin, hütet Euch, daß je ein Mann oder eine Frau dies erfahre, denen Ihr es verheimlichen könnt; denn Ihr würdet darob mit Schmach bedeckt werden, wenn man es wüßte. Ihr sollt nur wissen, dieses Kind, das von Euch geboren werden wird, ist aller Vernunft nach weder das meinige noch das Eurige. Es darf weder mir noch Euch angehören. Deshalb bitte ich Euch, daß Ihr es, sobald es geboren wird, demjenigen gebet, den ich Euch empfehlen werde, und niemals werden wir mehr etwas von ihm vernehmen.» Sie aber antwortete: «Herr, über mich und alles, was mich betrifft, könnt Ihr nach Eurem Willen verfügen.» Hiernach kam der König zu Urfin und berichtete ihm die Worte, die zwischen ihm und der Königin gewechselt wurden. Als Urfin das hörte, antwortete er und sprach: «Herr, nun könnt Ihr wohl genau wissen, daß sie klug und treu ist, und daß sie Euch über ein so großes

Ungemach keine Lüge vorgetragen hat. Ihr selbst habt den Auftrag Merlins gut ausgeführt, denn auf andere Weise könnte er das Kind nicht bekommen.»

Dabei blieb es bis zum sechsten Monate, in dem Merlin versprochen hatte zurückzukommen. Er kam und sprach heimlich mit Urfin und fragte ihn um Kunde über alles, was er hören wollte, und Urfin erzählte ihm wahrheitsgemäß, was er wußte. Als sie so miteinander gesprochen hatten, bestellte der König Merlin durch Urfin zu sich. Als sie alle drei beisammen waren, sprach der König zu Merlin, wie er es mit der Königin gehalten und wie sie dadurch Frieden geschlossen hatten, daß er sie zur Frau nahm. Merlin antwortete: «Urfin ist von der Sünde freigesprochen, durch die er die Liebe zwischen dir und der Königin bewerkstelligt hat. Ich aber habe mich noch nicht davon freisprechen können, daß ich ihm mit der List, zu der ich griff, zu diesem Betrug half. Mir fällt auch die Schuld an der Zeugung des Kindes zu, das die Königin trägt, da sie nicht weiß, woher es kommt.» Der König antwortete: «Ihr seid so weise, Ihr werdet wohl Euch davon freizusprechen wissen.» Merlin erwiderte: «Herr, es ziemt sich, daß Ihr mir dabei helft.» Der König erwiderte, er wolle ihm in jeder möglichen Art helfen, die er nur ersinnen könne. Merlin wisse wohl, daß er ihm das Kind überantworten werde. Merlin sprach: «Es lebt in dieser Stadt der edelste Mann dieser Welt. Und er hat die edelste, klügste und sorgsamste Frau von allen. Mit allen besten Vorzügen, die es gibt, ist sie gesegnet. Sie hat ihm einen Sohn zur Welt gebracht, und ihr Herr ist kein allzu reicher Mann. So will ich denn, daß Ihr ihn kommen lasset und ihn mit dem Eurigen so reich beschenkt, daß der Herr und die Frau auf die Heiligen schwören werden, daß sie ein Kind aufziehen werden, das ihnen gebracht wird. Mit der Milch der Edelfrau soll es ernährt werden, ihr eigenes Kind aber sollen sie von einer fremden Frau nähren lassen. Das Kind, das ihnen gebracht würde, sollen sie als ihren leiblichen Sohn aufziehen.» Der König sprach: «Merlin, so wie du sagst, gewähre ich es dir.» Hierauf nahm der König Abschied von Merlin, Merlin aber begab sich hinweg zu seinem Meister Blasius.

Der König ließ den Edelmann kommen, und als er erschienen war, erwies ihm der König viel freundschaftliche Beweise seiner Huld. Dieser staunte gar sehr, daß der König ihm solche Liebe bereitete. Der König sagte zu ihm: «Lieber teurer Freund, ich muß Euch ein Wunder enthüllen, das mir zugestoßen ist. Ihr seid mein Lehensmann, und ich bitte Euch bei der Treue, die Ihr mir schuldet, daß Ihr mir in einer Sache helfet, die ich Euch mitteilen muß und die Ihr nach Eurem Vermögen geheimhalten sollt.» Dieser sprach: «Herr, Ihr könnt mir nichts befehlen, das ich nicht täte, wenn ich es tun kann. Und wenn ich es nicht tun kann, so werde ich doch darüber schweigen.» Der König sprach weiter: «Es ist mir ein Wunder zugestoßen im Schlaf. Denn mir war, ein Edelmann käme zu mir im Traum, der mir sagte, Ihr seiet der edelste und treueste Mann meines Reiches. Er sagte mir weiter, daß Ihr einen Sohn gezeugt habt mit Eurer Frau, der eben geboren wurde. Er befahl mir, Euch zu bitten, Ihr möget Euren Sohn entwöhnen und ihn einer anderen Frau übergeben, damit Eure Frau aus Liebe zu mir und zu Euch ein Kind stillen könne, das ihr gebracht würde.» Der Edelmann antwortete: «Herr, das ist ein großes Ding, das Ihr mir da saget. Ich bitte Euch, teilet mir mit, wann dieses Kind gebracht werden soll.» Der König antwortete ihm: «So wahr mir Gott helfe, ich weiß es nicht.» Der Edelmann aber sprach darauf, er wolle seinen Wunsch erfüllen. Darauf gab ihm der König so reiche Geschenke, daß der Edelmann ganz bestürzt darüber war, und so schied der König vom Edelmann. Hierauf eilte der Mann zu seiner Gemahlin und berichtete ihr, was der König ihm gesagt hatte. Als sie es hörte, schien ihr die Sache sehr seltsam zu sein, und sie sprach: «Soll ich denn wirklich meinen Sohn im Stiche lassen, um einen anderen zu stillen?» Er aber sprach zu ihr: «Es gibt keine Wahl, wir müssen es für unseren Herrn tun. Er hat uns so viel Gutes angetan und hat uns so viel versprochen, daß wir wohl seinen Wunsch erfüllen müssen. Ich will durchaus, daß Ihr es mir versprechet.» Sie aber sprach: «Ich bin Euer und das Kind auch, darum sollt Ihr mit mir und mit ihm nach Eurem Willen handeln. Ich willige ein, denn ich darf in keiner Sache gegen Euch sein.» Hierauf wurde der Edelmann ganz froh, als er die Einwilligung seiner Frau bekommen hatte. Dann sprach er, sie möge eine Frau suchen, die ihren Sohn stille, bevor man ihr das königliche Kind bringe. So trennte sich der Edelmann von seinem Sohn. Und es geschah, daß die Königin der Niederkunft nahe war. An dem Tage, bevor sie das Kind gebären sollte, kam Merlin insgeheim zu Hof und sprach mit Urfin und sagte: «Urfin, ich bin sehr zufrieden mit dem König, der so weise mit Antor gesprochen hat über das Anliegen, das ich an ihn habe. Nun heiße ihn zur Königin gehen und ihr mitteilen, sie werde morgen abend kurz nach Mitternacht ihr Kind bekommen. Er möge ihr befehlen, es dem Edelmann, der draußen im Saal warten wird, übergeben zu lassen.» Urfin sprach, als er dies vernommen hatte: «Merlin, sprecht Ihr denn nicht mit dem König?» Merlin entgegnete: «Ich werde diesmal nicht mit ihm sprechen.» Hierauf eilte Urfin zum König und teilte ihm mit, was Merlin ihm befohlen hatte.

Als der König das vernahm, war er von großer Freude erfüllt und sprach: «Urfin, wird er nicht mit mir sprechen, bevor er weggeht?» Urfin antwortete: «Nein, aber tut, was er Euch empfiehlt.» Darauf ging der König zur Königin und sprach zu ihr: «Liebe Herrin, ich will Euch etwas sagen, wenn Ihr mir vertraut und das tut, was ich Euch anbefehlen will.» Die Königin erwiderte: «Herr, ich werde Euch in allem, was Euch gefällt, glauben und werde alles tun, was Ihr mir befehlet.» Der König sprach: «Liebe Frau, morgen abend nach Mitternacht werdet Ihr mit Hilfe Gottes Euer Kind bekommen, und ich bitte Euch und befehle Euch, sobald es geboren ist, es durch eine Eurer vertrauten Frauen dem ersten Mann übergeben zu lassen, den sie beim Ausgang des Saales finden wird. Befehlt all den Frauen, die bei der Geburt sein werden, niemand zu sagen, daß Ihr ein Kind bekommen habt, denn es würde große Schande für mich und Euch daraus entstehen, da mehrere Leute sagen würden, das Kind sei nicht von mir, denn es scheint nicht möglich, daß es so sei.» Die edle Frau antwortete: «Herr, es ist wahr, was ich Euch vor kurzem erzählt habe, und ich werde genau das tun, was Ihr mir befehlet. Aber gar sehr staune ich darüber, daß Ihr meine Zeit der Niederkunft so genau wißt.» Der König antwortete ihr: «Edle Frau, ich bitte Euch, tut, was ich Euch befehle.» Sie entgegnete: «Herr, ich will es gerne tun, so es Gott gefällt.» Darauf schied der König von der Königin, und so wie es Gott gefiel, bekam sie am nächsten Tag nach der Vesper-

zeit ihre Wehen, und sie quälte sich bis zu der Zeit, die der König angegeben hatte. Darauf gebar sie nach Mitternacht vor Tagesanbruch ihr
Söhnlein. Und sobald sie niedergekommen war, rief sie eine Frau, zu
der sie großes Vertrauen hatte, und sagte zu ihr: «Liebe Freundin,
nimm dieses Kind und trage es vor die Tür des Saales. Ihr werdet dort
einen Mann finden, der darnach fragt. Dem übergebt es. Und achtet ja
darauf, was für ein Mann das ist.» Die Frau tat, was die Königin ihr
befahl, und wickelte das Kind in die reichsten Tücher, die sie hatte.
Hierauf trug sie es vor den Ausgang des Saales. Und als sie dorthin
kam, sah sie einen Mann, der überaus schwach zu sein schien. Sie sprach
zu ihm: «Lieber Mann, worauf wartet Ihr hier?» Der antwortete: «Ich
erwarte das, was du mir bringst.» Sie fragte ihn: «Was für ein Mann
seid Ihr denn, und was soll ich meiner Frau sagen, wem ich ihr Kind
übergeben habe?» Er antwortete: «Was du da fragst, geht dich nichts
an, tu, was man dir befiehlt.» Sie reichte ihm das Kind, er nahm es, und
niemals, nachdem er es hingenommen, erfuhr sie, was aus ihm geworden
war. Sie kam zurück zu ihrer Königin und sagte zu ihr: «Edle Frau, ich
habe das Kind einem alten Mann übergeben, weiter weiß ich nicht, wer
er ist.» Die Königin weinte, da sie darüber einen überaus großen
Schmerz empfand.

Der Mann, dem sie das Kind übergeben hatte, ging hinweg, so schnell
er nur konnte, zu Antor. Am Morgen begegnete er diesem, wie er gerade
zur Messe ging, und er rief ihn an und sprach zu ihm: «Antor, ich will
mit dir sprechen.» Antor betrachtete ihn, und er schien ihm ein echter
Edelmann zu sein. Er sagte zu ihm: «Herr, was ist Euer Belieben?» Der
alte Mann antwortete: «Antor, ich bringe dir ein Kind und bitte dich,
daß du es reicher als dein eigenes aufziehen lässest. Und wisse nur,
wenn du das tust, wird dir großes Gut daraus erwachsen, sowohl dir
wie deinen Erben. Wer es dir sagt, danach sollst du niemals fragen.»
Antor fragte ihn: «Herr, ist dies das Kind, das der König mich gebeten
hat aufzuziehen?» Dieser antwortete: «Ja, ohne Zweifel, und der König
und alle edlen Herren müssen dich darum bitten. Und wisse, daß meine
Bitte nicht weniger als die eines ganz hochstehenden Mannes gilt.» Antor nahm das Kind und sah, daß es sehr schön war. Er fragte, ob es

getauft sei. Der sprach zu ihm: «Nein, aber lasse es nur auf der Stelle taufen.» Antor antwortete: «Gern.» Hierauf nahm er das Kind und fragte den Mann, welchen Namen es tragen solle. Er sagte ihm, es solle den Namen Artus bekommen. «Und ich gehe nun hinweg, denn ich habe hier nichts mehr zu tun. Und sieh, weil dir großes Gut daraus erwachsen wird, werdet Ihr, sobald Ihr es nur eine kurze Zeit gehabt habt, nicht mehr wissen, welches Kind Ihr lieber haben werdet: Euer eigenes oder dieses.» Antor antwortete: «Herr, was soll ich dem König sagen, wer es mir übergeben hat und wer Ihr seid?» Dieser antwortete: «Diesmal sollst du nichts weiteres darüber erfahren.»

Hier erzählt die Geschichte, daß Merlin von Antor Abschied nahm. Antor ließ das Kind auf der Stelle taufen, und es bekam den Namen Artus. Hierauf trug er das Kind zu seiner Gattin und sagte zu ihr: «Liebe Frau, hier ist das Kind, für das ich dich so sehr gebeten habe.» Sie antwortete: «Es sei willkommen.» Sie nahm es hin und fragte ihren Herrn, ob es getauft sei. Er antwortete: «Ja, es hat den Namen Artus.» Hierauf nahm es die Frau in Empfang und stillte es und zog es auf, und das ihrige überließ sie einer Amme.

Der König herrschte darnach lange Zeit im Lande. Dann geschah es, daß ihn an Händen und Füßen eine schmerzhafte, schwere Krankheit, die Gicht, befiel. Gerade da empörten sich die Sachsen an mehreren Orten in seinem Lande und brachten ihm so viel Schaden, daß er seine Barone zu Hilfe rief. Sie rieten ihm, wenn er sich rächen könne, so solle er es tun. Hierauf sprach der König, sie sollten um Gottes Liebe willen und ihm zuliebe hinziehen, wie Edelleute eben für ihren Herrn handeln sollen. Sie antworteten, sie würden mit Freuden in den Kampf ziehen. So zogen sie aus und trafen die Feinde des Königs und sahen, daß sie einen großen Teil des Landes in ihren Besitz gebracht hatten. Sie griffen sie an, aber die Mannen des Königs führten sich im Kampf auf wie ein Volk ohne Herren und wurden besiegt. Da verlor der König gar viele seiner Leute.

Als die Nachricht vor den König gebracht wurde, daß seine Leute besiegt seien, war er darüber überaus traurig. Hierauf kam der Rest der

Kämpfer, die in der Schlacht gewesen, und klagte gar heftig. Nachdem die Sachsen in der Schlacht gesiegt hatten, vermehrte sich ihr Volk und nahm zu an Stärke. Merlin, der alle diese Dinge genau wußte, suchte den König auf, der durch seine Krankheit sehr geschwächt war und schon viel von seiner Lebenszeit verbraucht hatte.

Als der König erfuhr, daß Merlin gekommen sei, war er überaus froh darüber und dachte in seinem Herzen, er würde doch noch Trost bekommen. Als Merlin vor den König Uter-Pendragon kam, empfing er ihn voll Freude. Doch Merlin sagte: «Herr, Ihr seid voll großer Furcht.» Der König sprach: «Merlin, ich kann nicht weiter, denn Ihr wißt wohl, daß meine Untertanen, durch die ich dachte Hilfe zu bekommen, versagt haben. Und die Sachsen, vor denen ich mich nicht glaubte hüten zu müssen, haben mir mein Reich zerstört, meine Leute erschlagen und in der Schlacht besiegt.» Merlin hielt ihm vor: «Herr, so könnt Ihr nun genau sehen, daß keiner in der Schlacht ohne Führer etwas taugt.» Der König antwortete: «Merlin, ratet mir um Gottes Gnade willen, was ich jetzt tun soll.» Und Merlin sprach: «Herr, ich werde Euch einige kurze und geheime Worte sagen, und die sollt Ihr gläubig von mir hinnehmen. Laßt Euer Heer und Eure Lehensleute aufbieten, und wenn sie alle versammelt sind, sollt Ihr Euch auf eine Sänfte betten lassen und mit ihnen zusammen in den Kampf ziehen. Und wisset nur in aller Gewißheit, daß dann die Sachsen besiegt werden. Wenn Ihr sie besiegt habt, so sollt Ihr für immer wissen, daß ein Land ohne Herrn nichts wert ist. Habt Ihr das ausgeführt, so nehmt Abschied von Euren Schätzen, denn ich sehe wohl, daß Ihr nicht mehr lange zu leben haben werdet. Ihr sollt wissen, daß die Menschen, die große Besitztümer haben und mit all ihrem Gut sterben, weil sie sich nicht davon trennen und für ihre Seelen nichts Gutes tun können, ihr Hab und Gut keineswegs zu eigen haben, sondern es gehört den Wesen, die sie am rechten Tun verhindern: Und wisset, das sind die Teufel. Besser wäre es dem Reichen, er hätte nie etwas von den Reichtümern dieses irdischen Lebens besessen. Die Ehren sind nichts als Schädigungen für die Seelen, wenn man sie nicht von sich gibt, wie man muß. Und du weißt, bevor du aus dem Leben scheiden mußt, sollst du es so verlassen, daß du nicht die Freude der anderen

Welt verlierest, denn die Freude dieses Lebens ist nichts wert verglichen mit der Freude da drüben. Ich will dir mit einem einzigen Wort sagen, warum: Du weißt, in diesem Leben läßt uns auch die größte Freude im Stiche. Die Freuden aber, die wir in der anderen Welt erwerben, können nicht sterben noch zunichte werden. Und was wir auch in diesem sterblichen Leben haben, das läßt uns Unser Herr besitzen, um zu prüfen, wie wir das andere Leben erringen können. Nun ziemt es sich also, daß einer, der weise sein will, mit dem, was Gott ihm in diesem sterblichen Leben gegeben hat, das ewige Leben erkauft. Du aber, der du so viel in diesem weltlichen Leben an allen Gütern besessen hast, welche Guttaten hast du für Unseren Herrn getan? Ich habe dich sehr geliebt und liebe dich noch, und wisse wohl, daß keiner dich mehr lieben kann als ich. Ich sage dir genau, daß du nach diesem Sieg, den du in diesem Kampf und in dieser Schlacht erringen wirst, nicht länger leben wirst. Wisse nur, daß alle Ehren, die der Mensch in diesem weltlichen Leben gewinnt, ihm nicht so viel wert sein können wie ein gutes Ende. Und selbst wenn du alle Güter der Welt errungen hättest und hättest ein schlechtes Lebensende, so wärest du in Gefahr, alles zu verlieren. Hättest du dagegen viel Böses getan und hättest ein gutes Ende, so würdest du doch Verzeihung finden. Wisse nur, daß du nichts außer Almosen und Guttaten aus diesem zeitlichen Leben mitnehmen kannst. Nun habe ich dir deine wahre Lage gezeigt und gesagt. Du weißt gut, daß Igerne, deine Gemahlin, gestorben ist und du eine andere Frau nicht mehr nehmen kannst. So wird dein Reich nach dir ohne Erben bleiben, und deshalb mußt du dich sehr bemühen, Gutes zu tun. Ich werde fortgehen, denn ich habe nichts mehr mit dir zu tun. Urfin aber bitte, er möge mir glauben und gehorchen, wenn es nötig sein wird.» Der König sprach Merlin wieder an: «Etwas Großes hast du mir erzählt, da du mir angesagt hast, daß ich meine Feinde besiegen werde. Und wie werde ich denn Unserem Herrn diesen Sieg lohnen können?» Merlin antwortete: «Nur durch ein gutes Ende. Ich will fortgehen und ich bitte dich, besinne dich auf dich selbst nach dieser Schlacht und auf alles, was ich dir gesagt habe.» Der König fragte Merlin nach seinem Sohn, den er mitgenommen hatte, und Merlin antwortete: «Um diese Frage brauchst du dir keine Sorge mehr zu machen. Ich will dir aber wohl sagen, daß das Kind gut und schön und wohl erzogen ist.» Der König antwortete: «Merlin, werde ich dich jemals wiedersehen?» Merlin sprach: «Ja, ein einziges Mal, und dann nicht mehr.»

So schieden denn der König und Merlin voneinander. Der König entbot sein Heer und teilte mit, er wolle gegen seine Feinde ziehen. Alsbald zog er aus und ließ sich in einer Sänfte tragen und traf auf die Feinde. Und sie griffen ihn an, sie kämpften miteinander, und das Heer des Königs überwältigte die Feinde durch den Trost ihres Herrn und tötete ihrer eine große Menge. So trug der König den Sieg in der Schlacht davon und vernichtete seine Feinde. Von da an blieb das Reich ganz in Frieden.

So wie ihr gehört habt, handelte der König. Hierauf erinnerte er sich der Worte Merlins und kehrte nach Logrien* zurück. Und dann, als er dorthin gekommen war, bestellte er alle seine großen Schätze und reichen Güter und ließ allenthalben von guten Leuten erkunden, wo die Bedürftigsten seines Reiches seien. Diesen schenkte er reiches Hab und Gut, gab reichliche und schöne Almosen, und das übrige verteilte er nach Rat und Willen der Würdenträger der Heiligen Kirche. So wirkte der König und gab sein Besitztum auf, so daß ihm kein Gut übrigblieb, das ihm bewußt war, sondern er gab alles aus Liebe zu Gott und auf den Rat Merlins hin. Der König demütigte sich tief vor Gott und seinen Dienern, so sehr, daß sie Mitleid mit ihm hatten. Nun pflegten seine Diener den Kranken lange Zeit, bis seine schwere Krankheit immer härter auf ihm lastete. Sein Volk war in Logrien versammelt, da es großes Mitleid um seinen Tod hatte, denn man sah wohl, daß er sterben müsse. Er war so krank, daß er geschwächt und stumm dalag und drei Tage lang nicht mehr sprechen konnte. Hierauf kam Merlin in die Stadt, da er alle diese Dinge wußte. Und als er gekommen war, ließen ihn die Edlen des Landes vor sich kommen. Als sie versammelt waren, sprachen sie zu ihm: «Merlin, nun ist der König, den Ihr so sehr geliebt habt,

---

* «Logres», wie es im Text heißt, bedeutet einmal London, die Stadt, ein andresmal Logrien, das Land (Südengland).

gestorben.» Merlin aber antwortete: «Ihr sprecht nicht gut. Keiner stirbt unversehens, der ein so gutes Ende hat wie er, zudem ist er noch nicht gestorben.» Sie aber erwiderten: «Doch, denn seit drei Tagen spricht er nicht mehr, er ist verstummt und wird auch nicht mehr sprechen.» Merlin antwortete: «Doch, er wird sprechen, so es Gott gefällt. Nun kommt mit, und ich will ihn euch zum Sprechen bringen.» Sie begaben sich dorthin, wo der König krank lag, und ließen alle Fenster öffnen. Der König blickte Merlin an und wandte sich zu ihm, so gut er konnte, und zeigte an, daß er ihn erkenne. Merlin sprach zu den Baronen, die dort waren, und zu den Prälaten, die die Heilige Kirche vertraten: «Wer die Worte hören will, die der König sprechen wird, möge näher treten.» Sie fragten ihn: «Merlin, wie gedenkst du ihn zum Sprechen zu bringen?» Da wandte sich Merlin nach der anderen Seite zu Häupten des Königs und sprach ihm ganz leise ins Ohr: «König, du hast ein gutes Ende gefunden, wenn dein Gewissen so ist wie dein Aussehen. Und ich sage dir, dein Sohn Artus wird der Herr deines Reiches nach dir sein, durch die Kraft Jesu Christi. Und er wird das Werk der Runden Tafel erfüllen, die du gegründet hast.» Und als der König diese Wunderworte vernahm, die Merlin zu ihm sprach, wandte er sich ihm zu und sagte: «Merlin, bittet ihn um Gottes Gnade willen, er möge für mich bei Jesus Christus Fürbitte einlegen.» Und Merlin sprach zu allen, die dort waren, und sagte zu ihnen: «Ihr Herren, nun habt ihr erlebt, was ihr nicht für möglich gehalten habt. Wisset, daß dies das letzte Wort ist, das er jemals aussprechen darf.» Hierauf erhoben sich Merlin und alle anderen, die dieses große Wunder gesehen hatten, daß der König so gesprochen hatte. Es war aber keiner, der wirklich wußte, was er zu Merlin gesprochen hatte.

V

ARTUS' KÖNIGSWAHL UND KRÖNUNG

So ging es mit dem König in dieser Nacht zu Ende, und die Barone, die Geistlichen und der Erzbischof verrichteten ihm den schönsten Dienst und erwiesen ihm die größte Ehre, die sie ihm nur antun konnten. So endete Uter-Pendragon, und das Land blieb ohne Erben.

Am nächsten Morgen, nachdem der König bestattet war, versammelten sich die Barone und alle Prälaten der Heiligen Kirche und beratschlagten, wie das Volk regiert werden solle. Und sie konnten sich auf keinen einigen. Darauf besprachen sie, daß sie Merlin zu Rate ziehen wollten, der doch überaus weise sei und nie einen unguten Rat gab, auch niemals sich einem Rat entzogen hatte. So einigten sie sich alle auf Merlin und ließen ihn holen. Als er gekommen war, sprachen sie zu ihm: «Merlin, wir wissen wohl, daß du überaus weise bist und die Könige dieses Reiches sehr geliebt hast. Du siehst wohl, daß das Land ohne Erben geblieben ist, und ein Land ohne Herrn ist nichts wert. Deshalb bitten wir dich um Gottes Gnade willen und ersuchen dich, daß du uns helfest, einen solchen Mann auszuwählen, der das Reich lenken könne zum Vorteil der Heiligen Kirche und zum Heil des Volkes.» Merlin entgegnete: «Ihr Herren, ich bin nicht Gott, daß ich eine solche Sache raten kann, noch darf ich einen König oder einen Reichslenker erwählen. Aber wenn ihr euch meinem Rat anschließt, so will ich euch gern etwas vorschlagen. Schließt euch jedoch meinem Rat nicht an, wenn ich es nicht gut mache.» Sie antworteten: «Zum Wohl und zum Nutzen des Landes möge uns Gott Einigkeit schenken.» Und Merlin sagte zu ihnen: «Ich habe dieses Reich sehr geliebt und alle Menschen, die darin wohnen, und wenn ich sage, daß ihr einen von euch zu eurem König machen sollt, so fände ich wohl Glauben, und es wäre auch richtig. Aber es hat sich für euch etwas so Schönes ereignet, daß ich es euch gerne mitteile, wenn ihr es erfahren wollt. Der König ist genau vierzehn Tage nach dem Martinsfest gestorben, und von hier an ist nicht mehr lange Zeit bis Weihnachten. Wenn ihr meinem Rat folgen wollt, so werde ich euch gut und ehrlich raten, gemäß der Heiligen Kirche und der Welt.» Sie antworteten einstimmig: «Merlin, sprich, was dein Wille ist. Wir werden dir glauben in allem, was du sagen wirst.» Er antwortete: «Ihr Herren, wir wissen wohl, es naht das Fest, an dem der König geboren wurde, der Herr über alle Könige und Lenker aller Dinge der Welt, die da sind, und Erhalter aller guten Dinge. Wenn ihr das Volk dazu bringt, meinen Vorschlag anzunehmen, da jedermann eines guten Reichslenkers bedarf, so bürge ich euch dafür, daß Gott durch Seine Güte und Seine Demut an diesem Fest, das Weihnachten genannt wird, wo es dem Herrn gefiel, als Mensch und auch als König über alle Dinge geboren zu werden, an diesem Tag uns einen solchen Mann als König auswählen wird, der nach Seinem Wohlgefallen und nach Seinem Willen herrschen soll. Im Lichte der Wahrheit soll Er uns an jenem Tage ein echtes Zeichen von sich senden nach seinem Belieben und Willen. Auf diese Weise soll das Volk erkennen, daß zu dieser Wahl der König ohne Wahl durch andere erwählt werde. Und ich versichere euch, wenn ihr das gesamte Volk so handeln laßt, so werdet ihr den hohen Sinn dieser göttlichen Wahl erkennen.» Darauf antworteten alle einstimmig und riefen: «Merlin, das ist der beste Rat, den man geben kann.» Hierauf fragten sie einander: «Schließt ihr euch diesem Rat an?» Und sie antworteten alle: «Es gibt keinen, der sich dem nicht anschließen dürfte.» Hierauf baten die Barone insgesamt die Bischöfe und Erzbischöfe, sie möchten das gemeine Volk auffordern, zu beten und Almosen zu spenden; und in allen Kirchen solle es verkündet werden, und jeder Priester solle es ansagen. «Alle, und wir mit ihnen, sollen einander geloben, daß sie die Gebote der Heiligen Kirche einhalten und das Zeichen ehren, das Gott uns schauen lassen wird.» So schlossen sich alle Barone dem Rate Merlins an. Hierauf nahm er von ihnen Abschied, sie aber baten ihn, er möge an Weihnachten wiederkommen, um zu erfahren, ob das wahrhaft eingetreten sei, was er ihnen prophezeit habe. Merlin antwortete: «Ich werde nicht dasein, und ihr werdet mich nicht vor der Wahl sehen.»

Hiernach ging Merlin hinweg zu Blasius und berichtete ihm alle diese Dinge, die in der Zukunft geschehen sollten, das war ihm gewiß. Die Edlen des Reiches und die Diener der Heiligen Kirche führten das aus und verbreiteten allenthalben, daß die edlen Herren des Königreiches alle zusammen an Weihnachten nach London kämen, um die Wahl Jesu Christi zu erleben.

So wurde allerorten dieser Beschluß erfahren und vernommen, und dann warteten sie bis Weihnachten. Antor aber, der so lange das Kind aufgezogen hatte, bis es ein guter Schildknappe geworden war, hatte es mit keiner anderen Milch als der seiner Gemahlin aufziehen lassen, und sein eigener Sohn wurde mit der Milch einer Magd gestillt. Antor wußte keineswegs sicher, welchen er wohl mehr liebe, seinen Sohn oder das Kind, hatte es auch nie anders genannt als seinen Sohn, und das Kind war desgleichen der Meinung, er sei sein Vater. An Allerheiligen vor jenem Weihnachtsfest geschah es, daß er seinen Sohn Keu zum Ritter schlug. Zu Weihnachten kam er nach London, ebenso wie die anderen, und brachte seine beiden Söhne mit. Am Vorabend von Weihnachten kamen sie alle zusammen, die Gelehrten und Priester und alle Edlen des Reiches. Sie hatten genau ausgeführt, was Merlin ihnen anbefohlen hatte. Und als sie alle versammelt waren, führten sie ein gar gutes Leben und warteten die Ankunft des Festes ab, so wie es recht war. Sie wohnten der Mitternachtsmesse bei und verrichteten ihre Gebete zu Unserem Herrn, damit er ihnen einen Mann sende, der würdig sei, die Christenheit zu fördern. Alle waren sie bei dieser ersten Messe, und als sie sie gehört hatten, gingen manche von ihnen hinaus und manche blieben im Münster. Auf diese Weise erwarteten sie die Morgenmesse. Es waren aber viele Menschen der Meinung, daß töricht seien alle, die wähnten, daß Unser Herr seinen Sinn darauf richte, einen König zu wählen. Während sie so im Warten dies und anderes sprachen, kam es, daß es zur Messe läutete, und sie gingen alle zum Gottesdienst. Während sie alle bereit waren, das Hochamt zu hören, wurde einer der würdigsten Priester des Landes eingekleidet, um die Messe zu singen. Bevor er anfing zu singen, predigte er dem Volke und sprach: «Ihr Herren, ihr müßt hier zum Guten versammelt sein, und zwar dreier Dinge wegen.

Ich will euch sagen, welche: zur Rettung eurer Seelen, zur Ehre eures Lebens und um das Wunder zu sehen, das Unser Herr heute verrichten wird, wenn es Ihm gefällt, uns einen König zu geben, um die Heilige Kirche zu stützen und das Volk zu verteidigen und das ganze Königreich. Wir sind alle im Wetteifer, welchen von uns wir auswählen sollten, doch sind wir nicht so klug und weise, daß wir den Würdigsten auswählen könnten. Deshalb, weil wir es nicht wissen, bitten wir Jesus Christus, daß Er uns heute ein Zeichen gebe, einen König nach Seinem Willen zu bekommen, so wahr Er selbst am heutigen Tage geboren ward. So bete denn jeder von uns, so gut er kann.»

Hierauf taten sie, wie er ihnen befohlen hatte, er aber ging und sang die Messe bis zum Evangelium. Es hatten schon manche von ihnen ihre Opfergabe dargebracht und traten deshalb gemeinsam vor das Münster hinaus. Dort war ein großer Platz. Als diejenigen, die schon geopfert hatten, hinausgegangen waren, brach der Tag an. Sie kamen alle vor das Münster und erblickten vor dem Tor des Münsters im Paradies einen ganz viereckigen Stein mit sechs Seiten. Sie konnten nicht erkennen, was für ein Gestein das sei, und meinten, er sei aus Marmor. Mitten auf diesem Stein stand ein eiserner Amboß, wohl einen halben Fuß hoch, und quer durch diesen Amboß war ein Schwert eingefügt bis zum Griff. Als die ersten, die das Münster verlassen hatten, dies sahen, hielten sie es für ein großes Wunder, eilten zurück in das Münster und verkündeten es dem Volk. Als der fromme Mann, der die Messe sang, das vernahm – es war aber der Erzbischof von London –, da nahm er Weihwasser und alle Heiltümer und schritt hinaus vor allen her und hinter ihm alle übrigen. Sie betrachteten den Stein und sahen das Schwert mitten drin, und sprengten Weihwasser darauf. Hierauf schaute der Erzbischof genauer zu und sah goldene Buchstaben, die auf dem Knauf des Schwertes waren, und las sie. Sie besagten: «Wer dieses Schwert herausziehen kann, soll nach der Wahl Jesu Christi König des Landes sein.»

Als der Erzbischof die Buchstaben gelesen hatte, sprach er zum Volk. Darauf wurde der Stein neun Edelleuten und fünf Geistlichen zur Bewachung übergeben. Sie priesen das erhabene Sinnbild, das ihnen Gott hier gezeigt habe, traten zurück in die Kirche, um die Messe zu Ende zu lesen und Unserm Herrn zu danken. Und sie sangen: Te Deum laudamus! Als der Prälat an den Altar gekommen war, wandte er sich um und sprach zu ihnen: «Nun könnt ihr wissen, daß einer von uns gut und auserwählt ist, da Unser Herr für uns ein solches Zeichen gegeben hat, und mit dem Zeichen wird Er uns Seinen Willen kundtun.» Hierauf sang der edle Priester die Messe. Und als sie beendet war, versammelten sie sich alle vor dem Stein. Hierauf fragten sie einander, wer als erster es versuchen solle. Und sie kamen überein, daß sie das Schwert nur versuchen wollten so, wie die Diener der Heiligen Kirche es vorschlügen. Bei diesem Wort jedoch entstand große Zwietracht, denn die Allerhöchsten und die Mächtigsten, die die größte Streitmacht hatten, wollten es zuerst versuchen. Dabei wurden viele Worte gesprochen, die man keineswegs wiederholen sollte. Der Erzbischof sprach so, daß die meisten von ihnen es hörten: «Ihr Herren, ihr seid nicht so weise, wie ich möchte, und nicht so edel, doch sollt ihr wissen, daß Unser Herr den schon sieht und kennt, den Er auserwählt hat, wir aber wissen noch nicht, welchen. Doch so viel kann ich euch wohl sagen, daß Reichtum und hoher Adel und Stolz dabei nichts gelten, sondern nur der Wille Unseres Herrn. Aber so groß ist mein Vertrauen auf Ihn, daß ich sagen muß: wenn der Mann, der dieses Schwert herausziehen muß, erst geboren werden sollte, so würde es niemals herausgezogen, es sei denn von dem Auserwählten.»

Auf dieses Wort einigten sich alle hochstehenden und reichen Männer, zogen sich auf eine Seite zurück und sagten, sie würden sich dem Willen des Erzbischofs fügen und alles nach seinem Rat ausführen. Als der Erzbischof das hörte, füllte große Freude sein Herz. Er weinte vor übergroßer Wonne und sprach: «Ihr Herren, diese Demut, die ihr nun gezeigt habt, ist durch Gott in euch gekommen. Und wisset, daß ich alles nach Seinem Willen lenken will und so, daß kein Tadel auf mich fallen wird.» Diese Unterredung fand statt vor dem Hochamt. Der Erzbischof stellte ihnen dann dar, Unser Herr habe ein großes Wunder für uns getan, und es liege darin ein sehr schöner Beweis Seiner Allmacht: «Denn als Unser Herr die Gerechtigkeit auf Erden schuf, gründete Er sie auf das Schwert. Und das Schwert wurde im Anfang der vier Orden den Rittern übergeben, um die Heilige Kirche zu verteidigen und wahres Recht zu pflegen. Und durch das Schwert hat für uns nun Unser Herr diese Wahl getroffen. Wisset wohl, hier wird gesehen und betrachtet, wem er dieses Recht übertragen will. Es sollen sich die hohen Herren nicht so sehr beeilen, um es zu versuchen, denn das Schwert kann und will nicht durch Reichtum noch durch Hochmut gezogen werden. Es sollen sich aber auch die Armen nicht erzürnen, wenn es die Reichen zuerst versuchen, denn so ist es doch recht und vernünftig. Darum mögen es also die hohen Herren und die Edlen als erste versuchen.» Darauf einigten sich alle, es solle geschehen, wie der Erzbischof vorschlug. Er möge das Schwert ziehen lassen, wen er wolle. Sie würden gehorchen und als Herren den anerkennen, dem Gott die Gnade dazu gebe. Hierauf kehrten sie zum Volk zurück, und der Erzbischof wählte nach Gutdünken unter ihnen zweihundertundfünfzig der Edelsten aus, die er kannte. Diese ließ er das Schwert versuchen. Als diese es versucht hatten, befahl er den anderen, ebenfalls hinzugehen. Darauf versuchten es alle, einer nach dem anderen, alle, die es versuchen wollten. Aber keiner war darunter, der es zu ziehen oder zu bewegen vermochte. Und hierauf wurde befohlen, daß der Stein von neun Edelleuten bewacht würde. Nun wurde dem Volk verkündet, jeder, der nur wolle, könne es versuchen. Die Edelleute sollten wohl achtgeben, wer der sei, der das Schwert herausziehen könne. Aber keiner, der hinzukam, konnte es ziehen.

So blieb das Schwert die ganzen acht Tage bis zum Neujahrstag dort. Da waren die Barone wiederum bei dem Hochamt, und der Erzbischof predigte ihnen und sprach zu ihnen Gottes Worte, wie er sie konnte. Hierauf fuhr er fort: «Ihr Herren, ich hatte euch wohl gesagt, daß nach jedermanns Belieben auch die fernsten kommen konnten, um das Schwert zu versuchen. Ihr könnt erkennen, wer immer es ziehen wird, den hat Gott auserwählt.» Sie riefen alle, sie würden nicht von der Stelle weichen, bis sie sähen, wem Gott es zum Geschenk mache. Darauf wurde die Messe gesungen, und die Barone zogen in ihre Herbergen. Nach dem Mahle aber gingen die Ritter, wie sie zu tun pflegten, vor die

Stadt hinaus auf die Felder zum Buhurt- und Turnierspiel. Die meisten der Einwohner gingen ebenfalls hinaus, um das Ritterspiel zu sehen. Sogar die neun Edelleute, die das Schwert hüteten, begaben sich hin. Als man eine lange Weile das Ritterspiel betrieben hatte, übergaben die Ritter ihre Schilde ihren Knappen, die nun ihrerseits miteinander zu kämpfen begannen. Sie maßen sich so lange im Fechten, bis sich unter ihnen ein allgemeines Getümmel erhob, so daß alle Einwohner der Stadt hinliefen. Antor hatte seinen älteren Sohn an Allerheiligen zum Ritter geschlagen. Als das Getümmel begonnen hatte, rief dieser älteste Sohn seinen Bruder herbei und sagte zu ihm: «Geh doch in meine Herberge und hole mir mein Schwert.» Dieser war gar willfährig und zuvorkommend und entgegnete: «Das tue ich gern.» Hierauf eilte er in die Herberge und suchte das Schwert seines Bruders oder irgendein anderes, aber er konnte keins finden. Er begann zu weinen und war ganz bekümmert. Dann ging er wieder zurück und kam am Münster vorbei, wo der Stein stand. Er sah das Schwert, an dem er sich noch nicht versucht hatte. Nun dachte er bei sich, wenn er das Schwert ziehen könne, möchte er es seinem Bruder bringen. Er ritt also hoch zu Roß dorthin, nahm das Schwert am Griff, zog es heraus und bedeckte es mit dem Zipfel seines Wamses. Sein Bruder, der ihn vor der Stadt erwartete, sah ihn kommen, ging ihm entgegen und verlangte das Schwert. Dieser sagte, er habe es nicht finden können, aber er bringe ihm ein anderes und zog dieses unter seinem Wams hervor. Der Bruder fragte ihn, wo er es gefunden habe. Er aber sagte, es sei das Schwert aus dem Stein. Und Keu nahm es in die Hand, deckte den Zipfel seines Waffenrockes darüber und suchte eiligst seinen Vater, bis er ihn fand. Nachdem er ihn gefunden, sprach er zu ihm: «Herr, ich werde König sein, hier ist das Schwert aus dem Stein.» Als Antor das sah, staunte er gar sehr und fragte ihn, wie er es bekommen habe. Er sagte, er habe es aus dem Stein gezogen.

Als Antor seinen Sohn so sprechen hörte, glaubte er ihm nicht, sondern sagte, er wisse wohl, daß er lüge. Dann gingen sie zusammen zu der Kirche, Vater und Sohn, und der andere Junker hinterdrein. Als Antor den Stein sah, aus dem das Schwert herausgezogen war, sprach er: «Keu, lüge mir nicht. Wie hast du dieses Schwert bekommen können? Wenn du mir lügst, werde ich es wohl genau erfahren, und niemals werde ich dich mehr lieben.» Dieser antwortete nun wie einer, der sich sehr schämte, und sagte: «Herr, ich will Euch nicht belügen. Artus, mein Bruder brachte es mir, und ich weiß nicht, wie er es bekam.» Als Antor das hörte, sagte er: «Gib es mir, lieber Sohn!» Antor blickte zurück und erblickte Artus. Er sagte zu ihm: «Lieber Sohn, komm hierher, nimm das Schwert und stecke es wieder zurück, dahin, wo du es genommen hast.» Artus nahm es, steckte es zurück in den Amboß, und es hielt so fest wie vorher. Antor befahl Keu, seinem Sohn, daß er es hole. Keu faßte es an, aber er konnte es nicht bewegen. Darauf ging Antor ins Münster und rief seine beiden Kinder heran. Dann nahm er Artus in die Arme und sagte zu ihm: «Lieber Sohn, wenn ich es dazu brächte, daß Ihr König wäret, was für einen Lohn sollte ich dafür bekommen?» Artus antwortete: «Herr, ich kann weder dieses noch irgendein anderes Gut besitzen, ohne daß Ihr es bekommt als mein Vater.» Und Antor entgegnete: «Euer Vater bin ich nur durch die Erziehung. Aber ganz gewiß weiß ich nicht, wer Euch zeugte und wer Eure Mutter war.»

Als Artus vernahm, daß der, den er für seinen Vater gehalten, ihn als Sohn verleugnete, da weinte er heftig und empfand überaus großen Schmerz. Er sprach: «Lieber Herr und Gott, wie soll ich etwas Gutes bekommen, wenn ich einen Vater verloren habe?» Und Antor sagte zu ihm: «Lieber, teurer Sohn, wer auch Euer Vater sein möge, wenn Unser Herr will, daß Ihr diese Gnade bekommet, und ich Euch helfen kann, sie zu erlangen, welchen Lohn werdet Ihr mir dafür geben?» Und Artus erwiderte ihm: «Herr, was Ihr haben wollt.» Darauf erzählte ihm Antor von der Liebestat, die er ihm angetan und wie er ihn aufgezogen hatte, seinen eigenen Sohn der Mutter entwöhnte und von einer fremden Frau ernähren ließ. «Deshalb müßt Ihr mir und meinem Sohn das vergelten; denn niemals zog ein Mensch ein Kind besser auf, als ich Euch aufgezogen habe. Nun bitte ich Euch, wenn Ihr diese Gnade bekommt und ich Euch dazu helfen kann, so sollt Ihr das meinem Sohne lohnen.» Artus sprach: «Herr, ich bitte Euch, daß Ihr mich nicht als Euren Sohn verleugnet. Denn ich wüßte nicht, wohin ich gehen soll. Und wenn Ihr mir diese Gnade erwerben könnt und Gott will, daß ich sie bekomme, so wird alles, was ich habe, Euch zu Befehl sein.» Und Antor sagte zu ihm: «Lieber Sohn, ich verlange von Euch nicht Euer Reich, sondern so viel bitte ich nur, Ihr möget, wenn Ihr König sein werdet, Euren Bruder zum Seneschall über Euer Land setzen, in der Weise, daß er das Seneschall-Amt nie verlieren soll, und solange er lebt, kein anderer Seneschall im Lande sei, welche Vergehen er auch sich zuschulden kommen lasse. Und wenn er verräterisch und falsch und gemein ist, so sollt Ihr es doch dulden, denn alle bösen Eigenheiten, die er hat, bekam er durch die Amme, die ihn stillte. Um Euretwillen ist er so seiner eigenen Natur entfremdet worden. Deshalb müßt Ihr ihn um so mehr dulden. So bitte ich Euch, daß Ihr das gewähret, was ich von Euch verlange.» Artus antwortete: «Herr, ich gewähre es ihm sehr gerne.» Hierauf führte ihn Antor an den Altar, und Artus beschwor, er werde sein Gelöbnis treu halten. Nachdem er es ihm geschworen hatte, traten sie wieder vor das Münster hinaus. Es waren aber gerade die gesamten Ritterspiele zu Ende, und es kamen die Barone in die Kirche zurück, um die Vesper zu hören. Da rief Antor seine Sippenfreunde und Verwandten und sprach zum Erzbischof: «Herr, hier ist einer meiner Söhne, der noch nicht Ritter ist, er bittet mich, ihn dieses Schwert erproben zu lassen, und so bitte ich Euch, daß Ihr die Barone herberuft.» Das geschah. Es versammelten sich alle bei dem Stein, und als sie dort waren, befahl Antor Artus, er möge das Schwert ziehen und es dem Erzbischof bringen. Das tat er. Und als der Erzbischof es in der Hand hielt, nahm er ihn in die Arme und begann zu singen mit lauter Stimme: Te Deum laudamus.

Danach wurde Artus in das Münster getragen. Die Barone, die das sahen, waren darüber äußerst empört und meinten, das könne doch nicht sein, daß ein Knabe Herr über sie sei. Der Erzbischof aber zürnte und sprach: «Liebe Herren, Unser Herr weiß besser als ihr, wer jeder ist.» Antor und seine Sippe und ein großer Teil der Edlen hielten zu Artus, das gemeine Volk aber und die Barone des Landes waren gegen ihn. Hierauf sprach der Erzbischof ein kühnes Wort: «Ihr Herren, wenn alle Menschen der Welt gegen die Wahl wären und Unser Herr allein sie wollte, dann sollte sie gültig sein. Und ich werde euch weisen, welches

Vertrauen ich auf Gott setze. Geht, Artus, lieber Bruder, steckt das Schwert wieder dahin, woher Ihr es genommen habt.» Artus trug das Schwert zurück und steckte es vor aller Augen in den Amboß. Als er es zurückgesteckt hatte, sprach der Erzbischof weiter und rief: «Niemals wurde eine schönere Wahl getroffen und gesehen. Nun geht, ihr Herren und ihr reichen Männer, und versucht, ob ihr das Schwert herausziehen könnt.» Das taten sie, aber keiner war unter ihnen, der es vermochte. Der Erzbischof sprach dann weiter zu ihnen: «Der ist treulos, der gegen den Willen Gottes angeht.» Sie aber antworteten: «Herr, wir gehen nicht gegen Seinen Willen an, sondern es ist uns nur seltsam, daß ein Knabe Herr über uns sein soll.» Der Erzbischof bestand auf seinem Wort: «Gott, der ihn auserwählt hat, kennt ihn besser als ihr.»

Darauf baten die Barone den Erzbischof, daß er das Schwert bis Lichtmeß im Stein lasse. Dann sollten es noch mehrere andere versuchen, die es bisher noch nicht versucht hatten. Das gewährte der Erzbischof. So blieb denn das Schwert im Stein bis Lichtmeß, und dann wurde das ganze Volk wieder versammelt, und es versuchte sich an dem Schwert, wer immer es wollte. Und als sie es alle versucht hatten, sprach der Erzbischof: «Es wäre wohl recht und billig, daß wir den Willen Jesu Christi erfüllen.»

«Geht, lieber Sohn Artus, wenn es Unserem Herrn gefällt, daß Ihr Lenker dieses Volkes werdet, und holt mir dieses Schwert heran.» Artus trat vor und holte es. Als der Erzbischof das sah und das Volk ebenfalls, da weinten sie vor Freude und innigstem Gefühl und fragten: «Gibt es immer noch einen, der gegen diese Wahl sei?» Und die reichen Männer antworteten: «Herr, wir bitten Euch weiter, daß Ihr es dabei bewenden lasset bis Ostern. Wenn dann keiner mehr kommt, der das Schwert ziehen kann, versprechen wir, diesem hier zu gehorchen. Und wenn Ihr es anders halten wollt, so soll jeder es halten, so gut er kann.» Der Erzbischof sprach: «Werdet ihr alle ihm aus gutem Herzen gehorchen, wenn ich euren Wunsch erfülle?» Sie riefen alle: «Ja, und er soll dann alle Zeit über das Land und das Reich nach seinem Willen verfügen.» Der Erzbischof sprach: «Artus, Bruder, stecke das Schwert wieder in den Stein zurück. Und wenn es Gott gefällt, werdet Ihr bei dem hohen Amt, das Gott Euch verheißen hat, nicht versagen.» Artus trat vor und steckte das Schwert wieder an seinen Ort. Als es feststak, ließ es der Erzbischof bedecken, und es hielt so fest, wie es vorher gewesen war. Der Erzbischof, der das Kind in seine Hut genommen hatte, sprach: «Artus, seid ganz sicher, daß Ihr König und Herr über dieses Volk sein werdet, und nun achtet darauf, daß Ihr ein echter Edelmann seiet. Von nun an seid darauf bedacht, einen Mann zu wählen, der Eure geheimsten Worte erfahre und Euer Ratgeber sei. Und gebt und verteilt Eure Ehren und Ämter in Eurem Haus, eben wie wenn Ihr bereits König wäret. Denn Ihr werdet es sein, so es Gott gefällt.» Artus antwortete: «Herr, ich verlasse mich in allem Guten, das Gott mir auferlegen will, auf die Hut der Heiligen Kirche und auf Euren Rat. Wählet Ihr selbst aus, welche Menschen für mich gut wären, um den Willen Unseres Herrn zu Nutz und Frommen der Christenheit auszuführen. Ruft mir nun bitte meinen Herrn Vater zu Euch.» Darauf berief der Erzbischof Antor zu sich und berichtete ihm die guten Worte, die Artus gesprochen hatte.

Dann wählten sie alle Ratsherren, die sie für gut hielten. Auf den Rat des Erzbischofs und aller seiner Barone machte Artus Keu zum Seneschall seines Landes. Die anderen Dinge ließ er aber anstehen bis Ostern. Als Ostern gekommen war, versammelten sich alle wieder in London. Am Vorabend von Ostern waren sie versammelt; da bestellte sie der Erzbischof alle in seinen Palast zur Ratsversammlung. Nachdem sie alle gekommen waren, hielt er ihnen vor, worin er den Willen Jesu Christi sah, der durch seine Wahl wollte, daß dieses Kind das Reich habe. Hierauf zählte er die guten Eigenschaften auf, die er an ihm gesehen, seitdem er ihn kannte. Darauf sprachen die Barone: «Herr, wir wollen nicht gegen den Willen Unseres Herrn sein, aber es ist uns doch ein großes Wunder, daß ein Mann von so niedrigem Stande unser Herr sein soll.» Der Erzbischof erwiderte: «Ihr seid keine guten Christen, wenn ihr dagegen angehen wollt.» Sie sprachen: «Herr, wir wollen nicht dagegen angehen, aber handelt wenigstens in einem Punkt nach unserem Willen. Ihr habt dieses Kind als weise und in vielen Dingen erfahren erkannt, wir aber haben es weder erkannt noch erprobt. Wir wissen nur ganz wenig von seinem Wesen; darum wollen wir Euch bitten, bevor er gekrönt werde, daß Ihr uns ihn prüfen lasset, was für ein Mensch er sein mag. Denn sobald wir seinen Charakter erleben, wird es gar manchen unter uns geben, der geneigt sein wird, ihn anzuerkennen, wenn er seine Haltung beobachtet.» Der Erzbischof sprach: «Wollt ihr, daß ich seine Krönung noch einmal aufschiebe?» Sie erwiderten: «Herr, wir wollen sehr gerne, daß sie zunächst bis morgen aufgeschoben werde. Wenn es geschieht, daß wir ihn so befinden, daß er unser König sein soll, so schiebt die Krönung auf bis Pfingsten. So wollen wir Euch bitten, es zu machen.» Und der Erzbischof antwortete: «Deshalb werden wir es nicht unterlassen, daran soll die Krönung nicht scheitern.» So lösten sie ihre Ratsversammlung auf, und am nächsten Tag nach dem Hochamt führten sie das Kind zur Wahlstätte. Artus holte wieder das Schwert heraus, so wie er es vorher gemacht hatte. Darauf nahmen sie ihn, hoben ihn hoch und riefen ihn als ihren Herrn aus. Dann baten ihn alle, er möge das Schwert wieder zurückstecken und mit ihnen sprechen. Er sagte, dazu sei er gerne bereit. Er ging hin und steckte das Schwert wieder in den Stein. Sie führten ihn zur Kathedrale, um mit ihm zu sprechen und ihn zu erproben.

«Herr, wir sehen wohl, Unser Herr will, daß Ihr König seid und Herr über uns alle. Und da Er es will, wollen wir es ebenfalls. Wir werden Euch für unseren Herrn halten und wollen unsere Erbländer von Euch entgegennehmen. Doch bitten wir Euch, Eure Krönung bis Pfingsten zu verschieben. Deshalb sollt Ihr aber nicht weniger Herr über das Reich und über uns sein. Und darüber sollt Ihr uns eine Antwort geben, ohne besondere Ratsversammlung.» Artus sprach: «Ihr Herren, was ihr mir sagt, daß ich eure Huldigungen entgegennehmen soll und euch eure Ehren übergebe und ihr sie aus meiner Hand empfanget, das kann ich nicht und darf ich nicht tun. Ich kann weder eure Ehre noch die von anderen übergeben oder verwalten, bevor ich die meinigen besitze. Und wenn ihr mir sagt, ich soll Herr über das Reich sein, so kann das nicht sein, ehe ich die Salbung und die Krone und die Ehre des Reiches empfangen habe. Den Aufschub für die Krönung jedoch, den ihr von mir verlangt, den will ich euch gern gewähren, denn ich kann nicht die Krönung anders bekommen als durch Gott und durch euch.»

Als die Barone den Jüngling so sprechen hörten, meinten sie, er werde wohl ein überaus weiser Mann werden, wenn er heranwachse, denn er habe ihnen gut geantwortet. Hierauf sprachen sie weiter: «Herr, es wäre viel besser, daß Ihr zu Pfingsten gekrönt und gesalbt werdet.» Seit dieser Zeit gehorchten sie Artus nach dem Rat des Erzbischofs. Sie ließen nun die kostbaren Schätze und die großen Reichsjuwelen bringen, um zu erfahren, ob er eines davon begehre. Er aber fragte diejenigen, die ihm bekannt waren, von welchem Wert jedes einzelne Stück sei, und je nachdem, was er von jedem hörte, handelte er. Als er alle Güter entgegengenommen hatte, verteilte er sie so, wie ich euch erzählt habe, je nachdem jeder einzelne seinen Rang hatte. So gab er jedem das, was ihm zustand.

Auf diese Weise verteilte er die Güter, die man ihm gegeben hatte, um ihn auf die Probe zu stellen, und er behielt nicht eines davon für sich. Als sie ihn so sich halten sahen, gab es nicht einen, der ihn nicht im innersten Herzen hoch pries. Auch hinter seinem Rücken sagten sie, er sei von sehr hohem Wesen, denn sie sähen an ihm keine Begehrlichkeit und keine schlechte Eigenschaft: sobald er die Güter bekommen habe, habe er sie auch wieder weitergegeben. Stets sahen sie, daß alle seine Gaben so vernünftig verteilt wurden, wie sie jedem Empfänger entsprachen. So prüften sie Artus und stellten fest, daß sie keine schlechte Eigenschaft an ihm finden konnten. Dann warteten sie bis Pfingsten. Und als es auf Pfingsten ging, versammelten sich alle Barone in London, und alle, die es wollten, versuchten das Schwert zu ziehen, aber keiner konnte es herausziehen. Der Erzbischof hatte die Krönung und die Salbung auf den Vorabend vor Pfingsten, auf Samstagabend vor der Vesper festgesetzt. Auf den gemeinsamen Rat und in Übereinstimmung mit den meisten Baronen schlug der Erzbischof Artus zum Ritter.

In dieser Nacht hielt Artus in der Kathedrale die Schildwache bis zum nächsten Morgen, als der Tag anbrach. Hierauf wurden alle Barone berufen und in der Kathedrale versammelt. Es sprach der Erzbischof zu ihnen allen und sagte: «Ihr Herren, seht, hier ist der Mann, den Unser Herr uns auserwählt hat durch eine Wahl, wie ihr seht und von Weihnachten bis heute gesehen habt, nachdem alle sich an dem

Schwert versucht haben, die es wollten, und keiner konnte das Schwert bekommen außer Artus, der hier steht. Und seht hier die königlichen Gewänder und die Krone, die er empfangen soll nach gemeinsamem Rat und durch euren eigenen Mund. Nun will ich, wenn einer von euch gegen diese Wahl ist, möge er es sagen.» Sie antworteten alle insgesamt: «Herr, wir sind alle einverstanden und wollen bei Gott, daß er zum König gesalbt werde. So es aber einige unter uns gibt, gegen die er einen bösen Groll hegt, weil sie bis heute gegen seine Salbung und gegen seine Wahl gewesen sind, möge er uns allen verzeihen.» Darauf knieten sie alle nieder und riefen ihn insgemein um Gnade an. Artus aber weinte vor innigstem Gefühl und kniete vor ihnen nieder. Er sprach: «Ihr Herren, ich verzeihe es euch und bitte den Herrn, der diese Ehre mir gewährt hat, er möge euch ebenfalls verzeihen.» Darauf erhoben sie sich, nahmen Artus in die Arme und führten ihn in ihren Armen dorthin, wo die königlichen Gewänder waren, und kleideten ihn ein. Hierauf wurde der Erzbischof eingekleidet, um die Messe zu singen. Er sprach zu Artus: «Herr, geht und holt das Schwert und die Gerechtigkeit, mit der Ihr die Heilige Kirche verteidigen und die Christenheit schirmen sollt.» Daraufhin gingen sie alle in feierlichem Zug zu dem Steinblock, dann befahl der Erzbischof und sprach: «Artus, wenn du so bist, daß du Gott in seiner Allmacht schwören willst, der Heiligen Kirche zu helfen und sie zu erretten und Ehrlichkeit und Gesetz auf Erden zu halten und Frieden nach deiner Macht und deinem Können und in rechter Haltung, so tritt vor und nimm das Schwert, mit dem Unser Herr deine Wahl bereitet hat.» Als Artus das hörte, weinte er in tiefstem Gefühl und manche anderen Barone ebenfalls. Er sprach: «So wahr Unser Herr Gott ist und Herr über alle Dinge, die da sind, gebe Er mir Kraft und Fähigkeit, das zu tun und aufrechtzuerhalten, was Ihr gesagt habt, so gut wie es in meinem Vermögen steht.»

Nun erzählt die Geschichte, daß Artus niederkniete und das Schwert mit seinen beiden gefalteten Händen nahm und es hochhob, heraus aus dem Amboß, so leicht, wie wenn es gar nicht darin festsäße. Hierauf trug er das Schwert in seinen Händen ganz aufrecht. Sie führten ihn zum Hochaltar, und er legte es darauf. Als er es darauf gelegt hatte, krönten sie ihn und salbten ihn und verrichteten alles, was man von Rechts wegen einem König tun muß. Als Artus gesalbt und die Messe gesungen war, verließen sie das Münster und schauten sich um, sahen aber keineswegs etwas von dem Steinblock, und wußten nicht, was aus ihm geworden war. So war Artus zum König gekrönt und hielt das Land und das Reich von Logrien lange Zeit in Frieden.

VI

MERLINS ENDE

Vorbemerkung

Bis hierher hat Robert seinen Roman geschrieben, der zu den beliebtesten Büchern des Mittelalters gehört und deshalb in sehr vielen Handschriften existiert, ein deutliches Zeichen, daß die Prosaromane des dreizehnten Jahrhunderts einen viel weiteren Kreis von Lesern und Hörern hatten als die Versromane der vorhergehenden Zeit. Merkwürdig ist, daß der erste Teil des «Merlin» in allen Handschriften im wesentlichen den gleichen Text bietet, wenn auch natürlich stilistische und geringfügige textliche Unterschiede vorhanden sind, weil die Handschriften von Menschen mit der Hand geschrieben wurden. Dabei gab es natürlicherweise Nachlässigkeiten, Auslassungen und auch Fehler, die von den späteren gelehrten Herausgebern jeweils gebührend angemerkt werden konnten. Zum Beispiel fehlte in der Handschrift, die wir übersetzt haben, das ganze Kapitel über die Probe des leeren Sitzes an der Tafelrunde. Es ist aber klar, daß es sich um eine versehentliche Auslassung handelt, weil im Verlauf der Erzählung auf dieses Kapitel angespielt wird. Wir haben es nach einer anderen Handschrift eingefügt.

So wie aber der Originalteil des Robert de Boron mit der Königskrönung von Artus abgeschlossen ist, zeigen die Handschriften der Fortsetzungen – von viel größerem Umfang als das Original – starke Abweichungen voneinander, ja sogar ganz andere Tendenzen. Man kann drei verschiedene Gruppen feststellen: Die Gruppe der Handschrift, aus der wir übersetzt haben, ist ebenfalls sehr umfangreich und zeigt die Tendenz, die romanhafte, stark phantastische Haltung des Originals fortzusetzen. Diese Fortsetzung scheint jedoch nicht die beliebteste gewesen zu sein; denn sie ist nur in einer Handschrift erhalten, während die zahlreichen anderen Handschriften das Interesse des Publikums viel stärker in Anspruch genommen haben. Diese haben nun die Tendenz, die Regierungszeit des Königs Artus als ein Stück Landesgeschichte zu erzählen. Sie sind weniger romanhaft und ergehen sich in einer langen Reihe kriegerischer Auseinandersetzungen zwischen Briten und Germanen. Es bleibt dabei völlig gleichgültig, wie weit geschichtliche Ereignisse in diese Darstellung hineinspielen; denn es ist wohl klar, daß die angelsächsische Invasion in Britan-

149

nien nicht ohne Kämpfe und Blutverluste abgehen konnte. Die romanhaften Ereignisse fehlen auch dort nicht, und Merlin spielt seine Rolle als Schutzgeist des jungen Königs Artus weiter. Es wird auch erzählt, wie Artus' unehelicher Sohn Mordred zur Welt kommt, wie er später seine Gemahlin findet und wie das Gralswesen während der ganzen Zeit in geheimnisvoller Weise immer wieder aufleuchtet.

Wir übersetzen einige Stücke aus dieser Gruppe der Fortsetzungen, und zwar soweit sie die Gralsereignisse betreffen. Als wesentliches Stück aber werden wir die Kapitel bringen, in denen das Ende von Merlin berichtet wird, nicht nur weil es interessant ist, wie Merlin aus dem Leben scheidet, sondern auch, weil gerade dieses Ende Merlins in den Gemütern der Menschen bis auf unsere Zeit lebendig geblieben ist und Anteil gefunden hat. Die Übersetzung der «Vita Merlini» von Inge Vielhauer enthält im Anhang eine ganze Reihe dichterischer Zeugnisse zu diesem poetischen Weiterleben Merlins.

Merlin befand sich gerade am Hof seines Freundes, des Königs Leonce, und war eben im Begriff, Abschied vom König zu nehmen. Er wollte drei mit König Artus befreundete und verbündete Könige aufsuchen und mit ihnen Kriegspläne besprechen. Merlin sprach zum König: «Länger kann ich nicht bei Euch bleiben; ich muß weiterziehen, denn ich habe anderswo viel Wichtiges zu tun.» – «Nach welcher Richtung wollt Ihr reisen?» entgegnete Leonce. Merlin antwortete: «Von diesem Lande aus will ich mich nach Carohaise in Carmelide begeben, wo sich die drei Könige aufhalten, und will ihnen mitteilen, wie der Riese Rion und die Sachsen aus unserem Lande verjagt werden können. Die Schlacht soll am Donnerstag vor Pfingsten stattfinden und soll an Bedeutung alle Kämpfe übertreffen, die jemals im Lande Carmelide stattgefunden haben.» – «Herr», entgegnete Leonce, «grüßt mir meine Oheime und meinen Vetter, König Artus.» – «Das will ich wahrlich gerne tun», erwiderte Merlin. «Nun denkt daran und haltet Euch gut, und so will ich Euch Gott empfehlen.» Der König wünschte ihm, Gott möge ihn geleiten und zum Seelenheil führen.

Sobald Merlin Abschied von Leonce genommen hatte, zog er des Weges, um ein Jungfräulein von sehr großer Schönheit zu besuchen, die in einem sehr schönen und reichen Schloß wohnte. Dieses Schloß lag am Fuße einer runden Bergkuppe zur Seite des Waldes von Briosque, der köstlich und schön der Jagd zur Verfügung stand und einen großen Reichtum an Hirschkühen, Hirschen und Damwild besaß.

Diese Jungfrau, von der ich euch nun erzähle, war die Tochter eines Lehensmanns von höchstem Adel. Er trug den Namen Dyonas. Ihn besuchte häufig zu schönen Gesprächen Diana, die Göttin des Waldes. Sie war gar manchen Tag bei ihm, denn er war ihr Patensohn, und als sie von ihm Abschied nahm, hinterließ sie ihm eine Gabe, die ihm große Ehre verschaffte. «Dyonas», sprach sie zu ihm, «ich halte dich in hohen Ehren; der Gott des Mondes und der Sterne möge gewähren, daß dein erstes Kind weiblich sei, und es soll von dem weisesten Mann auf Erden nach meinem Tode so sehr begehrt werden, daß es zur Zeit des Uter-Pendragon zu großem Ansehen kommen wird. Dieser weise Mann soll ihr den größten Teil seines Wissens aus der Kraft der Schwarzkunst beibringen; er soll ihr unterworfen sein, sobald er einen Blick auf sie geworfen hat, und sie soll solche Macht über ihn besitzen, daß er nichts gegen ihren Willen unternehmen kann, sie aber in allen Dingen unterrichten muß, die sie von ihm verlangen wird.»

So also war die Gabe, die Diana auf Dyonas übertrug, und sobald sie ihm diese Gabe ausgesprochen hatte, wurde sie bereits wirksam. Als Dyonas erwachsen war, wurde er ein sehr tüchtiger Ritter; dazu war er schön und voll der Geschicklichkeiten des Körpers, denn er war stark und groß. Er diente lange Zeit einem Herzog von Burgund, der ihm eine seiner Nichten zur Gemahlin gab, die eine schöne und kluge Jungfrau war. Dieser Dyonas hatte eine sehr große Freude an Wäldern und Flüssen, solange er ein junger Mann war. Der Herzog von Burgund besaß einen Teil des Waldes von Briosque; die andere Hälfte gehörte dem König Ban. Als der Herzog seine Nichte verheiratete, schenkte er Dyonas jenen Teil des Waldes und des Landgebietes, das weithin sein Eigentum war. Als Dyonas es besichtigte, freute sich sein Herz so sehr über den schönen Landbesitz, daß er dort ein Waldschloß errichten ließ, das schön und reich zur Seite eines Teiches lag. Dieser Teich war reich an Fischen und sehr schön. Als das Schloß gebaut war, bezog er es als seinen Wohnsitz, um die Schönheit des Waldes und des Flusses zu genießen, der dort in der Nähe vorbeiströmte. Lange Zeit wohnte er dort, verweilte jedoch häufig am Hof des Königs Ban und leistete ihm auch mehrere Male Kriegsdienste mit zehn Rittern. In mancher Not half er dem König im Kampf gegen König Claudas, dem er sehr großen Schaden zufügte, so daß König Ban und König Bohort eine große Liebe zu ihm hegten, weil sie ihn als einen so tapferen Edelmann und treuen und guten Ritter erkannten. Deshalb beschenkte ihn König Ban mit seiner Hälfte des Waldes für ihn und seine Erben für immer und ewig. Dazu gab er ihm reichlich Ländereien und Einkünfte in großer Fülle, ob der großen Treue, die er an ihm erlebte. So war er ihm vor allen Menschen gnädig, und alle Menschen, die in seiner Umgebung lebten, liebten ihn.

In dieser Art verbrachte Dyonas lange Zeit in diesem Land, bis er eine Tochter zeugte, die von sehr großer Schönheit war. Sie bekam in der Taufe den Namen Viviane; das ist ein Name aus dem Chaldäischen, der auf Französisch so viel bedeutet, wie wenn man sagte: «Nichts davon werde ich tun.» Dieser Sinn bezog sich auf Merlin, wie die Geschichte weiterhin berichten wird.

Die Jungfrau wuchs heran und gedieh so schön, bis sie zwölf Jahre alt war. Das war gerade um die Zeit, als Merlin von Leonce de Paterne Abschied genommen hatte und in den Wald von Briosque geriet. Dort nahm er die Gestalt eines schönen Junkers an und schlug den Weg zu einer Quelle ein, die sich zu einem schönen und hellen Weiher ausdehnte, so daß der Kies im Wasser glänzte und aussah, wie wenn er aus reinem Silber wäre. Zu dieser Quelle kam häufig Viviane, um dort zu spielen und sich zu ergötzen. Eben an jenem Tage hielt sie sich dort auf, als Merlin anlangte. Als Merlin sie erblickte, ergriff ihn eine so tiefe Bewunderung, daß er kein Wort sprechen konnte. Zu sich selbst dagegen sprach er, er müsse wohl ganz töricht sein, wenn er sich unversehens in eine Sünde einließe, so daß er darüber Sinn und Verstand verlieren mußte, um seine Freude an einem Jungfräulein zu haben, sich selbst aber zu schädigen und Gott zu verlieren. Aber schon erfüllte sich an ihm Dianas Prophezeiung.

Als Merlin lange Zeit nachgedacht hatte, trat er näher und begrüßte sie zunächst höflich. Sowie sie ihn sah, antwortete sie in kluger und frommer Art, es möge der Herr, der alle Gedanken kennt, ihm solchen Willen und solchen Mut zusenden, daß es zu seinem Wohl gereiche; er möge ihm auch ebensoviel Gutes und ebensoviel Ehre gewähren, wie sie selbst zu haben wünsche. Als Merlin die Jungfrau sprechen hörte, setzte er sich an den Rand der Quelle und fragte sie, wer sie sei. Sie entgegnete, sie sei in dieser Gegend geboren und sei die Tochter eines Lehensritters des Landes, eines Edelmannes, der in jenem Waldschloß dort drüben wohne. «Und wer seid Ihr, lieber, guter Freund?» fuhr die Jungfrau fort. «Mein Fräulein», sprach er, «ich bin ein fahrender Junker und bin auf der Suche nach meinem Meister, der mich in einem Handwerk zu unterrichten pflegte, das überaus hoch zu preisen ist.» «Und welches Handwerk?» – «Wahrlich, edles Fräulein», rief er aus, «er hat mich eine Kunst gelehrt, mit der ich hier auf der Stelle ein Schloß aufwachsen lassen könnte. Ich könnte es so einrichten, daß eine große Zahl von Bewaffneten wie in einer Fluchtburg darinnen läge und von außen von starkem Kriegsvolk belagert würde. Ich könnte aber auch noch etwas anderes machen: Ich könnte leicht über diese Wasserfläche schreiten, ohne auch nur meine Füße zu benetzen. Wohl könnte ich auch noch dort drüben einen Fluß strömen lassen, wo bisher keiner geflossen ist –, und ähnliche Dinge mehr.»

«Wahrlich!» rief das Fräulein aus, «das wäre mir ein zierliches Handwerk, und ich würde viel von dem meinigen ausgeben, wenn ich so schöne Spiele selbst zu verrichten vermöchte.» – «Edles Fräulein, ich weiß noch viel schönere und viel ergötzlichere Spiele, um hohe Herren zu zerstreuen und zu erfreuen, als die sind, von denen ich sprach. Man könnte überhaupt keinerlei Art von Spielen ersinnen, die ich nicht ausführen könnte, und sie würden solange bleiben, wie es mein Wille wäre.» – «Ei! Wie gerne würde ich einige von Euren Spielen erlernen, wenn es Euch nicht zu beschwerlich wäre. Ich würde Euch dafür versprechen, alle Tage meines Lebens Eure Vertraute und Eure Freundin zu werden, ohne böse Gedanken und schlechte Absichten.» – «Wahrlich, edles Fräulein, Ihr scheint mir so süß und fromm zu sein, daß ich um Eurer Liebe willen Euch einen Teil meiner Spiele zeigen werde, so Ihr mir versprecht, daß Eure Liebe mein sei, denn etwas anderes verlange ich nicht von Euch.»

Dies gewährt ihm das Fräulein, ist aber auf der Hut und läßt sich nicht im Netz seiner Hinterlist fangen. Daraufhin begibt sich Merlin auf die Seite und zieht mit einer Rute mitten auf der Heide einen großen Kreis. Hierauf kehrt er zu der Jungfrau zurück und setzt sich wieder an die Quelle. Es dauerte jedoch nicht lange, daß die Jungfrau sich umschaute und aus dem Wald von Briosque Edelfrauen und Ritter und Jungfrauen und Schildknappen in großer Menge herausschreiten sah. Sie hielten sich alle Hand in Hand und kamen singend heran, wobei sie einander die größte Freude erwiesen, die je ein Mensch erleben kann. Vor den Augen der Jungfrau schritten Gaukler und Gauklerinnen und Trommler einher und zogen rings um den Kreis, den Merlin gemacht hatte. Als sie aber drin waren, begannen sie so wunderbare Reigen und Tänze, daß man nicht einmal den vierten Teil der Freude beschreiben könnte, die da in dem Kreise herrschte. Nun ließ Merlin dort ein schönes und starkes Schloß erstehen, und vor dem Schloß einen Obstgarten, aus dem die lieblichsten Wohlgerüche der Welt herausströmten. Dazu sah man in dem Garten Blumen und Früchte mit so herrlichem Duft, daß es ein Wunder wäre, wenn man alles erzählen könnte. Die Jungfrau aber, die all dies sah und hörte, war so betroffen von dem Wunder, das sie sah, und ergötzte sich so sehr im Zuschauen, daß sie kein Wort sprechen konnte. Über etwas dagegen kam ihr ein Unbehagen: Sie wußte nicht, was für ein Lied jene Edelfrauen und Ritter sangen, sie verstand nur den Refrain des Gesanges:

«Anfangs spürst du Liebesfreuden,
Und am Ende steht der Schmerz.»

Auf diese Weise dauerte ihr Fest und ihr Freudenjubel von Mittag bis zum Abendläuten. Der fröhliche Lärm aber tönte so weit hin und war so laut und hell und angenehm zu hören, und es waren auch so viele Menschen in dem Kreis versammelt, daß alle Bewohner des Schlosses von Dyonas, Männer und Frauen in überaus großer Zahl, herauskamen und zuschauten. Da sahen sie den schönen Obstgarten und das Schloß und die Edelfrauen und die lieblichen Reigentänze dort draußen, so daß sie der Meinung waren, sie hätten noch nie so etwas Schönes und ein so herrliches Fest erlebt. Sie staunten maßlos über das Schloß und den Obstgarten, die sich so schön dort draußen weithin erstreckten, und sie hatten doch an dem Ort noch nie etwas dergleichen gesehen. Andrerseits wunderten sie sich, woher so viele Frauen und Fräulein mit so stattlichen Kleidern und glänzenden Juwelen kommen mochten. Als nun die Reigentänze lange Zeit gedauert hatten, setzten sich die Frauen und Fräulein auf das frische und grüne Gras, und die Schildknappen stellten eine Spielpuppe mitten im Obstgarten auf. Nun machten sich die jungen Ritter an das Lanzenstechen gegen die Puppe. An anderer Stelle turnierten die Jünglinge und Schildknappen gegeneinander, und der Buhurt zog sich hin bis zum Abendläuten.

Da trat Merlin zu der Jungfrau, nahm sie an der Hand und sprach: «Edles Fräulein, was haltet Ihr von diesem Spiel?» – «Lieber Freund», entgegnete die Jungfrau, «Ihr habt so Großes verrichtet, daß ich ganz die Eure bin!» – «Edle Frau, haltet mir nun Euer Versprechen!» – «Gewiß, gerne, aber Ihr habt mich noch nichts gelehrt!» – «Ich will Euch eine Zahl meiner Spiele erklären», entgegnete Merlin, «und Ihr sollt sie aufschreiben, versteht Ihr Euch doch hinreichend auf die Schreibkunst. Ich will Euch so viele Wunder lehren, und keine andere Frau soll so viel lernen wie Ihr.» – «Wie denn?» rief das Fräulein erstaunt aus, «woher wißt Ihr denn, daß ich die Schreibkunst verstehe?» – «Edle Frau, ich weiß das genau und gut; denn mein Meister hat mich so tief unterrichtet, daß ich alle Dinge weiß, die da geschehen.» – «Wahrlich», rief das Fräulein, «das ist mir noch die schönste Kunst, von der ich je gehört habe, und solche Kunst wäre an manchem Ort noch besser angebracht als alles andere; die möchte ich wohl sehr gerne lernen. Wißt Ihr denn auch von den Dingen, die in der Zukunft geschehen sollen?» – «Gewiß, ja, meine süße Freundin, ich weiß einen großen Teil der zukünftigen Dinge.» – «Gott sei bedankt, was sucht Ihr denn dann noch mehr! Ihr könntet doch hinlänglich mit so viel Künsten auskommen, wenn es Euer Belieben wäre!»

Während die Jungfrau und Merlin in so anmutigen Gesprächen sich ergingen, sammelten sich die Edelfrauen und Fräulein und zogen sich im Tanz nach dem Walde hin zurück, alle Ritter und Schildknappen in ihrem Gefolge. Sowie sie jedoch in die Nähe des Waldes kamen, verschwanden sie darin so plötzlich, daß man nicht wußte, wohin sie geraten waren. Auch das Schloß und alles andere hatte sich in nichts aufgelöst, der Obstgarten jedoch blieb für die Jungfrau lange Zeit erhalten, da sie Merlin darum gebeten hatte; er wurde immer seitdem der Garten «Freud und Lust» genannt. Als Merlin und die Jungfrau noch lange beisammen gesessen waren, sprach Merlin zu ihr: «Schöne Jungfrau, ich muß nun weiterziehen, denn ich habe anderswo wichtige Dinge zu tun.» – «Wie! lieber, guter Freund», rief die Jungfrau, «werdet Ihr mir denn nicht noch einen Teil Eurer Spiele mitteilen?» – «Mein Fräulein, fasset Euch in Geduld und eilet nicht so sehr! Ihr sollt alles zur rechten Zeit erfahren, jedoch bedarf es großer Muße und langer Zeit dazu, und andrerseits habt Ihr mir noch keinerlei sicheres Unterpfand Eurer Liebe gewährt.» – «Herr», entgegnet sie, «welche Sicherheit soll ich Euch denn gewähren? Überlegt es Euch, und ich werde es tun.» – «Ihr sollt mir versprechen, daß Eure Liebe mir gehöre und Ihr selbst ganz und gar, und ich will tun, was mir gefällt, so oft ich es wünsche.» – Die Jungfrau denkt ein wenig nach und spricht dann: «Herr, das will ich tun unter der Bedingung, daß ich mein Versprechen halte, sobald Ihr mir alle Dinge mitgeteilt habt, die ich von Euch verlange und die ich dann selbst ausführen kann.»

Darauf erwidert er, so sei es ihm recht. Die Jungfrau aber verspricht ihm, die Bedingung einzuhalten, wie sie dieselbe ausgesprochen habe. Das bezeugten sie mit Handschlag. Hierauf lehrte er sie ein Spiel, das sie in der Folgezeit manches Mal ausführte: Er lehrte sie, an einer Stelle ganz nach ihrem Belieben einen breiten Fluß entstehen zu lassen, der so lange bleiben sollte, wie sie wollte. Auch eine Menge anderer Spiele lernte sie, deren Worte sie aufschrieb, so wie er sie aussprach, denn das Schreiben verstand sie ganz vortrefflich. Als er nun bis zum Abendläuten dort geblieben war, empfahl er sie in Gottes Gnade ebenso wie sie ihn. Vorher jedoch fragte ihn die Jungfrau, wann er zurückkommen werde, und er antwortete: «Am Tag vor dem Johannestag.»

So schieden sie voneinander, und Merlin zog weiter nach Carmelide, wo die drei Könige ihn mit großen Freuden aufnahmen, als sie ihn erblickten.

Hier erzählt die Geschichte, daß zu der Zeit, als Merlin von König Artus in Carohaise in Carmelide Abschied genommen hatte, er nach Northumberland ging zu Blasius, seinem Meister, der ihn mit großer Freude aufnahm; hatte er ihn doch lange Zeit nicht mehr gesehen, und andrerseits liebte er seine Gesellschaft über alles. Da Merlin längere Zeit fort gewesen war, berichtete er ihm, wie König Artus seine Gemahlin Ginevra gefunden hatte und wie sie ihm geraubt werden sollte, wie Urfin und Bretel sie befreit hatten, wie die falsche Ginevra verbannt wurde und Brettolai einen Ritter erschlug. Auch von dem Turnier erzählte er, das die Ritter vor Carohaise abhielten, wie König Artus Herrn Gauwain, seinen Neffen, nach Logrien – das späterhin England genannt ward – schickte, um seinen Hof aufzubieten, wie König Loth ihm seine Gemahlin geraubt hatte, wie Herr Gauwain ihr zu Hilfe eilte und sie befreite und dabei seinen Vater gefangennahm. Wie die Ritter Einzelturniere gegeneinander abhielten und welche Wundertaten Gauwain dabei verrichtete. Wie König Ban Artus den Rat gab, er solle nicht mehr dulden, daß die Tafelrunder gegeneinander turnierten. Er berichtete ihm noch weitere Ereignisse, die Blasius getreulich in sein Buch eintrug, ohne etwas auszulassen, und durch ihn wissen wir es noch. Nachdem Merlin bei Blasius all dies berichtet hatte, verabschiedete er sich von seinem Meister und begab sich nach Logrien in die Stadt London. Dort waren viele Ritter versammelt, unter anderen Herr Gauwain und alle Ritter der Tafelrunde.

Merlin hielt sich längere Zeit bei Hofe auf, wollte jedoch noch einmal einen kurzen Besuch bei Blasius machen, bevor er Viviane wieder aufsuchte; denn sein Ende stand nahe bevor, das er sich selbst geschaffen hatte. So trat er zu König Artus, um Abschied von ihm zu nehmen. Der König und die Königin baten ihn inständig mit sanften Worten, er möge doch bald wieder zurückkehren, da seine Gesellschaft ein so großer Trost für sie sei. Gerne würden sie ihn immer in ihrer Gesellschaft behalten, denn der König hing mit inniger Liebe an ihm; habe er ihm doch immer seine Liebe gewährt, wenn er sie brauchte, zumal da er durch ihn und auf seinen Rat hin König geworden sei. Der König sprach mit freundlichen Worten: «Lieber Freund Merlin, Ihr wollt hinweggehen, und ich will Euch auch nicht gegen Euren Willen zurückhalten. Trotzdem bleibe ich mit großem Unbehagen und Kummer zurück, bis Ihr wiederkommt. Bei Gottes Liebe, beeilt Euch doch mit Eurer Rückkehr.» – «Herr», erwiderte Merlin, «dies ist mein letzter Besuch, und ich empfehle Euch in Gottes Huld.» Als der König vernahm, es sei der letzte Besuch Merlins, war er zutiefst entsetzt. Merlin aber nahm Abschied, ohne weiter ein Wort zu sprechen, und vergoß dabei bittere Tränen.

Er ritt ohne Unterbrechung, bis er endlich bei Blasius, seinem Meister, eintraf, der ihn wiederum mit großer Freude empfing. Merlin fragte ihn, wie es ihm seit seinem letzten Besuch ergangen sei. Er antwortete, er sei zufrieden. Darauf erzählte Merlin ihm wieder Wort für Wort der Reihe nach alle Ereignisse, die seit seinem letzten Besuch dem König Artus zugestoßen seien: Artus hatte einen großen Feldzug nach Gallien unternommen, am Mont St. Michel einen Riesen erlegt und eine gewaltige Schlacht gegen die Römer gewonnen. Auch hatte er das Katzenungeheuer von Lausanne erlegt und viele andere wunderbare Abenteuer bestanden. Nachdem Merlin alle diese Dinge berichtet hatte und acht Tage bei Blasius geblieben war, nahm er Abschied von seinem Meister und sagte auch ihm, dies sei sein letzter Besuch; denn er würde von nun an bei seiner Freundin bleiben, da er keine Macht mehr habe, sie zu verlassen oder nach seinem eigenen Willen zu kommen oder zu gehen.

Als Blasius Merlin so sprechen hörte, saß er in großem Kummer und traurig da. Dann sprach er: «Da das so ist, daß Ihr nie mehr von Eurer Freundin weggehen könnt und keine Macht mehr habt, so geht doch nicht hin!» – «Gehen muß ich», sprach Merlin, «denn ich habe ihr mein Versprechen gegeben, und ich bin so gebannt von ihrer Liebe, daß ich nicht mehr von ihr scheiden könnte. Ich habe sie unterrichtet in allen Künsten, die sie jetzt weiß, sie will aber noch viel mehr davon erfahren, und ich kann mein Wort nicht mehr zurücknehmen.» Damit nahm Merlin Abschied von Blasius und ritt kurze Zeit seines Weges, bis er zu seiner Freundin gelangte, die ihn mit großen Freuden empfing. Sie blieben lange Zeit beisammen, und während dieser ganzen Zeit forschte sie ihn nach seinen Künsten aus, und er lehrte sie so viel davon, daß man ihn für alle Zeit für einen Zauberer hielt. In diesem Ruf steht er noch. Alles Gelernte behielt sie gut im Gedächtnis und schrieb es auf, da sie doch in allen sieben Künsten wohl gebildet war.

Als nun Merlin seiner Freundin alles gesagt hatte, was sie immer fragen wollte, da begann sie nachzudenken, wie sie ihn wohl für immer und ewig an sich fesseln könne. Sie begann Merlin zu umschmeicheln und ihm mit süßeren Gebärden zuzusetzen als je vorher. Eines Tages sagte sie zu ihm: «Herr, noch weiß ich eine Sache nicht, die ich überaus gerne wissen möchte. Ich bitte Euch, lehrt mich, auf welche Art ich einen Mann ohne Turm und ohne Mauer und ohne Eisen durch Zauberkraft einschließen kann, so daß er niemals mehr herauskommt außer durch meinen Willen.» Als Merlin diese Worte vernahm, ließ er den Kopf hängen und begann aus tiefem Herzen zu seufzen. Wie sie das bemerkte, fragte sie ihn, weshalb er denn solche Seufzer ausstoße. «Edle Frau», erwiderte er, «ich will es Euch sagen; ich weiß genau, was Ihr denkt und daß Ihr mich gefangenhalten wollt. Ich bin von der Liebe zu Euch so gefesselt, daß ich durch die Kraft dieses Zwanges Euren Willen erfüllen muß.»

Als das Fräulein dies vernahm, legte sie ihm die Arme um den Hals und sprach, er müsse wohl ganz ihr gehören, da sie ja auch ganz ihm gehöre. «Ihr wißt gut, daß die große Liebe, die ich zu Euch hege, mich ganz und gar erfüllt, so daß ich Vater und Mutter verlassen habe, um Euch in meinen Armen zu halten Tag und Nacht. An Euch hängt mein ganzes Denken und mein ganzes Sehnen und Verlangen. Ohne Euch habe ich keine Freude und kein Gut. Auf Euch habe ich meine ganze Hoffnung gesetzt, und nur von Euch nehme ich Freude entgegen. Da ich Euch liebe und Ihr mich liebt, ist es denn dann nicht recht, daß Ihr meinen Willen tut und ich den Eurigen?» – «Ja, gewiß! Liebe Freundin», rief Merlin. «Nun sagt mir doch, was Euer Wille ist.» – «Herr, ich will, daß Ihr mich lehrt, einen schönen und lieblichen Ort zu schaffen, den ich durch meine Kunst so stark abschließen kann, daß er niemals aufgebrochen wird. Dort wollen wir zusammensein, ich und Ihr, sooft es uns gefällt, in Freude und in Wonne.» – «Edle Frau», erwiderte Merlin, «das will ich Euch gerne richten!» – «Herr, ich will keineswegs, daß *Ihr* es richtet, sondern Ihr sollt mich lehren, wie *ich* es machen kann; denn ich will es so machen, wie es am besten nach meinem Willen ist.» – «Auch das gewähre ich Euch.»

Daraufhin begann er die lehrenden Worte zu sprechen, und das Fräulein schrieb alles auf, genau wie er es sagte. Und als er ihr die ganzen Zauberworte gegeben hatte, da war die Freude des Fräuleins wahrlich groß, und sie liebte ihn mehr und zeigte ihm ein fröhlicheres Angesicht als je zuvor. Darauf blieben sie noch lange Zeit beieinander, bis es geschah, daß sie eines Tages Hand in Hand unter zärtlichen Gesprächen zu ihrem Ergötzen durch den Wald Broceliande spazierten. Sie fanden da einen schönen grünen und hochgewachsenen Weißdornbusch, der über und über mit Blüten bedeckt war. Dort setzten sie sich in den Schatten des Busches, und Merlin legte sein Haupt in den Schoß des Fräuleins, sie aber begann mit zärtlichen Gebärden ihn zu liebkosen, bis er einschlief. Als das Fräulein fühlte, daß er schlief, erhob sie sich ganz leise und zog einen Kreis mit ihrem Schleier rings um den Busch und rings um Merlin. Dann begann sie ihre Zauberworte zu sprechen, trat wieder in den Busch zurück und setzte sich neben ihn. Sie legte sein Haupt wieder in ihren Schoß und hielt ihn so, bis er erwachte. Da schaute er rings um, und es war ihm, als sei er im schönsten Turm der Welt und liege auf das schönste Lager gebettet, auf dem er je gelegen war. Hierauf sprach er zu dem Fräulein: «Edle Frau, Ihr habt mich betrogen, wenn Ihr nun nicht bei mir bleibt; denn keiner hat die Macht dazu außer Euch, den Bann dieses Turmes aufzulösen!» Sie aber erwiderte: «Lieber, süßer Freund, ich werde häufig bei Euch sein, und Ihr werdet mich in Euren Armen halten, so wie ich Euch. Ihr werdet es von nun an ganz nach Eurem Wunsch und Willen haben.» Dieses Versprechen hielt sie ihm ganz ehrlich, denn es gab wenige Tage und Nächte, in denen sie nicht bei ihm war. Niemals mehr kam Merlin aus dieser Festung heraus, in die seine Freundin ihn gesetzt hatte, sie aber ging und kam, sooft sie wollte. Hier schweigt die Geschichte von Merlin und seiner Freundin und spricht weiter von König Artus.

Am Hofe des Königs Artus hatte sich neben der Tafelrunde und ihrer Ritterschar eine zweite Gruppe von Rittern gebildet, die zum Dienste der Königin bereit waren. Diese beiden Gruppen waren einander nicht vorbildlich freundlich gesonnen, und es kam deshalb zu manchen schwierigen Auseinandersetzungen, die sich nach dem Brauch der Zeit in Ritterkämpfen abspielten. So war es eines Tages geschehen, daß die Ritter der Königin und die Ritter der Tafelrunde draußen im Walde sich zu blutigen Kämpfen begegneten. Es waren auch Gefangene gemacht worden, und so war die Stimmung bei Hof recht gespannt. Die Ritter der Tafelrunde jedoch kamen bald zur Einsicht, und als sie an den Hof zurückkehrten, fand eine große Versöhnung zwischen den beiden Ritterscharen statt.

In diesem Sinne kamen die Genossen der Tafelrunde vor den König, der unter anderen jungen Rittern auch Herrn Gauwain in seiner Gesellschaft hatte, der der Führer der Ritter der Königin gewesen war. Sobald die Tafelrunde den Saal betreten hatte, kniete sie vor Herrn Gauwain nieder, und sie zogen die Zipfel ihrer Mäntel vor ihr Antlitz zum Zeichen der Demut. Es sprach Hervis von Rivel zu Herrn Gauwain: «Herr, wir tun hier Buße für uns und alle unsere Gefährten wegen all der Dinge, die geschehen sind und mit denen wir uns gegen Euch vergangen haben. Verzeiht sie uns in Eurer großen Barmherzigkeit.» Herr Gauwain sprang auf und rief, er wolle ihnen alles verzeihen. Er nahm sie an den Armen und hob sie auf, und Herr Ywain und Saigremor und die drei Brüder des Herrn Gauwain hoben jeder sein Gegenüber auf und baten auch alle anderen, sich zu erheben. Sie umarmten einander, küßten sich und verziehen all den Groll und Verdruß, die sie sich bereitet hatten.

Von da an trat Herr Gauwain in die Tafelrunde ein und wurde Herr und Meister der Genossen der Tafelrunde. Die Königin sprach die gefangenen Ritter frei, die ihre eigenen Ritter ihr zugesandt hatten und beschenkte alle mit neuen Gewändern. Hierauf setzten sie sich zusammen, die Gefährten der Tafelrunde und die Ritter der Königin Ginevra. Sie gelobten feierlich, daß sie niemals wieder in dieser ernsten Weise turnieren wollten. Sollte aber in einem Einzelkampf ein Ritter seine Kraft erproben wollen, wenn er sich verkleidet habe und nicht erkannt werden wolle, bis er großen Ruhm des Rittertums erlangt habe und die Gefährten der Tafelrunde ihn in ihre Gesellschaft aufgenommen hätten, so solle dies gestattet sein. Die Erzählung spricht weiter, daß die Ritter der Königin nur achtzig gewesen seien, später jedoch wuchs ihre Anzahl, und das wird die Geschichte zur rechten Zeit behandeln: Es waren ihrer vierhundert, bevor die Suche nach dem heiligen Gral vollendet war, durch welche sie gewiß manche Strapaze, manche Mühe und manchen Verdruß zu leiden hatten, um die Suche zu vollenden, die sehr lange dauerte. Auch in vielen anderen Abenteuerfahrten mühten sie sich manchen Tag. Ich werde euch dann auch berichten, weshalb sie das taten.

In aller Wahrheit soll hier gesagt werden, daß sich zu jener Zeit eine neue Kunde im Königreich Logrien verbreitete, die Kunde vom allerheiligsten Gral, in welchem Joseph von Arimathia das Blut gesammelt hatte, das von unseres Herrn Jesu Christi Seite herabtropfte, als Joseph ihn von dem glanzreichen Kreuz mit Nikodemus zusammen abnahm, das allerheiligste Gefäß, das vom Himmel herab in der Arche in die Stadt Sarras gelangte. Aus diesem Gefäß opferte Christus zum ersten Mal seinen heiligen Leib und sein Blut durch seinen Bischof Josephus, den er mit eigener Hand weihte. Dabei befand sich auch die allerheiligste Lanze, mit der Christi Seite durchbohrt wurde, und alle diese heiligen Dinge waren im Lande Logrien geblieben, da Joseph von Arimathia sie dort hingesandt hatte; man wußte aber nicht, an welchen Ort. Diese Dinge wurden auch nicht gefunden und gesehen, so spricht die Prophezeiung; kein Mensch entdeckte die Wunder des Heiligen Gral oder die Lanze, von deren Spitze das Blut tropfte, ehe denn der beste Ritter der Welt erschien und in das Land kam. Durch diesen besten Ritter wurden die Wunder des Heiligen Grals offenbar. Diese neue Kunde ward also allenthalben verbreitet, und niemand weiß, wo sie entstanden war, noch wer sie zum ersten Mal ausgesprochen hatte.

Als aber die Genossen der Tafelrunde erzählen hörten, daß durch den besten Ritter der Welt all diese erhabenen Abenteuer zu Ende gebracht werden sollten, da traten sie selbst manchen Tag eine Suche an, um zu erfahren, wer wohl der beste Ritter sei, und sie suchten auf langen Fahrten in manchen Ländern, und jeder Ritter mühte sich, für den besten gehalten zu werden. Sobald sie vernahmen, in einem gewissen Lande sei ein guter Ritter am Leben, machten sie sich auf die Suche für Jahr und Tag, ohne länger als eine Nacht in derselben Stadt zu schlafen. Geschah es aber, daß sie einen solchen Ritter gefunden hatten, so sprachen sie ihm solange zu, bis er sich von ihnen an den Hof geleiten ließ. Wenn sich dann herausstellte, daß er nach harter Probe tapfer und wohlerfahren sei, so nahmen sie ihn in ihre Tafelrunde auf, und sein Name wurde mit den übrigen Gefährten aufgeschrieben. Als ein jeder am Ende des Jahres von seiner Suche zurückkam, berichtete er die Abenteuer, die ihm das Jahr über zugestoßen waren, und die Schreiber trugen sie Wort für Wort in ihr Buch ein, wie die Ritter sie erzählten. So habt ihr nun gehört, weshalb und wieso man im ganzen Reich Logrien suchte, die Geschichte aber schweigt hier bis auf weiteres davon und kehrt zurück zu dem Abenteuer, das sie unterbrochen hatte, um von dieser Gralskunde zu erzählen. Denn vergessen sollte sie nicht werden und findet hier ihren richtigen Platz.

König Artus war zu London, mit seiner Gemahlin, der Königin Ginevra, seinem Neffen, Herrn Gauwain, und den Rittern der Runden Tafel. Sie brachten hier ihre Zeit auf so angenehme Weise zu, daß sie wohl inne wurden, wie ihnen nichts fehlte. Weder Argwohn noch Feindschaft war zwischen ihnen, nichts als Feste, Spiele, Ergötzlichkeiten und freundliche Gespräche wechselten unter ihnen ab, bald im schönen kühlen Walde, bald auf dem Fluß. Auch kamen von weit und breit Ritter und Herren an den Hof des Königs Artus, auch Edelfrauen und Jungfrauen in großer Zahl, sowohl zu ihrem Ergötzen und um die Pracht des Hofes zu sehen, als auch um sich Hilfe zu verschaffen gegen erlittenes Unrecht; denn König Artus erlaubte jedes Mal einem Ritter seines Hofes, sich der Fremden anzunehmen, wenn ihre Sache gerecht war und sie um Hilfe baten; wie auch die fremden Ritter oft in Turnieren und im einzelnen Lanzenstechen die Ritter des Königs herausforderten und ihre Waffen gegen sie erprobten. So lebten sie in hohen Freuden, die Tafelrunde und der Hof des Königs waren berühmt und allenthalben in der ganzen Welt hoch geehrt.

König Artus war ganz sprachlos vor Schrecken und Entsetzen geblieben, als Merlin ihm die Worte gesagt, daß er ihn niemals wiedersehen würde. Er konnte keine Worte finden und ließ Merlin gehen, ohne ihm Lebewohl gesagt zu haben. Voll Angst und Trauer konnte er lange an nichts anderes denken, und acht Wochen lang dachte er immer noch, er würde etwas von Merlin hören und er könnte vielleicht doch noch wiederkommen. Da er aber nichts von ihm vernahm, so war er ganz niedergeschlagen. Manchmal fiel ihm dann ein, er habe vielleicht Merlin auf irgendeine Weise erzürnt, und Merlin wolle ihn darum nie wiedersehen. Einen wahrscheinlicheren Grund konnte er nicht erdenken, und doch war dieser ihm der kränkendste von allen, so daß er nach und nach in Tiefsinn und Betrübnis fiel.

Endlich faßte sein Neffe Gauwain Mut und fragte ihn nach der Ursache seiner Betrübnis. König Artus erzählte ihm, wie Merlin von ihm geschieden und welche Worte er beim Abschied zu ihm gesagt hatte. «Seit acht Wochen», fuhr er fort, «erwarte ich ihn nun umsonst; solange blieb er sonst nie aus. Ich hätte ihn freilich nicht erwarten sollen, da er sagte, ich würde ihn nie wiedersehen; denn er sprach nie eine Unwahrheit. Aber ich konnte mich in meinen Verlust nicht finden; denn so wahr mir Gott helfe, lieber hätte ich meine Stadt London verloren als ihn. Ich bitte Euch, geliebter Neffe, so Ihr mich liebt, so geht und erkundigt Euch nach ihm weit und breit und bringt mir Nachricht; denn ich kann nicht länger leben, ohne etwas von ihm zu erfahren.»

«Mein König», antwortete Herr Gauwain, «ich bin ganz bereit, Eurem Befehl zu gehorchen. Ich schwöre Euch bei dem Eide, den ich Euch ablegte, als Ihr mich zum Ritter schlugt, daß ich nicht länger ruhen will, bis ich Euch Nachricht von ihm bringen kann. Ich verspreche, in einem Jahr wieder bei Euch zu sein, so Gott mir hilft, und Euch die Nachricht zu bringen, die ich bis dahin von Merlin erlangt habe.»

Dasselbe schwuren die Ritter Ywain, Saigremor von Konstantinopel, und noch dreißig andere Ritter, darunter die drei Brüder des Herrn Gauwain, Gaheriet, Agrawain und Garehet. Sie schwuren alle, ein Jahr auszuziehen, um sich nach Merlin zu erkundigen. Sie ritten alle zusammen die gleiche Straße aus der Stadt London hinaus; als sie aber am Walde bei dem Kreuz anlangten, wo der Weg sich in drei Straßen teilte, nahmen sie voneinander Abschied und zogen in drei verschiedenen Gruppen weiter. Herr Gauwain aber wollte allein reiten, obwohl seine drei Brüder ihn allein ungern ziehen ließen. Sie konnten sich aber seinem Befehl nicht widersetzen und mußten gehorchen.

Herr Gauwain fand sich bald allein und suchte im ganzen Lande umsonst nach Merlin. Da er nun eines Tages ganz schwermütig und in tiefe Gedanken versunken in einen Wald ritt, begegnete ihm ein Fräulein auf einem der schönsten schwarzen Zelter reitend, den man sehen konnte. Der Sattel war von Elfenbein und die Steigbügel von Gold, die scharlachrote Decke, mit goldenen Fransen besetzt, hing tief, beinahe bis an die Erde. So auch waren die Zügel von getriebenem feinem Golde und auf das herrlichste verarbeitet. Die Dame selbst war in weißen Atlas gekleidet, ihr Gürtel von Seide und sehr reich bestickt. Den Kopf hatte sie in einen dichten Schleier gehüllt, um sich gegen den Sonnenbrand zu schützen.

Herr Gauwain war aber so tief in Gedanken, daß er sie nicht wahrnahm, als sie vorbeiritt, und sie auch nicht begrüßte. Als sie nun an ihm vorbei war, hielt sie an, wandte sich um und sprach: «Gauwain, Gauwain, es ist doch nicht alles wahr, was gesprochen wird. Von dir geht das Gerücht im ganzen Königreich Logrien, du seiest der tapferste Ritter in der Welt, und das ist auch wirklich wahr. Das Gerücht sagt aber auch von dir, du seiest der artigste und höflichste, aber darin lügt das Gerücht. Du bist der unhöflichste Ritter, den ich je gesehen habe, solange ich mich in diesem Walde aufhalte; denn deine Grobheit und Unart erlaubt dir nicht einmal, mich zu grüßen und höflich anzureden. Wisse aber, es soll dir übel bekommen, du sollst noch die Stadt London, ja das halbe Reich des Königs Artus darum geben wollen, dich besser betragen zu haben!» – «Schöne Dame», rief Gauwain ganz beschämt und erschrocken, indem er gleich beim Anfang ihrer Rede sein Pferd Gringalet angehalten und sich gegen sie gewandt hatte: «So wahr mir Gott helfe, es ist wahr, daß ich sehr unhöflich gewesen bin, als ich vorbeiritt, ohne Euch zu grüßen; aber ich war in tiefen Gedanken und dachte an etwas, das ich suche. Ich bitte deswegen sehr um Verzeihung; vergebt mir, schöne Dame!»

«Mit Gottes Hilfe! Doch hast du Strafe verdient, und die mußt du tragen, bis du ein anderes Mal nicht vergißt, die Jungfrauen zu begrüßen, sonst mußt du die Strafe ewig tragen. Im Königreich Logrien findest du nicht, was du suchest, sondern in der Bretagne möchtest du wohl Nachricht davon erhalten. Reite deines Weges, und mögest du dem ersten, welchem du begegnest, ähnlich werden, bis du mich wiedersiehst.» – Hierauf ritt die Dame fort, und Ritter Gauwain empfahl sich ihr voll Angst und Furcht.

Er war nicht lange geritten, als er einem erschreckend häßlichen Zwerg auf einem Maultier begegnete, hinter ihm saß ein wunderschönes Fräulein; sie war die Freundin des Zwerges, der vorher ein schöner Ritter gewesen. Als er dreizehn Jahre alt war, verliebte sich eine Zauberin in ihn; da er sie aber nicht wiederlieben wollte, verwandelte sie seine schöne Gestalt in die eines häßlichen, übelgestalteten Zwerges, auf die Art, daß er neun Jahre lang verzaubert bliebe. Während dieser ganzen Zeit verließ ihn die schöne Prinzessin, seine Freundin, nicht, die auch mit ihm an König Artus' Hof ging und ihren Zwerg von Artus selbst zum Ritter schlagen ließ. Sie blieb ihm treu, obgleich man sie von allen Seiten ob ihrer Liebe zum Zwerg verhöhnte. Sie wußte aber, wer er war und kannte seine Tapferkeit und seinen Edelmut, obwohl seine äußerliche Gestalt verächtlich schien, und wartete geduldig das Ende seiner Schmach ab.

Diesen, wie gesagt, begegnete Herr Gauwain. Sobald er sie gewahr wurde, grüßte er sie höflich, der ersten Dame eingedenk. Jene grüßte ihn ehrerbietig wieder, und als sie eine Strecke aneinander vorbei waren, fand es sich, daß gerade die Zeit und Stunde der Verzauberung des Zwerges um war, und er ward plötzlich so schön und wohlgebildet, wie er vorher gewesen, und war gerade zweiundzwanzig Jahre alt. Sogleich mußte er die Waffen von sich werfen, die ihm nicht mehr paßten, und nun umarmte er seine treue schöne Geliebte, die so voller Freuden war, daß sie beinahe vor übermäßiger Freude gestorben wäre. Und nun kehrten sie freudig und Gott dankend in ihre Heimat zurück und glaubten, dieses Glück dem Herrn Gauwain schuldig zu sein, der sie so freundlich gegrüßt und Gott empfohlen hatte.

Herr Gauwain aber fühlte, als er kaum an den beiden vorüber war, wie ihm seine Kleider und seine Rüstung auf einmal zu lang und zu weit wurden. Die Ärmel hingen ihm weit über die Hände, so auch wurden die Beine ihm kürzer, seine eisernen Schuhe sah er in den Steigbügeln stecken, aber seine Beine reichten kaum über den Sattel weg. Der Schild hing ihm zwei Ellen hoch über den Kopf heraus, so daß er nicht darüber hinwegsehen konnte; auch schleifte sein Schwert ihm nach an der Erde, um so viel war das Gehänge ihm zu weit geworden; kurz, er merkte und sah ein, daß er ein Zwerg geworden war, woraus er schloß, daß die Dame es ihm angewünscht, welche er nicht gegrüßt hatte. Er war außer sich vor Zorn und Schrecken, und wenig fehlte, daß er sich das Leben genommen hätte.

Ergrimmt ritt er schnell bis an den Ausgang des Waldes, wo er auf einer Erhöhung ein Kreuz fand; hier kletterte er hinauf, machte seine Steigbügel kürzer, sein Wehrgehänge und die Schlinge des Schildes enger, befestigte die Ärmel des Panzers aufwärts an den Schultern und machte alles so gut für sich zurecht, wie es gehen wollte, aber unter beständigen Verwünschungen und Grimm, denn der Tod wäre ihm jetzt erwünschter gekommen als das Leben. Dann setzte er sich wieder auf und ritt betrübt weiter, unterließ aber trotz seiner Verunstaltung und seines tiefen Grams nicht, allenthalben, an jeder Burg, in jeder Stadt, in allen Dörfern, in Wäldern und auf Feldern, sich nach Merlin zu erkundigen, bei jedem Menschen, den er antraf. Viele von denen, die er sah und ansprach, hielten sich über ihn auf und verspotteten ihn. Denen erging es aber übel; denn wenngleich er an Gestalt ein Zwerg geworden, war er es doch an Mut und Tapferkeit nicht. Er war wie vorher kühn und unternehmend, und manchen Ritter besiegte er unter seiner häßlichen Zwergengestalt.

Da er nun das ganze Königreich Logrien über Berg und Tal allenthalben vergeblich durchsucht hatte, erinnerte er sich, wie die Jungfrau, die ihn so schimpflich verunstaltet, ihm gesagt hatte, er solle nach der Bretagne ziehen. Dort würde er Nachricht finden von dem, was er suche. Er ritt also zum Meer hin und ließ sich nach der Bretagne übersetzen. Dort ritt er sehr lange umher, ehe er etwas vernahm. Da nun die Zeit nahte, daß er wieder zum König Artus sollte, sagte er zu sich selber: «Ach, was soll ich tun? Die Zeit ist nahe, daß ich zurückkommen soll. Ich habe es meinem Oheim geschworen, in dieser Zeit zurück zu sein; ich muß es also tun, sonst wäre ich meineidig und unredlich. Zwar meineidig wäre ich nicht zu nennen, denn der Eid lautete: wenn ich mein eigenes Ich sein würde. Und bin ich denn nun wohl mein eigen? Ist diese schimpfliche Gestalt die meinige? Und darum kann ich mich wohl von der Pflicht, am Hofe zu erscheinen, lossagen ... Wahrhaftig, diesmal habe ich übel geredet, denn steht es nicht immerdar in meiner Macht, zu gehen oder zu bleiben? Da ich nicht eingeschlossen bin und gehen kann, wohin es mir beliebt, so wäre es allerdings Meineid, wenn ich nicht meinen Schwur hielte. Habe ich gleich den Leib verloren, so will ich doch meine Seele nicht verlieren und Gott bitten, daß er ihr gnädig sei, denn mein Leib ist schändlich zugerichtet.»

So sich beklagend, schlug er einen Weg ein, der ihn nach London zurückführen sollte, und hier kam er durch den Wald von Broceliande. Als er traurig vor sich hin ritt, hörte er auf einmal zu seiner Rechten eine Stimme, er wandte sich dahin, sah aber nichts als einen Bau, der sich in der Luft verlor, durch welchen er aber doch nicht hindurch konnte. Und da hörte er die Stimme wieder, welche rief: «Gauwain, Gauwain, gräme dich nicht, denn alles geschieht, was geschehen muß!» – «Wer spricht mit mir», rief er, «und nennt mich hier beim Namen?» – «Wie? Kennt Ihr mich nicht mehr, Herr Gauwain? Ehedem kanntet Ihr mich doch sehr wohl; so ist das Sprichwort doch wahr, welches sagt: Entfernst du dich vom Hofe, so entfernt der Hof sich auch. Als ich dem König Artus diente und den Hof und die Barone besuchte, da war ich von allen gekannt und geliebt, jetzt aber werde ich verkannt und sollte es doch nicht werden, wenn Treue und Glauben auf Erden wären.»

Da erkannte Gauwain seinen Freund Merlin und rief: «O Meister Merlin, jetzt erkenne ich deine Stimme; komm aber hervor, ich bitte dich, daß ich dich sehe!» – «Nie wirst du mich sehen», antwortete Merlin, «auch werde ich nach dir mit keinem Menschen sprechen, und du bist der letzte, der meine Stimme vernimmt. Auch soll künftig niemand hier nahen, selbst du wirst niemals wieder hierherkommen. Ich kann nimmer hier heraus, wie weh es mir auch tut. Muß ich doch ewig hierbleiben; nur die, welche mich hier hält, hat Macht und Gewalt, ein- und auszugehen nach ihrem Wohlgefallen, und sie ist die einzige, die mich sieht und mit mir spricht.» – «Wie!» rief Gauwain, «mein süßer Freund, bist du so festgehalten, daß du niemals wieder loskommst? Wie kann dir, dem weisesten der Menschen, solches begegnen?» – «Ich bin auch zugleich der törichteste», antwortete Merlin, «denn ich liebe eine andere mehr als mich selbst. Ich lehrte meine Liebste, wie sie mich fesseln könne, und nun kann keiner mich befreien.»

«O!», rief Gauwain, «dies macht mich sehr betrübt, und es wird auch den König Artus sehr betrüben, der dich in allen Landen suchen läßt, weswegen auch ich hier bin.» – «Er muß sich dareinfinden lernen», sagte Merlin, «denn er wird mich nie wiedersehen, ebensowenig wie ich ihn. Jetzt reite zurück, grüße die Königin von mir, den König und alle Fürsten und Barone, erzähle ihnen, wie es mit mir steht. Du wirst den Hof zu Carduel finden. Gräme dich auch nicht wegen dem, was dir begegnet ist, du wirst der Jungfrau wieder begegnen, und sie wird dich entzaubern; vergiß nur nicht, sie zu grüßen!» – «Nein, sicher nicht, so es Gott gefällt!» rief Gauwain. – «Lebe wohl», sagte Merlin, «der Herr segne und behüte den König und sein Reich samt allen Fürsten und auch dich, Gauwain. Ihr seid die besten Menschen, die jemals auf Erden gelebt haben.»

Herr Gauwain ritt halb traurig, halb fröhlich fort, denn obgleich es ihm lieb war zu hören, daß er entzaubert werden würde, war ihm doch sehr betrübt zu Sinne, daß Merlin so verloren sei. Er setzte wieder übers Meer, begegnete der Jungfrau, grüßte sie mit lauter Stimme im Namen Gottes und fühlte sich auf der Stelle entzaubert, während sie ihm den Gruß wiedergab. Er ritt darauf heiteren Mutes in seiner vorigen schönen Gestalt nach Carduel, wo König Artus Hof hielt und alle Großen und Fürsten des Landes um ihn versammelt waren. Groß war die Trauer und das Leid, als Herr Gauwain erzählte, daß niemals wieder ein Mensch Merlin sehen oder hören würde und in welcher Gefangenschaft er immerdar bleiben müsse; und alle weinten, als sie vernahmen, wie er die Königin, den König und die Barone gegrüßt und sie alle nebst dem ganzen Reiche noch gesegnet hatte.

NACHWORT

Diese Übersetzung ist nicht die erste Bearbeitung des Romans von Robert de Boron in deutscher Sprache. Dorothea Schlegel hat ihn bereits 1804 aus einem unveröffentlichten Manuskript der Nationalbibliothek von Paris bearbeitet. Es hätte nahegelegen, diese Bearbeitung für unsere Neuausgabe zu benützen, jedoch sprechen mehrere gewichtige Gründe dagegen. Ein äußerer: der F. Schöning Verlag, Paderborn, plant, im Zuge seiner großen Gesamtausgabe der Werke Friedrich Schlegels auch Dorothea Schlegels Werke herauszubringen; der innere Grund, der gegen Dorotheas Werk spricht, ist wesentlicher: Dorothea Schlegel hat aus dem Geiste der Romantik Robert de Borons in einfältiger Sprache geschriebenes Werk leicht zusammengezogen und geglättet und dabei wichtige Einzelheiten ungenau wiedergegeben oder ganz fallenlassen. Es wird in ihrer Übersetzung zum Beispiel nicht deutlich, welch bedeutsame Rolle Merlin als Christusbote spielt, und es kommt auch der Angelpunkt des politischen Merlinromans, nämlich der Gegensatz zwischen Kelten und Germanen, in Dorotheas Bearbeitung nicht heraus, weil sie statt «Saisnes» (die Sachsen) immer nur «Feinde» oder «Aufrührer» schreibt. Für Zwecke geisteswissenschaftlicher Forschung jedoch ist treue Wiedergabe solcher Texte unbedingt notwendig. Im Falle des «Merlin» ist dies vor allem wesentlich, weil sonst Robert de Borons christliche Denkart nicht klar genug wird.

Die Gestalt des Merlin ist seit dem Mittelalter in eine geheimnisvolle Aura gehüllt, und viele Dichter und Gelehrte haben sich in Dramen, Epen und wissenschaftlichen Arbeiten bemüht, sein Wesen zu enträtseln. Es ist nicht meine Absicht, die Geschichte dieser Bemühungen hier darzustellen, das ist von anderer Seite schon öfter geschehen. Ich will nur hier ein Buch erwähnen, das in dieser Hinsicht als Ergänzung wichtig und wertvoll ist. Es ist die Übersetzung der ersten «Vita Merlini» aus dem 12. Jahrhundert, einer Dichtung in Hexametern von Gottfried von Monmouth, der überhaupt der erste Darsteller der Artus- und Merlingeschichte ist. Die Übersetzung von Inge Vielhauer erschien unter dem Titel «Das Leben Merlins»*, als Vorwort wurde ein Aufsatz von Heinrich Zimmer, dem bedeutenden Keltologen eingefügt; dieser Aufsatz kann als die beste Darstellung des mythischen Wesens in Merlin betrachtet werden.

* Castrum Peregrini Presse, Amsterdam 1964.

Denn als mythisches Wesen tritt Merlin in die Geschichte ein. Er erscheint zuerst als Dichter und Seher in keltischen, hauptsächlich walisischen Dichtungen, deren unbestimmtes Alter viel dazu beiträgt, daß Merlin gleichsam wie in einen mythischen Nebel gehüllt erscheint. Erst im 9. Jahrhundert tritt er in geschichtliche Darstellungen ein, und zwar in die Chronik des Walisers Nennius. Dieser erzählt ausführlich, daß ein britischer Usurpator namens Vortigern gegen seine Feinde einen festen Turm bauen lassen wollte, um darin seine Sicherheit zu finden. Vortigern gehört als sagenhafte Gestalt in den Beginn des 5. Jahrhunderts, er war der erste Kämpfer gegen die Germanen, mit denen er aber bald einen Freundschaftsbund schloß gegen seine Feinde im britischen Lager selbst. Nun geschah es beim Bau dieses Turmes, daß die Mauern des Baues einstürzten, sobald sie eine gewisse Höhe erreicht hatten. Die weisen Magier seines Reiches gaben ihm schließlich den Rat, das Blut eines vaterlosen Kindes in den Mörtel für den Bau zu mischen, dann würde der Bau halten. Ein vaterloses Kind wurde nach längerem Suchen gefunden und kam an den Hof des Vortigern. Das Kind hatte zwar nicht den Namen Merlin, sondern hieß Ambrosius, jedoch ist gar kein Zweifel, daß es die Persönlichkeit des Merlin darstellte, denn was von seinem Leben erzählt wird, deutet auf ihn. Seine Mutter erzählt dem König, ein schönes dämonisches Wesen habe sie umschmeichelt und verführt, und daraus sei das Kind entstanden. Das Kind selbst aber berichtet dem König, es sei der Sohn eines römischen Konsuls und dieser Mutter, die aus königlichem Geschlecht sei. Das Kind hat auf jeden Fall seherische Begabung: es enthüllt dem König die Wahrheit über den Einsturz des Turmes. Unter dem Turm befinde sich eine Wasserfläche, in dieser seien zwei Felsen und in den Felsengrüften zwei Drachen, die sich rühren, wenn das Gewicht der Mauer zu groß wird. Dadurch stürze der Turm immer wieder ein. Der König läßt nachgraben, es stellt sich alles so heraus, wie das Kind angegeben hat, die Drachen kommen zutage, bekämpfen einander und sterben beide in dem Kampf. Daraufhin wird der Turm ohne weitere Störung gebaut, Vortigern aber kommt in dem Turm um, nachdem die rechtmäßigen Besitzer des Thrones, zwei junge Prinzen namens Pendragon und Uter, die Kinder des letzten Königs von Britannien, in das Land eingedrungen waren.

Das Kind Ambrosius bleibt als Ratgeber und Seher am Hofe dieser beiden Prinzen, die nacheinander den Thron einnehmen. Von König Artus als Nachfolger dieser Könige ist in dieser Chronik des Nennius zunächst noch keine Rede. Er wird in anderen Schriften nur als Dux bellorum, der Führer in den Kriegen erwähnt, spielt aber seinem Titel gemäß doch eine führende Rolle. Es findet dann in der Sagengeschichte ein Prozeß statt, der bestimmte Züge aus den Taten anderer Helden auf einen einzigen überträgt und damit eine zentrale Heldengestalt schafft: Karl der Große wird der einzige Vorkämpfer des

Christentums gegen das Heidentum, Barbarossa wird eine mystische Gestalt und der Cid in Spanien der große Vorkämpfer gegen die Mauren. In ähnlicher Weise müssen wir uns die Entwicklung des König Artus als Hauptgestalt in den Auseinandersetzungen zwischen Keltentum und Germanentum vorstellen. Dabei spielt Merlin eine führende Rolle.

König Artus tritt in vollem Glanz seiner Würde zu Beginn des 12. Jahrhunderts auf, 1134 in der Chronik des walisischen Dekans und späteren Bischofs Gottfried von Monmouth, der «Geschichte der britischen Könige», und hier erscheint auch Merlin als Berater und Erzieher der Könige Pendragon und Uterpendragon. Der Charakter des Merlin übernimmt nun die Rolle des Ambrosius aus der Chronik des Nennius, noch nicht so deutlich ausgeprägt, daß man ihn bereits einen christlichen Erzieher der Fürsten nennen könnte. Wohl aber hat er bereits das Wesen eines Sehers; es wird auch schon von ihm erzählt, er sei der Sohn eines Teufels und einer tugendhaften Nonne. Seine eigentliche Größe bekommt er aber erst später in dem französischen Roman des Robert de Boron.

Bevor wir dies ausführlich schildern, müssen wir ein in französischen Versen geschriebenes Werk des anglo-normannischen Dichters Wace erwähnen. Dieser Wace bearbeitete die Chronik des Gottfried von Monmouth in einem großen Versepos, das er «Brut» nannte; denn Gottfried schildert, daß der Stammvater des britischen Volkes Brutus gewesen sei, ein Nachkomme des Trojaners Äneas. Die mittelalterlichen Geschichtsschreiber bemühten sich, einen Zusammenhang zwischen den Ereignissen der griechischen Geschichte, vor allem des trojanischen Krieges, und den Fürsten des Mittelalters herzustellen, also eine Art geistiger Genealogie aufzubauen. Nachdem durch diese Versdichtung «Brut» der Anschluß des keltischen Volkes an die großen Taten des Altertums gewonnen war und in französischen Chroniken ähnliche Tendenzen sich zeigten, dauerte es nicht mehr lange, daß ein französischer Dichter die Geschichten des Königs Artus aufgriff und in seinen genialen höfischen Romanen für das ganze Abendland erschloß: Chrétien de Troyes. Er war der Schöpfer des höfischen Romans. Andere Dichter folgten ihm nach und fügten einen Artusroman nach dem anderen seinem Werk an. Sein Glanz wurde aber von keinem anderen Dichter überstrahlt. Chrétien de Troyes spricht in seinem Percevalroman vom Gral so, als ob jeder Gebildete seiner Zeit den Sinn und das Wesen des Grals genau kenne. Deshalb schreibt Chrétien nicht über die Geschichte des Grals. Sein Roman erzählt die Geschichte seines Helden Perceval, der zum Gralssucher und Gralskönig wird. Für Robert de Boron dagegen ist der Gral selbst gleichsam der Held des Romans, so daß er sich mit Recht den ersten Dichter der Entstehung der Wanderung des Grals nennen kann. Und Merlin wird der Prophet und Künder des Grals.

173

Nachdem Robert de Boron die Geschichte des Grals erzählt hat, beginnt er als direkte Fortsetzung seines Werkes eine Geschichte des Merlin in Versen zu erzählen. Davon sind 500 Verse erhalten, und es ist anzunehmen, daß entweder der Rest der Versdichtung verloren ist oder daß Robert sich entschlossen hat, seinen Roman in Prosa weiterzuschreiben. Die Prosafassung des Romans, die in sehr zahlreichen Manuskripten erhalten ist, stimmt in ihrem Anfang fast wörtlich mit dem Versbruchstück überein und geht dann in gleichem Ton und Stil weiter bis zur Krönung des Königs Artus. Dann aber gibt es Fortsetzungen von gewaltigem Ausmaß, die die Kämpfe des Königs Artus gegen seine eigenen aufrührerischen Barone, gegen die Germanen und gegen die Römer in maßloser Weite berichten. Die Rolle des Merlin in diesen Fortsetzungen geht selbstverständlich in gleicher Weise weiter: Er ist Helfer und Berater in allen Kämpfen, hat auch verschiedentlich seine Gegner aus dem Feld zu schlagen, aber seine Bedeutung wird eigentlich nicht größer als in dem ersten Originalteil. Es gibt nur zwei neue Motive in diesen Fortsetzungen, die wichtig sind. Das erste betrifft Merlin als Beschützer des Grals. Er verhält sich jedoch dabei passiv, insofern als er wohl voraussagt, was mit dem Gral geschieht, aber nicht eingreift, um den Gral zu fördern. Er wird mehr dargestellt als derjenige, der die Ereignisse dem Einsiedler Blasius diktiert. Diese Tätigkeit Merlins wird bereits im Text Robert de Borons erwähnt und bildet einen wichtigen Abschnitt seines Weges vom Naturgeist zu einem in Freiheit gewählten Christentum. Das zweite Motiv ist noch wichtiger und gehört unbedingt zu unserem Roman dazu. Es berichtet sein selbstverschuldetes Ende. Die Stücke der Fortsetzungen, die von diesen beiden Motiven handeln, fügen wir deshalb unserer Übersetzung bei.

Sowie Merlin am Hof des Königs Vortigern erscheint, beginnt seine merkwürdige Rolle als Erzieher der Menschen. Bei allem, was er tut, will er nicht einfach ein verblüffender Verkünder seiner Prophezeiungen sein, sondern zugleich seinem eigenen Schutz und der Erweckung von neuen Fähigkeiten der Menschen dienen, die mit ihm zu tun haben.

Dies offenbart sich zum erstenmal bei der Verteidigung seiner Mutter: Sie hat einen Beichtvater namens Blasius, der nun das Kind Merlin und die Mutter des Kindes vor dem Richter zu betreuen hat. Die hellseherischen Kenntnisse, die Merlin hat, sind wohl für Blasius ein Kennzeichen seiner außergewöhnlichen Sendung, Blasius hat aber Zweifel über die Quelle dieser Fähigkeiten des Merlin. Er ist überzeugt von der Unschuld der Mutter, denn sie hat ihm der Wahrheit gemäß alles gebeichtet, was ihr geschehen ist, und Blasius weiß auch, daß ein Dämon die Möglichkeit hat, Vater eines Menschenkindes durch Gewalt zu werden. Das war im Mittelalter allgemeiner Glaube. Es war jedoch auch allgemeiner Glaube, daß ein solches Kind böse Fähigkeiten hatte. Deshalb hatte Blasius ein gewisses Recht, an der guten Kraft des Merlin zu zweifeln. Er hielt ihm daher vor, woher er wissen könne, daß er auf der Seite des Christusgeistes stehe. Da wird Merlin ganz ernst und sagt zu Blasius: «Du hast doch sehen können, was für Taten ich vollbracht habe, was für Worte ich gebraucht habe, um meine Mutter zu retten. Hätte ich als Teufel gehandelt, so wäre durch mich meine Mutter nicht gerettet worden. Ich hätte wirklich Teufel werden können. Ich habe gewählt, und ich habe Christus gewählt, und das hättest du sehen können.» Diese ernsten Worte bewirkten in Blasius, daß er von nun an nicht mehr an ihm zweifelte und alles aufschrieb nach dem Rat des Merlin, was dieser ihm diktierte.

Damit ist der Weg frei für Merlin, um seine erzieherische Lebenslaufbahn anzutreten. Nachdem der thronräuberische König Vortigern gefallen ist, besteigt der rechtmäßige König Pendragon den Thron und arbeitet eng mit seinem Bruder Uter in der Regierung zusammen. Merlin steht ihnen als Ratgeber zur Seite, er faßt jedoch sein hohes Amt nicht so auf, als ob er den Königen das mit jeder Regierungstätigkeit verbundene eigene Denken abnehmen sollte. Er will sie im Gegenteil zu freien Entscheidungen aus bewußtem Verständnis seines Wesens erziehen.

Die Tätigkeit Merlins als Erzieher steht ganz im Blickpunkt zukünftiger Notwendigkeiten. Wohl gibt Merlin gelegentlich einfache Ratschläge ohne Umwege, zum Beispiel, wenn es sich um die Durchführung einer Schlacht handelt. Dreht es sich aber um Erkenntnisprobleme, vor allem um Menschenerkenntnis, so setzt Merlin seine Freunde, die Könige, immer zuerst einer manchmal humorvollen Prüfung aus. Er erscheint ihnen in veränderter Gestalt und gibt sich auch nicht zu erkennen, deutet jedoch jedesmal an, daß er Dinge und Geheimnisse weiß, die eigentlich nur die Könige und er, Merlin selbst, wissen können. Darin besteht eben die Prüfung, daß er seine Prüflinge zu schärferem Nachdenken in einem erweiterten Bewußtsein bringen will. Seine «Kandidaten» können die Prüfung nicht bestehen, denn sie sind zunächst Alltagsmenschen, wenn auch von hohem Rang, und wenn er sie längere Zeit hindurch auf diese Weise gefoppt hat, erscheint er in seiner eigenen Gestalt und lacht die verdutzten Brüder aus. Ein intelligenter Mensch unserer Gegenwart würde dieses Gestaltenspiel sofort durchschauen, bei den Brüdern Uter und Pendragon dauert es aber immer sehr lange, und sie fallen oft herein. Er aber bleibt stets geduldig, das heißt positiv. Er gibt nie die Hoffnung und das Vertrauen auf, zieht aber gelegentlich doch strenge Konsequenzen, die sogar schließlich dazu führen, daß er den Brüdern erklärt, er könne jetzt nicht mehr so öffentlich mit ihnen arbeiten. Sie hätten genugsam Verwandlungen seines Wesens erlebt, und er könne jetzt verlangen, daß sie ihr Bewußtsein von selbst steigern. Zerknirscht versprechen sie, sich Mühe zu geben, aber letzten Endes kommt es doch nicht zu einem vollen Erfolg von Merlins Erziehertätigkeit. Der gute Spottvogel hilft ihnen trotzdem weiter.

175

Sein Chronist, der Einsiedler Blasius, fragt ihn gelegentlich, warum er denn solche Späße treibe, und er erklärt ihm lachend: «Das ist eben mein natürliches Wesen! Ich liebe diese beiden Fürsten von Herzen, aber wenn ich selbst keinen Spaß dabei haben kann, so habe ich nur die halbe Freude an meiner Tätigkeit. Ich bin der Meinung, Lachen und Verblüffung sind immer noch die besten Erziehungsmittel. Dadurch entsteht innere Spannung bei meinen Schülern, und daraus schöpfe ich immer neue Hoffnung, daß es doch gelingen wird.»

Mit dieser Methode also, deren Einzelheiten zu erkennen wir dem Leser überlassen wollen, führt Merlin zunächst König Pendragon durch die Fährnisse der Kriege gegen die heidnischen Sachsen. Er läßt ihn Schlachten gewinnen, er gibt ihm den Plan zu erfolgreicher Regierung und führt ihn so durch sein Leben, bis er in einer Schlacht fällt. Dann übernimmt Uter die Regierung und ehrt seinen verstorbenen Bruder auf Merlins Rat damit, daß er des Bruders Namen seinem eigenen zufügt. Er heißt von nun an Uterpendragon. Merlins Zauberkunst zeigt sich nun zuerst darin, wie er die im Kriege gefallenen Toten ehrt. Er läßt auf der Ebene von Salisbury, wo die letzte Schlacht stattfand, in der Pendragon fiel, ein gewaltiges Denkmal aufrichten: Er holt mit seiner Zauberei aus Irland einen Steinkreis und versetzt ihn auf diese Ebene von Salisbury als Ehrenmal für Pendragon und seine gefallenen Krieger. So erklärt sich das mythische Bildgedächtnis alter Zeiten, die Entstehung solcher Denkmäler wie Stonehenge: Merlin holt aus dem Quellgebiet keltischen Volksgeistes im Bilde eines Steinkreises Geisteskraft als Hilfe für seine Schützlinge.

In der Regierung des Uterpendragon zeigt sich, daß Merlin an diesem König ein besonderes Interesse hat. Er setzt deshalb seine Erziehertätigkeit viel intensiver und mit stärkeren geistigen Mitteln fort. Er erlebt zwar bittere Rückschläge an seinem Zögling, die sich in gelegentlichen Zweifeln des Königs an Merlins Kraft und Kunst äußern, aber gerade diese Rückschläge machen dem geistigen Führer die Notwendigkeit deutlich, für den König stärkere Mittel aus der geistigen Welt zu holen. Das wichtigste dabei ist, daß er Uterpendragon veranlaßt, in der Stadt Carlion die später sogenannte Artustafelrunde zu stiften. Er enthüllt ihm bei dieser Gelegenheit, daß bereits in seinem Lande an geheimnisvollem Ort eine Tafel besteht, die von Joseph von Arimathia in Erinnerung an die Abendmahlstafel gegründet worden ist. Diese Tafel ist rechteckig wie ihr Vorbild und trägt den Dienst des Grales. Wir erinnern hier an Robert de Borons «Geschichte des Heiligen Gral» und sehen daraus, daß der Dichter schon früher die Merlingeschichte als zweiten Teil der Gralsgeschichte geplant hat. Es sollte darauf noch ein dritter Teil folgen, doch ist dieser Teil sicher nicht in seiner Originalform erhalten, wenn er überhaupt geschrieben worden ist; denn der viel später entstandene Prosaroman «Perceval» ist eine Zusammenstellung aus verschiedenen Teilen der Fortsetzungen der Percevaldichtung

Chrétiens und hat mit dieser nichts zu tun. Es ist aber durchaus möglich, daß Robert de Boron einen Prosaroman «Perceval» geplant hatte, aber nicht mehr durchführen konnte. Seine Trilogie war immerhin gedacht als dichterisches Bild der Wirksamkeit der Trinität Vater, Sohn und Heiliger Geist. Wer die «Geschichte des Heiligen Gral» von Robert de Boron kennt, wird sich erinnern, daß das neue Lichtzeichen des Gral im Sinne der Dreifaltigkeit dargestellt wird, die lebendig in stummer Versunkenheit in den Seelen der Gralsdiener während des «Dienstes» an der Gralstafel anwesend ist.

Auch die Gründung der Artustafel durch Merlin und Uterpendragon vollendet das Bild der Dreifaltigkeit in diesen drei Tafeln, wobei die Abendmahlstafel und die Gralstafel als viereckig, die Artustafel als rund gedacht sind. Es findet alljährlich zu Pfingsten das Fest der Tafelrunde feierlich statt. Merlin hat für den König fünfzig Ritter ausgewählt, die an dieser Tafel Platz nehmen; es bleibt aber ein Platz, der einundfünfzigste, immerwährend frei. Dies ist eine feierliche Verfügung Merlins in Erinnerung an den Verräter Judas, und der König gibt ebenso feierlich seinem Ratgeber das Versprechen, diesen Sitz erst dann zu besetzen, wenn der dazu auserwählte Ritter geboren ist und zur rechten Zeit am Artushof erscheinen wird. Denn dieser auserwählte Ritter – sein Name wird nicht genannt – soll erst unter dem Nachfolger des Königs Uterpendragon geboren werden und erscheinen. Daß Uterpendragon der Versuchung, auch hier seinerseits Merlin auf die Probe zu stellen, nicht widerstehen kann, ist nach der bisherigen Haltung des Königs verständlich. Auch die Großen des Reiches erliegen ihrem Neid und ihrem Mißtrauen gegen Merlin und erzwingen die Besetzung des leeren Platzes durch einen dem Merlin feindselig gesonnenen Baron. Dieser setzt sich auf den leeren Sitz und verschwindet plötzlich unter der Erde, der Sitz aber steht nach wie vor leer da. Bestürzung und Reue des Königs machen das Vergehen nicht gut, Merlin erscheint und macht dem König heftige Vorwürfe. Trotz der heiligsten Beteuerungen des Königs, er werde nie mehr einem Zweifel erliegen, bleibt Merlin längere Zeit dem Hof fern, entzieht ihm aber dennoch seine Hilfe nicht. Merlin erscheint hier und in alle Zukunft ganz im Sinne des Christus, dem er dient, als der verzeihende Helfer, der nie die Hoffnung aufgibt. Als der König wiederum der Verführung eines übel gesonnenen Ritters erliegt und die seherische Kraft seines treuen Beraters in Zweifel zieht, verhilft ihm Merlin auch gerade durch seine Zauberkraft zu seiner Verbindung mit Igerne. Sein Sohn und zukünftiger Nachfolger Artus wird durch die zauberkräftigen Mittel Merlins – die Verwandlung des Uterpendragon in den Gemahl Igernes – geboren. Man könnte sich vorstellen, daß diese zweifelhafte Geburt des Artus nicht notwendig gewesen wäre, wenn Uterpendragon nie an Merlin gezweifelt hätte. Merlin bedingt sich nach der Geburt des Sohnes Artus auf jeden Fall aus, daß er allein die Erziehung des Kindes von seinem ersten Lebenstag bis zu seiner Königskrönung übertragen bekommt. Auf diese Weise will er gewährleisten, daß an dem höchsten König des britischen Volkes durch falsche Erziehung nichts verdorben wird.

Mit diesen Beispielen soll unsere Darstellung Merlins als Fürstenerzieher abgeschlossen werden. Es ist dadurch hinlänglich klargeworden, daß Merlin von seinen Anfängen als keltischer Barde, Seher und hoher Vertreter des altkeltischen Volksgeistes eine lange Entwicklung bis zu seiner Stellung als Künder des esoterischen Gralschristentums durchgemacht hat.

Wichtig ist noch die Rolle Merlins als Politiker in den Auseinandersetzungen zwischen Kelten und Germanen. Eine kurze Zusammenstellung historischer Tatsachen möge den Ausgangspunkt unserer Betrachtungen bilden. Um die Mitte des fünften Jahrhunderts begannen die Einfälle der Sachsen in Südbritannien, der Jüten in Kent und der Angeln in Nordbritannien. Die Chronik des Geoffrey von Monmouth erzählt, daß Vortigern nach anfänglichen Kämpfen mit dem Germanenfürsten Hengist einen Freundschaftsbund schloß und die Schwester Rowena des Hengist heiratete. Daraus entstanden die ersten Schwierigkeiten des Vortigern mit seinen eigenen Baronen, weil er als Christ eine Heidin zur Frau hatte. Die Chronik erzählt weiter, daß während dieser Kriegswirren die rechtmäßigen Prinzen Pendragon und Uter aus dem Ausland nach Britannien zurückkehren und schließlich nach der Besiegung des Vortigern und der Germanen den Thron einnehmen. Die Kämpfe mit den Germanen gehen auch unter diesen Brüdern weiter, sind jedoch aussichtslos, und es bleibt in der Chronik ungewiß, auf welche Weise die Germanen schließlich zur Herrschaft über das Land gelangen.

Die Gestalten des Vortigern, der Brüder Pendragon und Uter und des Königs Artus sind auf dem physischen Plan der Geschichte nicht nachzuweisen, obgleich König Artus als historische Persönlichkeit angenommen wird. Was hat in Wirklichkeit stattgefunden? Wenn man die Geistesgeschichte als notwendige Ergänzung der Profangeschichte ansieht, so stellt sich der Prozeß folgendermaßen dar: Die romanartigen Berichte vom Artushof, von der Artustafelrunde und all den großen Abenteuern, die die Artusritter im Dienste der Menschheit und im Kampf gegen das Böse in jeder Form zu bestehen haben, haben eine größere Bedeutung für den Geist der Menschen als die Profangeschichte jener Zeiten, die diese Gestalten ignoriert.

Ähnlich ist es zum Beispiel mit den Heiligen Christoph und Georg: Der Vatikan streicht sie aus der Liste der Heiligen, weil sie angeblich nicht gelebt haben, aber ihr Impuls wirkt weiter. Die Berichte versetzen uns in das Geistgebiet, wo sie volle Wirklichkeit haben und zugleich stark bildend und kulturfördernd in das Leben der Menschen eingreifen. Man erinnere sich nur an den berühmten Ausspruch des Alanus ab Insulis, der in seiner Schrift über Sagen ausruft: «Wem

ist nicht bekannt, daß die Menschen auf der ganzen bekannten Erde die Artus-
geschichte kennen und an sie glauben, ja daß es zum Beispiel in der Bretagne
lebensgefährlich ist, am Dasein des Königs Artus zu zweifeln?» – Wir befinden
uns also in allen Artusromanen im Gebiet des Geistes und der geistigen Wirklichkeit. Erstaunlich ist es, daß die Versromane des Chrétien de Troyes die
Artuswelt in so fest umrissenen Gestalten schildern, sei es nun Erec oder Ywain
oder Lancelot oder Gauwain, daß man annehmen muß, diese Gestalten seien in
der Vorstellung der damaligen gebildeten Welt auch außerhalb der Romane
typische Menschenbilder. Am deutlichsten wird dies an der Gestalt des Seneschalls Keu, der einerseits als Hüter der Etikette und Tafelrunde ein strenges
Regiment führt und sogar wegen seiner scharfen, hämischen und spottlustigen
Zunge wie ein alter Druide gefürchtet wird, andererseits eine seltsame Haßliebe
aller Angehörigen des Hofes genießt.

Das ist schon so in dem ersten Werk des Chrétien de Troyes, «Erec und
Enide» aus dem Jahre 1165, ebenso wie in seinem letzten Roman, dem «Perceval» aus dem Jahre 1185. Wir haben erwähnt, daß die langen Prosaromane des
13. Jahrhunderts Erklärungen suchen für alle feststehenden Tatsachen und
Charaktere in den Romanen des 12. Jahrhunderts. Und so gibt unser Merlinroman, geschrieben gegen 1200, unter vielen anderen Dingen auch die Deutung
für diesen zwiespältigen Charakter des Keu. Es wird immer erzählt, daß König
Artus seinen Seneschall Keu in allen Auswüchsen seiner Bosheit wohl tadelt,
aber auch schützt. Das kommt daher, so erzählt der Merlinroman, daß die Mutter
des Keu, eine arme, aber sehr tugendhafte Rittersfrau, auf Befehl Merlins das Kind
Artus als Säugling ernährt und ihren eigenen, gleichaltrigen Sohn Keu einer
Nähramme übergeben muß. Nach dem Glauben jener Zeit nimmt ein Säugling
die groben oder auch bösen Eigenschaften seiner Nährmutter an. Auf diese Weise
hat also Keu, der edle Ritter und spottlustige Menschenverächter, die schlechte
Seite seines Charakters als unbezwingbaren Trieb erhalten. Der junge Artus
muß bei seiner Thronbesteigung dem Vater des Keu versprechen, daß er seinem
Sohn das Amt des Seneschalls übergibt und daß Artus ihn niemals fallenlassen
darf. Das ist ein Stück wichtiger Exegese und ein Beispiel mittelalterlicher
Psychologie. Im Roman aber ist es ein Werk Merlins, der auf diese Weise in
seinem Zögling die königliche Tugend objektiver Gerechtigkeit fest verankert
und damit den Grundstein legt zu dem christlichen Aufbau des Artushofes. All
dies ist bei Chrétien künstlerisch und moralisch wirksam.

In dieser Art gibt es in den großen Prosaromanen eine ganze Reihe von
Rittern, die in den Versdichtungen des 12. Jahrhunderts als bekannte Helden
eingeführt werden. Sie bekommen in diesen Prosawerken des 13. Jahrhunderts
eine eigene Biographie. Damit charakterisiert sich der Unterschied zwischen der
Geisteshaltung des 12. und der des 13. Jahrhunderts. Für das 12. Jahrhun-

dert ist es charakteristisch, daß es unter der Führung der platonischen Geistesart die großen Kunstformen entwickelt, sowohl in der Architektur wie in der Plastik, in der Dichtung sowie in der Art des Denkens. Es ist eine Welt lebendigen Schaffens, und die schöpferischen Kräfte des Künstlertums entwickeln sich zu einem gewaltigen Baum. Der logische Verstand beherrscht das Leben noch nicht, sondern die Schaffenskräfte scheinen aus den Tiefen des Daseins wie von selbst aufzusteigen.

Sowie das 13. Jahrhundert beginnt, ändert sich das geistig-künstlerische Klima von Grund auf. Jetzt meldet sich die Scholastik mit ihren gewaltigen Vertretern Albertus Magnus aus Deutschland, Thomas von Aquin aus Italien und vielen anderen. Die verschiedensten Nationen Europas senden ihre Vertreter als Schüler oder als Lehrer nach Paris. Paris ist der große Mittelpunkt des Schaffens auf allen Gebieten. Die Gedankenbauten gestalten sich bis zu der «Summa theologiae» des Thomas von Aquin. Man kann sein Werk eine große Enzyklopädie des Denkens nennen, an deren Seite andere Enzyklopädien treten. Da schreibt Vincent de Beauvais ein umfangreiches Werk in drei Teilen, die er «Specula» nennt. Es gibt ähnliche Zusammenfassungen für die Kunstformen der Gotik, die sich von Frankreich aus über ganz Europa verbreiten. So ist es kein Wunder, daß auch in der Literatur die dann entstehenden Werke in Prosa geschrieben werden und ebenfalls zu Enzyklopädien des literarischen Schaffens sich auswachsen. Die Gralromane sind das beste Beispiel dafür. Die Zyklen der Artus-Gral-Romane haben alle beachtlichen Umfang und umfassen eine Reihe von Bänden: der Lancelot-Zyklus, der Tristan-Zyklus, in Deutschland der «Jüngere Titurel» des Albrecht von Scharffenberg und andere. Ebenso wachsen sich die Geschichtswerke zu umfangreichen Weltchroniken aus. Diese Andeutungen mögen zum Verständnis der Merlinsage und ihrer Zeit genügen. Robert de Borons Werk steht an der Grenze zwischen den Zeiten – noch Kunst, schon Exegese.

Wichtiger ist es für uns, hier noch etwas über Merlins Christentum auszuführen. Wir wissen, daß zunächst das Christentum sich von Osten (Syrien und Palästina) und dann von Rom aus nach dem Norden und Westen verbreitet hat. Die römische Kirche hatte den Weg zu dem großen Bau der Dogmen- und Machtkirche im 4. und 5. Jahrhundert angetreten, vor allem gefördert von einer Reihe von Kirchenvätern, unter denen der große Heilige Augustinus und für Nordeuropa Bonifatius eine bedeutende Rolle spielten. Augustinus faßte seine Stellung zum Christentum unter dem lapidaren Satz zusammen: «Ohne die Autorität der Kirche könnte ich nicht an Christus glauben.» Dieser Satz gab die Richtung für die Entwicklung der römischen Kirche an. Neben der römischen Kirche wuchs aber im fernen keltischen Nordwesten ein freieres Christentum heran, das seine Aufgabe nicht im Aufbau einer großen dogmatischen Glaubenslehre sah, sondern in der alltäglichen Lebensführung strenger Seelen- und Geistesbildung und ebenso strengem moralischem Leben. Das war die keltische Kirche, die schon in Britannien von den ersten Jahrhunderten an durch Soldaten verbreitet wurde und sich in aller Stille fern von Rom entwickelte. Ganz Südengland bis nach Schottland hinauf und ganz Irland zeigen diesen keltischchristlichen Lebensgang. Dabei ist es wichtig, nicht zu vergessen, daß diese keltischen Christen nie ketzerische Ideen und Lehren entwickelten. Sie legten nur den Hauptwert auf die Lebensführung. Auf die einzige Ausnahme der Lehre des Iren Pelagius, die auch im Merlinroman erwähnt wird, brauchen wir hier nicht einzugehen, obwohl sie eine Zeitlang das Abendland erschütterte, aber von dem großen Streiter Augustinus besiegt und beseitigt wurde. Wir brauchen auch nicht viele Worte zu verlieren über den Charakter und Inhalt des keltisch-christlichen Lebens: Das ist hinlänglich durch die irische Kunst und die christliche Wissenschaft der großen Heiligen wie Ninian, Columcill, Columban, Brandan und vieler anderer bekannt. In diese Strömung stellt sich der Barde und Prophet Merlin hinein. Wenn er sich als christlicher Führer äußert, so ist es dem Sinn nach mit dem Satz: «Ich habe Christus gewählt» oder «Ich vollziehe mein Werk im Namen des Vaters, des Sohnes und des Heiligen Geistes». Er beruft sich nie auf die Autorität des Papstes, ebensowenig wie die Äbte der alten irischen Klöster, die sich als direkte Vermittler ihrer Gemeinden zu Christus ansahen und fühlten.

Auch der Einsiedler Blasius an seiner Seite, der als Priester der Beichtvater seiner Mutter ist, widmet sich keiner kirchlichen äußeren Tätigkeit. Diesem diktiert er alle Ereignisse, die sich auf König Artus, die Tafelrunde und die Gralstafel beziehen. Wir müßten hier nun etwas über das Wesen des Grals sagen, der ja, wie bekannt, von der römischen Kirche nie beachtet wurde. Dies kann jedoch in einem Nachwort zu dem Merlinroman nicht anders als andeutungsweise geschehen. Wir müssen uns daher an Merlin selbst halten: Er teilt eines Tages dem König Uterpendragon und dem Einsiedler mit, daß der Gral und seine Gemeinde an geheimem Ort, fern von der Welt ein Leben voll Weisheit und christlicher Erkenntnis führt und daß dort ein Gralbuch aufgezeichnet wird, welches sich später an das Artusbuch und das Blasiusbuch angliedern soll und mit diesen zwei Büchern zusammen ein Werk der Verkündigung des Wirkens der Trinität bilden soll. Damit ist bereits darauf hingedeutet, daß dieses Gralchristentum, wie wir es nun nennen können, in freier, aber doch durchaus christustreuer Weise sich entwickelt und ein verborgenes Leben voller Geheimnisse führt. Das hängt wohl auch zusammen mit dem Schicksal der verschiedenen keltischen Volksgruppen in Frankreich (Bretagne), Großbritannien, Schottland und hauptsächlich Irland. Während die anderen Völker Europas, die zur Staatenbildung fortschreiten, eine deutlich spürbare geistige Führung zeigen, die von der Wirkung ihres Volksgeistes ausgeht, gehen die keltischen Völker entweder ganz in anderen Völkern auf, oder sie leben am Rande der Geschichte wie die Bretonen und Iren, oder sie kommen in ewigem Wirrwarr und vielfältigen Fehden zu keiner geordneten Staatsbildung, und wo sie sich darum bemühen wie in Irland, fällt es ihnen schwer. Das ist ein deutliches Bild, daß ihr Volksgeist nicht die Aufgabe hat, sie auf dem physischen Plan zusammenzufassen, sondern vielmehr eine weiterführende Aufgabe im Sinne des esoterischen Christentums hat. Das schönste und erhabenste Bild für diese Tätigkeit des Geistes esoterischen Christentums ist eben der Gral und die Art, wie er sich in der Folgezeit in den Gemütern von Menschen der ganzen Welt bildend gezeigt hat. Der Gral, «durch die Herzen der Menschen als geistige Strömung aus dem Osten kommend» (Rudolf Steiner), aber als Bild im Westen gestaltet, hat wohl einen Mittelpunkt und ist doch überall, und zwar nicht im physischen Raum, sondern in den Seelen der Menschen. Und wir können sagen, daß Merlin in jener Zeit, in der die Gralswerke entstanden sind, der geheime Sendbote des Grals war. Als solcher tritt er in unserem Roman immer stärker und stärker leuchtend in den Vordergrund der Geschehnisse, und wenn er unter geheimnisvollsten Umständen König Artus auf den Thron gebracht hat, ist seine Sendung beendet innerhalb der Artusströmung. Er kann wohl weiter helfen, das Wesentliche aber hat er erreicht, und so verschwindet er in der gleichen geheimnisvollen Weise vom Spielfeld der Ereignisse, wie er gekommen ist. In der Welt jedoch beginnt seine Wirkung erst zu wachsen und zu werden.

Dieses merkwürdige Wachstum vollzieht sich zunächst unbemerkt und unterirdisch durch das Buch der Prophezeiungen, das Gottfried von Monmouth 1131 veröffentlicht und kurze Zeit später seiner großen Chronik «Historia Regum Britanniae» und der «Vita Merlini» einverleibt hat. Bald darauf hört man allenthalben, besonders aber in romanischen Ländern, Frankreich, Italien, Spanien und Portugal, ernsthafte Diskussionen über die Bedeutung der einzelnen Punkte dieser Prophezeiungen, die von den britischen Beziehungen auf die Verhältnisse aller europäischen Nationen übertragen werden. Merlin ist bis in die Politik hinein der große Ratgeber. Er stiftet gelegentlich auch Verwirrungen, weil man seine Worte in phantastischer Weise ausdeutete, so daß die Kirche schließlich jede Erörterung der Merlinischen Prophezeiungen verbieten mußte. Merlins Geist aber lebte bis ins sechzehnte Jahrhundert hinein weiter.

Hier ist noch etwas zu sagen über das Wesen der Biographie Merlins. So wie er im Roman vor den Menschen in vielfältig gewandelten Gestalten, wie ein unfaßbarer Naturgeist, erscheint, so ist auch seine Biographie noch bei Geoffrey merkwürdig zwiespältig, ja sogar in ein zwielichtiges Doppelleben getaucht. In unserem Roman ist wohl sein Leben ganz konsequent im Zusammenhang mit seiner Tätigkeit als Prophet, als Erzieher der Könige, als Bildner erhabenen Menschentums im König Artus und als Beschützer der Gralströmung aufgebaut. Es besteht aber die Tatsache, daß derjenige Autor, der den Merlin der Welt zur Kenntnis gebracht hat, das heißt Gottfried von Monmouth, zwei Biographien des Merlin verfaßt hat: eine innerhalb seiner Darstellung des Artushofes, die dann eben bis zu dem Merlinroman des Robert de Boron dichterisch weitergestaltet wurde. Dann aber schrieb Geoffrey ein zweites Werk für einen Bischof von Lincoln, das er «Vita Merlini» betitelt und das in lateinischen Versen abgefaßt ist. Darin erscheint ein ganz anderer Merlin, oder vielmehr ein Merlin mit anderen Lebensabenteuern, aber doch derselbe, weil er mit dem Merlin des Königs Artus die Gabe des Propheten und die Übertragung seiner Weisheit auf ein weibliches Wesen gemeinsam hat. Auch die mythische Atmosphäre, in der dieses Merlinleben beheimatet ist, ist ähnlich wie bei dem anderen Merlin, nur noch mehr keltisch. Merlin verändert in diesem Werk nie seine Gestalt nach außen hin, wohl aber sein Wesen nach innen, seine Seele wird zerrüttet durch die wilden Ereignisse des historischen Daseins, und er flieht in die Wälder als Wahnsinniger. Er trifft dort einen keltischen Barden, den bedeutendsten aller Barden überhaupt, den Seher Taliesin, mit dem er Gespräche der Weisheit tauscht. Wohl wird er durch das Wasser einer Quelle im Walde wieder von seinem Wahnsinn geheilt, er kommt jedoch nie mehr zur Ruhe und in die Welt der Menschen zurück. Seine frühere Gemahlin und seine Schwester bauen ihm im Walde ein turmartiges Haus mit so vielen Fenstern, daß er jeden Tag des Jahres nach einer anderen Richtung in die Welt schauen kann. Da lebt er nun wie ein weiser Eremit, läßt aber seine Weisheit nicht einfach ins Wesenlose verpuffen, sondern überträgt sie zum Wohl der Menschheit auf seine Schwester Ganieda, die ihm schließlich Gesellschaft leistet und ihn betreut, ähnlich wie es die Viviane in der Weißdornhecke bei Boron tut. Die englisch-schottischen Chronikschreiber des 13. und 14. Jahrhunderts lösen dieses Rätsel der doppelten Biographie Merlins, indem sie annehmen, daß es zwei Merline gegeben hat, einen südlichen unseres Romans und einen nördlichen, der in Gottfrieds «Vita» erscheint. Wir brauchen diese Lösung nicht anzunehmen; denn wir wissen, daß individuelle Persönlichkeiten des Mythus und der Geschichte in jenen frühen Zeiten noch keine so festen Konturen hatten, wie wir das heute gewohnt sind, so daß es durchaus möglich ist, daß eine und dieselbe Persönlichkeit zu verschiedenen Zeiten ihres Lebens in verschiedener Weise dargestellt wird.

Wir runden unsere Ausführungen ab mit einigen Erklärungen über Merlins Ende durch seine Liebe zu Viviane. Wir haben bereits bemerkt, daß «Merlins Ende» nicht von Robert de Boron selbst, sondern von einem Fortsetzer erzählt wurde, aber ganz im Sinne der Überlieferung Gottfrieds von Monmouth und dessen «Vita Merlini», die statt Viviane Merlins Schwester Ganieda als Hüterin von Merlins Weisheit nennt.

Wir sind davon ausgegangen, daß Merlin in seinen Anfängen ein druidischer Seher und Zauberer war. Er wurde in der Folgezeit – genau genommen vom Beginn des 5. Jahrhunderts an – in den Bereich des Christentums gezogen, indem er zum Teufelssohn gemacht wurde, der im Sinn seines Erzeugers das Erlösungswerk Christi vernichten sollte. Das Gegenteil trat ein. Er wurde ein mächtiger Helfer Christi und vollendete sein Werk und seine Aufgabe durch die Erziehung des Königs Artus zu einem Vorbild christlicher Herrscher. Das Gelingen seiner Aufgabe fiel ihm zu durch die reine Seelenkraft seiner Mutter. In einer Art von Schicksalslogik wurde sein Ende ebenfalls durch eine Frau herbeigeführt, Viviane-Niniane, die nicht gerade als Unchristin auftritt, wohl aber als Günstling einer heidnischen Gottheit, der Mondgöttin Diana. Diana ist die Patin von Vivianes Vater, der nach ihr Dionas genannt ist. Die Göttin liebt die Landschaft und den Wald, in welchem Dionas einen großen Besitz hat. Eines Tages gibt sie ihrem Patensohn ein großes Geschenk durch die Prophezeiung, mit welcher sie das Schicksal der Tochter des Ritters Dionas gestalten will: Sie legt dieser noch nicht geborenen Tochter eine Schicksalsgabe in die Wiege: Viviane soll die Macht bekommen, den weisesten Mann ihrer Zeit – und das ist Merlin – für ewige Zeiten an sich zu fesseln. So stehen denn beide, Merlin und Viviane, bei ihrer ersten Begegnung einander in Unfreiheit gegenüber. Sie wissen es nicht, doch ist es so. Diana ist Mondgöttin, aber auch Naturgöttin als Herrin des Waldes und der Jagd. Damit erliegt Merlin dem Verhängnis der Natur und findet nicht mehr die Kraft, ihr zu widerstehen, obwohl er fühlt und weiß, wie töricht er handelt. Er kehrt dadurch in echtem Sinne in das Heidentum zurück und entgeht nur insofern der Macht der Teufel, als er seine christliche Aufgabe voll und ganz durchführen konnte. Durch das Tor der Sonne trat er in den Strom der Zeit, durch das Tor des Mondes (Diana) trat er wieder hinaus. Das ist Merlins Drama.

Er hat während seines Lebens die Wirkung der Kräfte der Vergangenheit, die ihm durch den Teufel gegeben worden waren, umgewandelt aus der Kraft des Denkens, und die Erdenkräfte für die Weiterentwicklung der Erde in die Zukunft hinein im Sinne des Christus verstärkt. Merlin besiegt dadurch das Böse, daß er sich opfert; dies wird vor allem durch die Art, wie er mit Viviane verbunden ist, klargemacht. Man kann sie als eine Art Naturwesen ansehen, das Merlins Kraft benützt und ihn selbst in die Weißdornhecke bannt.

Somit ist Merlins Geheimnis, ein Helfer Gottes im Werk der Schöpfung zu sein, besonders bemerkenswert. Borons Merlinbild ist, wenn man Chrétiens Dichtungen ausnimmt, die bedeutendste religiös-literarische Idee des Mittelalters und macht Merlins Ansehen bei allen Völkern Europas aus der Tiefe des Zeitgeistes verständlich. Selbst nach seinem Tode bleibt von ihm bis in unsere Zeit sozusagen ein feines ätherisches Gewebe im Gedächtnis des Menschen und der Menschheit. Wir sehen es in der Tatsache, daß in der Dichtung immer wieder der Merlin-Stoff auftaucht. Goethe gedenkt seiner ebenso wie Lenau in einem schönen Gedicht, Immermann schreibt ein Merlin-Drama ebenso wie der französische Dichter Edouard Schuré, und auch Stucken stellt Merlins Gestalt in den Mittelpunkt seiner gewaltigen Trilogie von Dramen aus dem Artuskreis. Man könnte noch manchen anderen Dichter europäischer Völker nennen. Da in allen diesen Werken die verschiedensten Auffassungen auftreten, kann man auch in dieser Beziehung sagen, daß Merlins Verwandlungen zu seinem intimsten Wesen gehören, sozusagen als das eines europäischen Geistes, wenn er auch durch seine Proteusnatur aus dem Wesen seiner keltischen Herkunft arbeitet.

Hier sei nur noch erwähnt, daß der altfranzösische Teufelssohn Merlin in der jüngsten amerikanischen Literatur einen negativen Nachfolger gefunden hat in dem Roman «Rosemarie's Baby» von Ira Levin. In diesem an sich nicht sehr bedeutenden Roman werden mittelalterliche schwarzmagische Praktiken in das intime Gefüge der modernen Gesellschaft übertragen, und es wird gezeigt, daß «Rosemarie's Baby» als echter Teufel mit Hörnern und Klauen und gelben Katzenaugen in die staunende Welt gebracht wird, es wird sogar angegeben, daß dieser Roman den Beginn der Herrschaft des Teufels auf Erden andeutet, die bereits in einem Roman von Eugène Sue im Jahr 1866 angekündigt worden sei. «Rosemarie's Baby» solle die Erfüllung dieser Ankündigung sein und bildet daher eine Art negativer Nachahmung der Merlingestalt. Größere Bedeutung hat es nicht.

Als Helfer Christi zeigt sich Merlin in überragender Weise als Herr und Leiter der Schicksale derjenigen Menschen, mit denen er zu leben hat. Er tut dies aber in aller Freiheit und weiß genau, daß Schicksal nicht einfach von einer überirdischen Macht so verändert werden kann, daß dabei das Prinzip von Schuld und Sühne aufgehoben wird*. So greift er nie verhindernd in das Schicksal eines Menschen ein, wenn es sich bei diesem um Selbstverschuldetes handelt, das auch von diesem selbst wiedergutgemacht werden muß. Wohl aber läßt er Unrecht zu und hilft dabei mit, wenn er weiter sieht als andere Menschen und deshalb mit scheinbar bösen Mitteln arbeitet; denn er ist sicher, daß das Schicksal letzten Endes immer gut ist. Das beste Beispiel der so charakterisierten Handlungsweise Merlins ist die Zeugung des Königs Artus mit Hilfe von Merlins Zauberkraft sowie die Zeugung des Sohnes Artus' in einer blutschänderischen Verbindung mit dessen Schwester. Beide

---

* In der Seele des einzelnen lebt belastend oder entschuldend das Schicksalsnetz des Volkes.

Geschehnisse hängen ursächlich zusammen; denn es werden am Ende des Artusreiches in gerechter Folge der Taten die Verschuldung Uterpendragons und Artus' gesühnt durch den Zweikampf zwischen Artus und seinem Neffen Mordred, in welchem beide fallen. Merlin hätte es wohl verhindern können, wie er manches andere im Interesse eines höheren Völkerzieles durch seine Zaubereien verhindert hat, aber er handelt als freier Geist und wählt immer das durch höhere Notwendigkeit verhängte Schicksal. So läßt er das Böse zu, damit das höhere Gute geschehe. Aus dieser Einsicht können wir auch sein eigenes Ende besser verstehen: er sieht wie Prospero in Shakespeares «Sturm» selbst ein, daß Zauberei für ihn nicht mehr am Platze ist, und fügt sich der höheren Gewalt göttlicher Ziele. Er weiß wohl auch, daß seine Nachfolgerin Viviane den Untergang des Artusreiches nicht aufhalten kann. Eine neue Zeit verlangt neue, hellere Seelenkräfte, die der Mensch der Zukunft aus sich selbst durch die Kraft des Bewußtseins holen und verdienen muß. Aus diesen Erwägungen rechtfertigt es sich auch, daß über die Bögen der Jahrhunderte hinweg Merlins Gestalt mahnend auftaucht und den neuen Menschen sagt, wie sie altes Vergangenes und neues Zukünftiges sinnvoll und positiv miteinander verbinden können.

LITERATUR

A. Texte

Geoffrey of Monmouth: History of the kings of Britain. Translated by Sebastian Evans. Revised by Charles E. Dunn. London: Dent 1963 (Everyman's Library, 577).

Geoffrey of Monmouth: Vita Merlini. Das Leben des Zauberers Merlin. Übersetzt von Inge Vielhauer. Amsterdam: Castrum Peregrini Presse 1966. (Gibt im Anhang zu ihrer Übersetzung eine große Anzahl von Dichtern, teilweise in Auszügen, die über Merlin geschrieben haben.)

Die Sagen von Merlin. Mit altwälschen, bretagnischen, schottischen, italienischen Gedichten und Prophezeiungen Merlins, der Prophetia Merlini des Gottfried von Monmouth und der Vita Merlini, lateinischem Gedichte aus dem 13. Jahrhundert. Herausgegeben und erläutert von San-Marte (d. i. Albert Schulz). Halle: Waisenhaus 1853. (In vielen Dingen überholt, aber doch sehr nützlich).

Arthurian Chronicles. Wace's Romance, Layamon's Brut. Translated by Eugene Mason. London: Dent 1963 (Everyman's Library, 578).

Malory, Sir Thomas: Le Morte d'Arthur. 2 vols. London: Dent, New York: Dutton 1953 (Everyman's Library, 45/46).

Boulenger, Jacques: L'histoire de Merlin l'Enchanteur. Les enfances de Lancelot. Paris: Plon 1922.

Magne, Augusto: A Demanda do Santo Graal. 3 Bände. Rio de Janeiro: Imprensa Nacional 1944 (Dicionário medieval e clássico da lingua portuguesa, Anexos, 1).

Die Abenteuer Gawains, Ywains und Le Morholts mit den drei Jungfrauen aus der Trilogie (Demanda) des pseudo-Robert de Borron, die Fortsetzung des Huth-Merlin. Nach der allein bekannten HS Nr. 112 der Pariser Nationalbibliothek herausgegeben von Heinrich Oskar Sommer. Halle: Niemeyer 1913 (Zeitschrift für Romanische Philologie, Beihefte, 47).

B. Wissenschaftliche Arbeiten über Merlin und den Artuskreis

Bogdanow, Fanni: The romance of the Grail, a study of the structure and genesis of a thirteenth century Arthurian prose romance. Manchester: Manchester University Press, New York: Barnes & Noble 1966.

Bruce, James Douglas: The evolution of Arthurian Romance from the beginnings down to the year 1300. Second edition with a supplement by Alfons Hilka. 2 vols. Gloucester, Mass.: P. Smith 1958.

Chambers, Sir Edmund Kerchever: Arthur of Britain. London: Sidgwick & Jackson 1966.

Jarman, Alfred Owen Hughes: The legend of Merlin. An inaugural lecture delivered at the University College Cardiff, 10th march 1959. Cardiff: University of Wales Press 1960 (University College of South Wales and Monmouthshire, Inaugural lectures).

Loomis, Roger Sherman: The Grail. From Celtic myth to Christian symbol. Cardiff: University of Wales Press, New York: Columbia University Press 1963.

Loomis, Roger Sherman: Arthurian Literature in the Middle Ages. Oxford: Clarendon Press 1959.

Schirmer, Walter F.: Die frühen Darstellungen des Arthurstoffes. Köln, Opladen: Westdeutscher Verl. 1958 (Veröffentlichungen der Arbeitsgemeinschaft für Forschung des Landes Nordrhein-Westfalen. Geisteswissenschaften, 73).

Schuré, Edouard: Les Grandes Légendes de France. Paris: Librairie Académique Perrin Editeur, 1939.

Sommer, Heinrich Oskar: Messire Robert de Borron und der Verfasser des Didot-Perceval. Beitrag zur Kritik der Graal-Romane. Halle: Niemeyer 1908.

Vettermann, E.: Die Balen-Dichtungen und ihre Quellen. Halle: Niemeyer 1918 (Zeitschrift für romanische Philologie, Beihefte, 60).

Wais, Kurt: Der Arthurische Roman. (Wege der Forschung Band 157). Darmstadt: Wissenschaftliche Buchgesellschaft 1970.

Wechssler, Eduard: Die Sage vom Heiligen Gral und ihre Entwicklung bis auf Richard Wagners Parsifal. Halle: Niemeyer 1898.

Zumthor, Paul: Merlin le Prophète. Lausanne 1943.

C. Benützte Ausgaben und Nachweis der Textstellen

Teil I bis V: Merlin, hgg. von G. Paris und J. Ulrich (Société des Anciens Textes français). Paris 1886, Band I S. 1–146.

Teil VI: H. O. Sommer, The Vulgate Version of the Arthurian Romances (Washington DC. 1908–12). Vol. II Lestoire de Merlin S. 208–212; S. 334–335; S. 375; S. 450–60 (gekürzt).

ROBERT DE BORON

Die Geschichte des Heiligen Gral

Aus dem Altfranzösischen übersetzt
von Konrad Sandkühler.

2. Aufl. 1964, 107 Seiten, Leinen

«Robert de Boron, der um 1180 sein Versepos geschrieben
hat, sagt ausdrücklich, daß er als erster die Geschichte des
Grals geschrieben habe. Was er aber erzählt, ist die Vor-
geschichte der Begebenheiten, die Chrétien und die an ihn
anschließende Tradition berichten. Er macht zum Mittelpunkt seiner Erzählung Joseph von Arimathia, der das
kostbare Gefäß erhält, aus dem Christus das Abendmahl
gespendet und in dem Joseph bei der Kreuzabnahme das
Blut des Erlösers gesammelt hat. Joseph, in einen Turm
eingekerkert, wird durch den Segen dieses Gefäßes am
Leben erhalten. Nach seiner Befreiung zieht er mit seinen
Getreuen in ein fernes Land und begründet um das Gefäß
mit dem Blute Christi den Dienst des Heiligen Gral.
Das Werk ist unvollendet geblieben; nur die Aussendung
des Guten Fischers und die Verheißung, die auf Alain
ruht, deuten auf die künftigen, im Westen Europas sich
abspielenden Gralsereignisse hin. Sandkühler hat die Verse
von Robert de Boron in eine schöne, schlichte, zu Herzen
gehende Prosa übersetzt. In dieser Gestaltung wird das
alte Epos für alle, auch für Jugendliche, zugänglich.»

Antares

VERLAG FREIES GEISTESLEBEN

Der Gralszyklus des Chrestien de Troyes

Perceval oder die Geschichte vom Gral

4. Aufl. 1973, 204 Seiten, Leinen

Gauwain sucht den Gral

1. Fortsetzung von Chrestiens «Perceval»
2. Aufl. 1975, 250 Seiten, Leinen

Irrfahrt und Prüfung des Ritters Perceval

2. Fortsetzung von Chrestiens «Perceval»
2. Aufl. 1975, 190 Seiten, Leinen

Perceval der Gralskönig

Letzte Fortsetzung von Chrestiens «Perceval»
262 Seiten, Leinen

Jeder Band aus dem Altfranzösischen übertragen und mit einem Nachwort von Konrad Sandkühler.

Diese Werke gehören zu den wichtigsten Zeugnissen der frühen europäischen Literatur, sie liegen hier zum erstenmal in deutscher Übersetzung vor. Mit ihnen wird eine Welt erschlossen, in der sich blühende Poesie des Rittertums mit hoher Lebens- und Weltweisheit des geistig Suchenden verbindet. Keltische, römische und christliche Überlieferungen treffen sich hier, um ein neues Bild des zur höchsten Erkenntnis strebenden Menschen, das Bild des Gralssuchers, zu schaffen.

VERLAG FREIES GEISTESLEBEN